中国经济文库
应用经济学精品系列

中国经济文库 · 应用经济学精品系列（二）

刘吉双
蔡柏良◎著
雷权勇

经济新常态下江苏沿海地区经济增长新动力源泉研究

——来自江苏沿海地区的理论与实践

Research on Source of New Economic Growth Impetus in Coastal Areas of Jiangsu under The China's New Normal

中国经济出版社
CHINA ECONOMIC PUBLISHING HOUSE
北 京

图书在版编目（CIP）数据

经济新常态下江苏沿海地区经济增长新动力源泉研究／
刘吉双，蔡柏良，雷权勇著．
北京：中国经济出版社，2016.11
ISBN 978－7－5136－4421－1

Ⅰ.①经… Ⅱ.①刘… ②蔡… ③雷… Ⅲ.①沿海经济—经济
区—区域经济发展—研究—江苏 Ⅳ.①F127.53

中国版本图书馆 CIP 数据核字（2016）第 243965 号

责任编辑 彭 欣
责任审读 贺 静
责任印制 巢新强
封面设计 华子图文

出版发行 中国经济出版社
印 刷 者 北京九州迅驰传媒文化有限公司
经 销 者 各地新华书店
开　　本 710mm×1000mm 1/16
印　　张 16.5
字　　数 237 千字
版　　次 2016 年 11 月第 1 版
印　　次 2016 年 11 月第 1 次
定　　价 48.00 元
广告经营许可证 京西工商广字第 8179 号

中国经济出版社 **网址** www.economyph.com **社址** 北京市西城区百万庄北街 3 号 **邮编** 100037
本版图书如存在印装质量问题，请与本社发行中心联系调换（联系电话：010－68330607）

前　言

经济新常态下寻找、培育和放大经济新动能，是促进区域经济结构升级，稳定经济下行压力的关键举措。目前世界经济进入长周期，国内经济处于经济结构调整阵痛期，受国内外经济新趋势影响，我国经济增长将由高速增长转向中高速增长新常态。经济发展新常态根本特征是，推动经济增长的动力由要素投入驱动转向创新驱动，区域经济结构优化，出现了新产品、新企业、新产业和新的商业模式等新经济业态，对冲经济下行压力。新经济成为一个地区稳定经济增长的“压舱石”。

2009 年《江苏沿海地区开发战略》上升为国家战略，江苏沿海南通、盐城和连云港地区，成为国家沿海开发战略重要组成地区。实施国家开发战略 7 年来，特别是 2010 年进入经济发展新常态以来，江苏沿海地区在创新驱动战略推动下，经济呈现稳定增长态势，各项经济指标位居江苏省前列，2015 年盐城经济增长率为 11.8%，南通经济增长率为 9.5%，连云港经济增长率为 9%，均高于全国 6.9% 的经济增长水平。江苏沿海地区作为江苏省经济增长最快，最有经济发展潜力，最具经济活力的重要经济区域，实现了经济增长与创新紧密结合，经济增长与生态保护良性互动，经济增长与社会进步协调发展的新态势，“苏东沿海经济”正成为江苏经济新亮点，也成为我国东部沿海区域经济增长新的“领头羊”。

在经济新常态下，江苏沿海地区经济增长保持中高速增长，究其原因，沿海地区寻找并培育了新动能，较好完成了经济增长动力的转换。江苏沿海地区经济增长驱动力先后经历了自然资源、农业产业、工业产业、“三港”联动和高技术创新动力阶段。伴随经济增长动力的转换，沿海地区经济结构也由低端产业向中高端产业升级换代。目前江苏沿海地区主要新产业有新能源产业、新型制造业、现代农业、现代服务业、环保产业、海洋产业、高新技术产业和沿海物流产业等。在创新驱动战略引领下，江苏沿海地区正处于产品创新、技术革新、市场开拓、制度创新全面创新阶段，产业、技术和人才加速向沿海地区集聚和布局，江苏沿海地区区域经济竞争力不断提升。

著名经济学家库兹涅茨在增长理论中认为，思维方式的改变是影响现代经济增长的重要因素之一。党的十八届五中全会在经济新常态发展阶段判断基础上，提出了“五大”发展新理念。新的经济发展思维方式，将进一步推动江苏沿海地区经济增长。经济新常态下，江苏沿海地区要进一步放大的新动能包括绿色发展精神动能、新能源发展的支撑动能、绿色制造业的主要动能、盐土现代农业的基础动能、智慧城市和绿色村庄建设的持续动能、基础设施现代化的牵引动能、体制改革的关键动能以及对接“一带一路”的外部动能等。培育放大新动能，是实现经济中高速增长的根本——这就是江苏沿海地区经济增长理论和实践启示。

目　录

第一章　经济新常态与培育经济增长新动力

当前，中国经济步入新常态。这是由世界经济长周期和国内经济发展阶段性特征所决定，是我国经济发展到一定程度后必经的历史阶段，是不以人的意志为转移的客观规律。经济新常态具有许多重要经济特征，其中根本的特征是驱动经济增长的动力发生了深刻的变化，由传统的单一劳动力和自然资源要素推动转向全方面科技要素驱动，技术进步覆盖经济各领域，形成经济增长多元动力体系。

第一节　经济新常态提出的国际与国内背景

中国经济步入新常态，经济各方面正发生全面而深刻的变化。这种深刻变化既有国际背景，也有国内背景。从国际上看，世界经济面临大的调整周期，科技革命正要破茧而出；从国内看，中国正处于全面建成小康社会决胜阶段，处于跨越“中等收入陷阱”十分关键时期。中国经济新常态是由内外因共同作用的结果。新的世情和国情，要求我们有新的经济思维，实施新的经济驱动战略。

一、经济新常态提出的国际背景

中国经济进入新常态阶段，与世界经济形势的转变密切相关，世界经济形势新情况新趋势，正是中国经济新常态的国际大背景。21 世纪的中国经济不再是封闭的经济，也不可能是游离国际经济之外能独善其身的经济，它是双向开放的经济，并且是已经完全融入经济全球一体化的经济。

世界经济的剧烈变化，将给中国经济带来巨大影响，受外部经济因素剧烈变化影响，中国经济发展战略要做出及时调整，这就是经济新常态提出的深刻国际背景。未来五年，外部发展环境有望总体保持和平稳定，和平与发展仍然是当今世界的主题。但同时，国际金融危机深层次影响在相当长时期依然存在，世界经济复苏曲折艰巨，金融市场动荡，大宗商品价格下滑，新兴市场经济国家增速放缓，国际贸易受到区域高标准投资贸易挑战，地缘政治风险冲突加大，外部环境不稳定不确定因素增多。[①] 世界经济将处于长周期缓慢增长状态。

（一）世界经济呈低速增长态势的现状持续存在，世界经济复苏艰巨

2008 年国际金融危机后，世界经济进入衰退期。2009 年，全球国内生产总值仅仅增长 0.028%，成为“二战”结束以来全球经济最糟糕的一年（斯蒂芬·罗奇 2016）。2009—2015 年，世界经济增长速度分别为 0.9%、5.1%、3.7%、2.4%、2.9%、2.6% 和 3.0%，国际货币基金组织（IMF）2015 年预计 2016 年世界经济增长速度是 3.6%。IMF 总裁拉加德称这种增速“不能满足经济社会发展需要”。世界经济增长进入了“平庸期”，进入了一个比较长的经济周期调整中。发达国家失业率处于较高水平，就业人数减少特别是年轻人的无就业状态，如希腊等国青年人失业度高达 20% 以上，高失业率导致全球经济增长内生动力不足。国际劳工组织（ILO）预计，未来五年内，全球失业率将大致维持不变，总体水平较危机前高出 0.5 个百分点。高失业率抑制居民消费能力和意愿，削弱发达国家经济复苏动力。纵观当今世界，发达国家消费需求相当疲软，世界经济新的经济增长动力还没有形成，仍依赖财政货币政策刺激，杠杆化问题严重；新兴经济国家受累于大宗商品价格下落和经济结构性问题，经济增长放缓，整个世界贸易需要疲软。据 2016 年 5 月联合国《2016 年世界经济形势与前景》最新预测，2016 年全球经济增长仅为 2.4%。联合国助理秘书长雷

① 陈和．“十三五”时期我国发展环境的基本特征［N］．光明日报，2015－11－18（2）．

尼·蒙蒂埃尔指出："世界经济的惨淡局面显然给全世界各国带来了重大挑战。"

（二）欧盟陷入自成立14年以来时间最长的衰退，欧元区复苏曲折

欧盟是中国第一大贸易伙伴，是中国商品最重要的出口地区。2009年，欧洲主权债务危机爆发。希腊政府宣布国家陷入债务违约风险，随后，西班牙、葡萄牙和意大利政府也纷纷告急，2012年6月，欧元区成员国塞浦路斯也紧急救援。开端于希腊的主权债务危机由一国向多国、由银行业向多个领域、由经济危机向政治危机蔓延。2010年，无论是按国际公认的债务余额的警戒线，还是财政赤字的警戒线，希腊、爱尔兰、意大利、比利时、西班牙、葡萄牙、法国、德国和英国均已超标。欧债金融危机造成了严重的经济问题。2008年和2009年，欧盟持续了五个季度的经济衰退。2012年，欧元区经济总量连续六个季度萎缩。2014年，欧洲央行通过降息、购买证券和担保债券等方式刺激经济，为拉动欧元区经济注入活力，但效果并不明显。2014年5月以来，欧元持续贬值，持续到2015年中期，帮助实现2015年的经济增长。从长远看，欧元贬值只能达到短期效果，对就业和经济增长意义不大。2015年，欧元区又处于通货紧缩状态，表明投资需求不足，消费需求不旺。欧洲经济处于低迷的根本原因在于，实体经济竞争力不强。芯片、智能制造等核心技术落后于美国。缺乏新兴经济，法国以奢侈品为主，意大利依赖传统制造业，中东欧国家则以手工为主。另一方面，不同经济发展水平也阻碍了经济快速复苏。2016年，经济发达的西欧、北欧率先走出衰退，中东欧仍不乐观，南欧仍然处于衰退中。由于欧盟是由多个国家组成，在应对经济危机中政策难以统一，导致政策效果很难达到理想状态。

（三）科学技术和工业领域出现颠覆性革命，世界产业布局面临新的"洗牌"

从世界经济史上看，共经历了三次工业革命，每一次工业革命都催生了新的生产力，促进了经济全球化以及国际分工的发展，推动了产业结构的优化升级。第四次工业革命以新能源、新材料技术、电子信息、航天技术为代表，将深刻影响世界经济进程，推动世界产业结构优化升级。

首先是新能源。将成为第四次工业革命的关键突破口，替代能源的开发及利用将会成为下一次科技革命的“急先锋”，而这些新能源的发展方向将主要集中在可再生能源、核能、生物燃料等方面。可再生能源如太阳能、风能、地热能、海洋能等因其储量庞大、绿色无污染等特点受到人们的青睐，一旦关键技术获得突破，其发展前景将十分广阔。

其次是智能化技术。在第三次工业革命中机械化大生产代替了手工工场，将人类双手解放出来，与此同时，智能化技术方兴未艾，智能化服务技术在人们的日常生活中已经初见端倪，将发展智能化技术作为第四次工业革命的重要内容之一，显得十分必要。智能化技术的发展将会主要集中在工业智能化、农业智能化以及服务智能化三个方面。

其三是物联网技术。物联网是新一代信息技术的重要组成部分。物联网被称为继计算机和互联网之后，世界信息产业的第三次浪潮，代表着当前和今后相当一段时间内信息网络的发展方向。物联网是在互联网的基础上形成的，物联网的发展将帮助我们实现社会生产生活中信息感知能力、信息互通性和智能决策能力的全面提升，具有广阔的行业应用需求。

其四是生物技术。21 世纪是生命科学大发展的世纪。生物技术将广泛地应用于医药卫生、农林畜牧、轻工、食品、化工、能源和环境等领域，促使传统产业的改造和新兴产业的形成，对人类社会将产生深远的影响。

最后是无人驾驶飞机、更轻更强韧的材料以及 3D 打印技术领域都将发生根本性的变革。应对第四次工业革命，美国得出了“再工业化”战略，德国提出了“工业 4.0”战略，发达国家更加注重实体经济发展，提升改造传统制造业，促进制造业向智能、高端、信息化方向发展。[①]

---

① 许进．形势与政策［M］．南京：南京大学出版社．//世界第四次科技革命的展望．2015（5）：207.

（四）世界贸易保护主义开始抬头，国际贸易集团化、复杂化

世界经济历史发展表明，越是在经济危机下，世界各国越是要抢占世界市场，输出过剩的产能，以缓解国内经济周期。当今世界，区域经济集团化在加强，贸易保护主义在抬头。

亚太贸易集团在加快形成。2002 年，由新西兰、新加坡、智利和文莱四国发起，酝酿一组多边关系的自由贸易协定，原名亚太自由贸易区，旨在促进亚太地区的贸易自由化。美国在 2008 年 2 月宣布加入，已发展到 12 个成员国。2015 年 10 月 5 日，跨太平洋伙伴关系协定（TPP）12 个谈判国在美国佐治亚州亚特兰大举行的部长会议上达成基本协议，同意进行自由贸易，并在投资及知识产权等广泛领域统一规范。规模占全球 4 成的巨大经济圈将应运而生。最初参与国是文莱、智利、新西兰和新加坡，此后，越南、澳大利亚、秘鲁、马来西亚、美国、加拿大、墨西哥、日本也加入进来。美国希望通过 TPP 谈判，无论是在多边还是区域层面，将劳工标准和绿色环境标准提高到一个新的高度，将其打造成一个所谓 21 世纪贸易协议的标准模式。东盟一体化进程加快。东盟的 GDP 总值占世界 GDP 的 3.4%，贸易额大约占世界总贸易额的 7%。经过 48 年的发展，东盟各国之间几乎已经消除了所有关税贸易壁垒，为区域经济一体化奠定了坚实基础。东盟由文莱、越南、印度尼西亚、柬埔寨、老挝、马来西亚、缅甸、新加坡、泰国和菲律宾等十个国家组成。东盟经济共同体于 2015 年 12 月 31 日起正式成立以经济、政治安全和社会文化为三大支柱的东盟共同体。东盟共同体，尤其是东盟经济共同体的成立有利于各成员国的经济发展。东盟共同体成为世界第七大经济体，拥有 6.25 亿人口，GDP 总量达到 2.6 万亿美元。到 2020 年，东盟经济总量有望增加至 4.7 万亿美元。届时，东盟也将成为世界第四大经济体。它们未来的任务是要着眼单一市场和生产基地，进一步促进货物、服务、资金、人员等各类要素的自由流动。

中国经济发展进入新常态，与世界经济新形势密切相关，世界经济目前处于长周期中的“平庸期”，必然带动中国经济下行，中国经济将由高

速增长转向中高速增长。2008年发端于美国的金融危机，经欧洲主权债务危机蔓延后，给世界经济带来了巨大的冲击，世界经济从2009年后一直处于下行周期，这是“二战”后世界经济下降最长的周期。正如李克强总理在2016年政府工作报告中指出的那样，“世界经济仍处于深度调整之中，发达经济体复苏低迷，新兴经济体走势分化；全球贸易呈下降态势，国际大宗商品价格和金融市场波动不定，地区政治风险上升，不稳定不确定因素有增无减”。在此不利世界经济背景下，中国经济深受影响，据统计，1979—2013年中国平均每年出口增长率为16.8%，目前对外贸易受国际需求疲软深度冲击，已经从双位数增长下降到负增长，这对于长期依赖出口促进经济增长的国家来说是一个重大的冲击，中国经济增长的一个重要引擎已经失去，经济增长想继续保持双位数已经失去外部条件可能性。

二、经济新常态提出的国内背景

中国国内经济新变化是中国经济进入经济新常态的根本性原因。改革开放38年来，我国经济增长率连续多年保持双位数增长，目前中国经济已经成为世界第二大经济实体。从世界经济发展历史看，任何国家不可能永远保持双位数的经济增长，经济增长率放缓到个位数是一种历史的必然。中国经济增长“奇迹”在给中国带来巨大经济利益的同时，也给中国资源和环境带来巨大损失，继续保持双位数增长难以持续。今后一段时期，我们只要保持6.5%～7%的年均经济增长率，就能在2020年实现全面建成小康社会的战略目标，经济增长率由高速增长调整到中高速增长是中国经济社会发展客观必然性和现实需要性有机统一。

（一）中国已进入上中等收入国家行列，经济增长呈现个位数是历史的必然

中国经济增长由高速转为中高速增长是符合经济增长规律的。国内生产总值是衡量一国经济实力的重要指标之一，它体现的是一个国家一年内新增生产能力。经过高速黄金增长期，日本于1969年，韩国于1988年经

济增长率由10%双位数增长均回到6.7%左右。2015年，在世界经济深度调整中，中国经济增长率达到6.9%，仍然位于世界上经济增长最快国家前列。中国GDP达到67.7万亿人民币，位居世界第二位。折合成美元是103 856.6亿美元，美国是161 979.6亿美元，中国与美国相差58 123亿元，日本是48 175.2亿美元，中国高出日本55 681.4亿美元（见表1－1）。现在的中国经济增长，是建立在巨大的国民经济总量上的增长，现在按照6.5%的经济增长速度，一年就能达到一个半南非经济体，三年就能达到一个法国经济体的标准。这样的增长结果，对中国资源和环境是个重大的挑战，对世界来说也是一个不小的考验，长时期保持双位数经济增长是充满风险的，只有有质量的个位数增长才是符合经济发展规律的。

表1－1　2015年世界GDP排名前10名国家名单

排名	国家或地区	GDP总量（十亿美元）	所在地区
1	美国	16 197.96	美洲
2	中国	10 385.66	亚洲
3	日本	4 817.52	亚洲
4	德国	3 373.3	欧洲
5	法国	2 565.62	欧洲
6	英国	2 532.05	欧洲
7	巴西	2 503.87	美洲
8	印度	2 117.28	亚洲
9	俄罗斯	2 109.02	欧洲
10	意大利	1 953.82	欧洲

资料来源：根据南方财富网（southmoney）整理而得。

中国经济增长未来五年内不会下滑到2%左右。考察经济增长，除了国内生产总值总量指标外，还有一个重要指标是人均GDP。按照世界银行的标准，人均GDP达到1.27万美元以上为高收入国家。2002年我国人均GDP为1 100美元，超过1 045美元，成为中等收入国家，2010年达到4 240美元，超过4 126美元，成为中等偏上收入国。当前我国人均GDP离

1.27万美元还有较大差距，如果按照2015年人均8 000美元，年均6.5%的增长速度，到2020年人均GDP才有可能达到1.2万~1.3万美元，我国正处于跨越“中等收入陷阱”向高收入迈进的关键阶段。我国目前有10个省份的GDP超过万亿元，人均GDP超过1万美元，在跨越“中等收入陷阱”方面形成了领先优势，初步形成了一部分发达地区先跨越，后发地区赶超的波浪式发展局面。美国波士顿咨询公司认为，中国收入达到1.2万~2.2万元的中等收入家庭数量有望今后10年中增加1亿户，到2020年，城市地区有望产生2万亿美元的消费市场。届时中国会形成一个世界最大的中产阶层群体，进而形成一个世界最大的消费市场，会给中国经济持续增长带来新的动力。美国麦肯锡咨询公司预测，到2030年，中国年均消费额从2015年的2.5万亿元，增长到6.7万亿元，在此推动下，中国城市地区劳动年龄人口的人均消费额将以5.4%的速度复合增长扩张，从而使人均支出从目前的4 800美元增长到2030年的1.07万美元，巨大的消费市场将成为中国经济增长的主要引擎。

（二）中国快速发展给资源和环境带来较大压力，依赖要素投入的经济增长不可持续

中国经济快速发展是以要素投入为主推动的。中国用近40年的时间发展壮大起来，相当于发达资本主义国家上百年的历史进程。快速发展起来的同时，也积累了很多矛盾，特别是对资源和环境欠账太多，这种以牺牲资源和环境为代价的发展是难以持续的。我国化石能源储量是极为有限的，据资料统计，我国化石储量占世界比重人均化石能源居世界平均水平以下，人口却占世界22%。我国单位GDP能源效率明显低于发达国家。单位产值石油消耗是日本的4.3倍，美国的2.4倍，韩国的1.5倍。电力、钢铁、有色等8个耗能行业耗能平均比世界平均水平高47%。我国工业部门每年多用能源约2.3亿吨标准煤。2012年《中华人民共和国可持续发展国家报告》显示，中国人均淡水、耕地、森林资源占有量分别为世界平均水平的28%、40%和25%，石油、铁矿石、铜等重要矿产资源的人均可开采量，分别为世界人均水平的7.7%、17%、17%。中国经济发展短期内

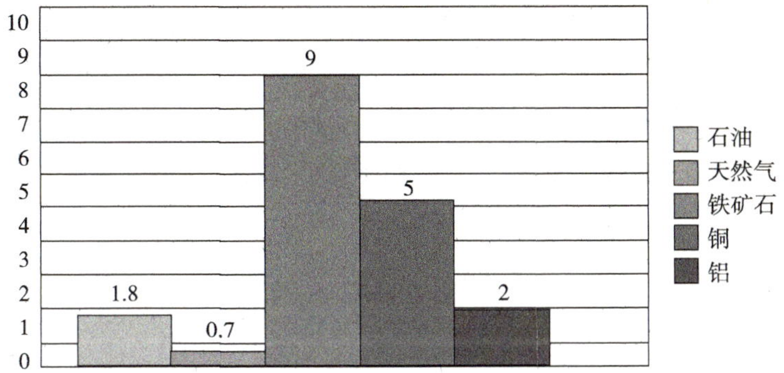

图 1－1　我国主要资源位居世界水平情况

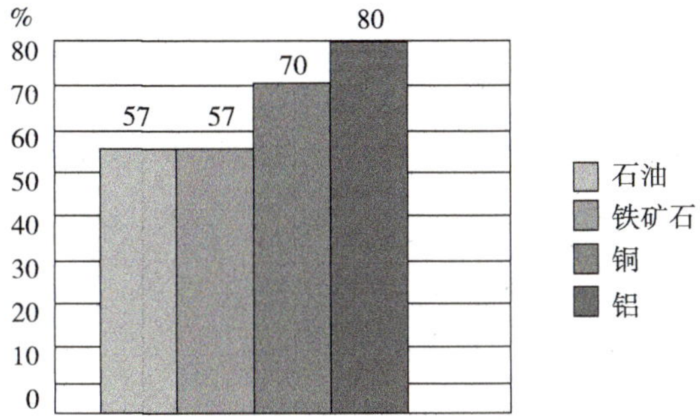

图 1－2　我国主要资源依赖进口情况

难以摆脱对资源环境的依赖（见图 1－1）。一国的资源是有限的，环境空间也是有限的，依靠破坏资源和环境换取经济增长的方式是不可持续的（见图 1－2）。伴随经济发展，资源和良好环境越来越稀少，短缺性突出。从世界各国经验看，实际经济增长率不能长期高于潜在经济增长率，最终实际经济增长率要回归潜在经济增长率附近，这是由一国资源和环境的短缺性所决定。作为大国发展起来后，当国内资源不足，面向国际市场采购时，会引起国际大宗商品价格的猛涨，也会因为市场的冲击引起国际经济贸易摩擦直至政治冲突，这对大国的兴起会产生不利的国际环境。当前，中国“生态赤字”问题突出，一些宝贵的矿产资源接近枯竭。长期以燃煤为主的能源利用方式，造成了雾霾的严重问题，群众甚为忧虑。只从超越美国成为世界第一碳排放国后，中国在世界环保领域处于不利的地位，话语权比较被动。为此，我国经济发展到一定阶段后必须走技术创新、节约资源的集约式增长道路，这既是顺应世界绿色经济发展潮流大势，也是建设美丽中国的现实需要。

（三）中国新一届领导集体对中国经济发展阶段做出了新判断，支持有质量和效益的中高速经济增长

从中国革命和建设的历史上看，正确认识发展阶段性特征，是制定正确发展战略的重要前提。新中国成立前，毛泽东做出了中国社会处于半殖民、半封建社会发展阶段判断，率领中国人民取得新民主主义革命伟大胜利；改革开放以来，邓小平做出了中国处于社会主义初级阶段结论，开创了有中国特色社会主义发展的新局面。习近平总书记特别强调对国情和世情的认识，要求政策来源实际、指导实践。2014 年 5 月，习总书记在河南考察时，首次提出经济新常态。他说："我国发展仍处于重要战略机遇期，我们要增强信心，从当前我国经济发展的阶段性特征出发，适应新常态，保持战略上的平常心态。"2014 年 7 月，他在与党外人士座谈时又再次强调了上述观点。8 月 5 日、6 日、7 日，《人民日报》连续发表了三篇关于论述经济新常态的社论。2014 年 11 月 9 日，习总书记首次系统阐述了"新常态"。习近平是在亚太经合组织（APEC）工商领导人峰会上讲这番话的。"中国经济呈现出新常态。"他认为有几个主要特点：速度——"从高速增长转为中高速增长"，结构——"经济结构不断优化升级"，动力——"从要素驱动、投资驱动转向创新驱动"。2014 年 12 月 17 日，中央经济工作会议在分析了我国经济发展的一系列趋势性变化的基础上指出，我国经济正在向形态更高级、分工更复杂、结构更合理的阶段演化，经济发展进入新常态。正从高速增长转向中高速增长，经济发展方式正从规模速度型粗放增长转向质量效率型集约增长，经济结构正从增量扩能为主转向调整存量、做优增量并存的深度调整，经济发展动力正从传统增长点转向新的增长点。

2014 年，习总书记首次提出了经济新常态。这是在正确判断我国经济社会所处的新阶段基础上所提出的重大战略新思想。即我国仍然处于社会

主义初级阶段，因此经济发展仍然是第一要务，这是解决人民群众日益增长经济社会文化需求的关键。同时要看到，受资源、环保以及国外需求放缓双重约束，继续保持经济双位数增长已经不可能，未来五年，中国经济增长要保持在6.5% ~7%这个区间。认识新常态，适应新常态，引领新常态，是当前和今后一个时期我国经济发展的大逻辑。“十三五”时期工作重点就是适应、把握和引领新常态。为实现全面建成小康社会和中华民族复兴的伟大中国梦想提供可靠的经济增长动力支撑。

第二节 经济新常态的内涵与特征

习近平总书记从国家发展战略的高度，对经济新常态内涵、基本特征和如何认识新常态，如何引领新常态提出了明确的要求。经济新常态是一个内涵有严格要求的经济学术语，不能随便宽泛化。

一、经济新常态的内涵

是指经济发展更高级的阶段。具体而言，是指我国经济在经历以高投入、高能耗、高污染为主要特征的粗放式高速增长后，逐渐转入以创新驱动、新能源、低排放为主要特征的内涵式中高速增长，经济形态更高级、社会分工更复杂、经济结构更合理。是一个更加注重质量和效益的新阶段。

2009年，美国太平洋基金管理公司总裁埃里安最早提出新常态经济术语，用来描述世界经济特别是发达国家金融危机后经济恢复缓慢的过程。[①]新常态是相对于“旧常态”而言的，更加注重质量和效益的发展，是世界经济发展的大趋势。世界上没有任何一个国家能够长期保持两位数的经济增长，美国在2000年GDP达到10万亿美元后，经济增长率就一直在2%

① 郝宏桂．“新常态”下江苏沿海地区创新发展的对策研究［M］．北京：社会科学文献出版社．//沿海发展研究，2015（1）：11.

左右徘徊，东亚国家和地区人均 GDP 达到 1.1 万美元（按购买力平价计算）后，其经济增长都经历了减速过程。（林毅夫 2016）日本、韩国、新加坡和中国台湾、中国香港等地区经济增长在经历高速增长以后，也都回到个位数，收敛于潜在经济增长率附近。此时，创新问题、环保问题、缩小收入差距分配等问题摆在了经济发展的首要位置，通过创新驱动、扶持环保产业和拉动国内地区消费水平，达到可持续增长的目的。改革开放 30 多年，我国依靠拼资源、拼能源粗放型增长方式，实现了两位数的高增长率，但这种增长方式是不可持续的。这种粗放增长方式给资源和环境造成了巨大的破坏，资源在枯竭，环境受污染，特别是长期雾霾天气给群众身心带来极大的损害，是一种“要钱不要命”的发展，随着人们收入进入上中等收入后，必须摒弃这种发展观。未来五年，实现 6.5% ~7% 区间经济增长率就能实现全面建成小康社会的战略目标。全面建成小康社会是今后五年中国最大的政治，是全国人民根本利益所在，也是中华民族命运所系，是实现中华民族伟大复兴的重要前提。要实现全面小康，需要中高速经济增长做支撑，只有保持 6.5% ~7% 的增长速度，才能完成到 2020 年 GDP 和人均 GDP 比 2010 年翻两番的战略规划，才能兑现对人民的政治承诺。同时要看到，全面小康是政治、经济、社会、文化和生态文明“五位一体”建设的小康，是一种全面高质量的小康。必须对当前经济环境进行全面治理，促进经济结构合理、社会分工科学、环境保护优良，使经济发展向更高水平跃升。

二、经济新常态的特征

中国经济当前进入经济发展新常态，出现一系列与过去经济增长不同的新情况、新问题，经济发展阶段呈现新特点，与“旧常态”相比较，有更鲜明的新特征。

（一）经济增长转为有质量和效益的中高速增长

这是新常态最基本的特征。正如著名经济学家吴敬琏所说，在较高效率支撑下的中高速增长，才是我们希望建立的新常态。我国经济增长连续

8 年处于下行调整期，经济增长率保持在个位数，2016 年仍然会保持在 6.5 ~7% 区间，未来五年也有可能保持这样个位数的经济增长率，在较长时期内我国经济增长将呈现“L”形。一方面因为我们是一个大国，经济长期保持两位数的增长，对资源和环境造成了巨大的压力，资源和环境的短缺性使两位数增长难以为继，变成不可能事件。另一方面也要看到，2016 年我国 GDP 已经达到 67.7 万亿人民币，增长 6.9% 左右，这样的增长潜力世界上也是罕见的。中国经济发展必须尊重经济规律、自然规律和社会发展规律，要量力而行，不能超越资源环境容许范围，片面强调高速增长。超越实际违背规律搞跨越式增长，我们在国内是吃过苦头的，在国际上也是概莫能外，这个教训我们必须汲取，不能让历史重演。

（二）经济结构转为合理化、高级化

这是新常态标志性特征。国际经验表明，当一国国民收入进入上中等收入阶段后，人们会从排浪式消费转向个性化、差别化消费，如果消费结构升级得不到满足，就会产生需求不足。2014 年我国每千人拥有汽车超过 100 辆，城镇户均达到 1 套住房，迫切需要寻找新的消费需求增长点。经济增长放缓，表面上是需求不足，实际上是供给结构不适应市场需求变化。从世界发达国家经济现代化历史进程中可以看到，一、二、三产业演进规律是现代服务业产值在国内生产总值中所占比重越来越高，从事第三产业就业人数越来越多，国民经济结构趋向服务化、轻型化和高级化。而从我国现实情况看，现代服务业“十二五”期间有了大发展，2015 年占 GDP 比重为 50.5%，超过制造业，但与发达国家超过 70% 的比重还有较大的差距。就产业结构内部而言，农业基础仍然薄弱，传统农业占有相当大的比重，制造业内部大部分产业处于世界产业链低端，技术含量低，现代服务业又以生活性服务业为主，生产性服务业发展不足。尤其严重的是，在前期经济政策刺激作用下，制造业产能过剩问题突出，钢铁、水泥、电解铝、船舶等闲置率达到 20% ~30%，造成资源配置的极大浪费，也给国际贸易带来了摩擦。另一方面，与百姓密切相关的产业供给却不足。特别

是在我国进入中上等收入社会以后，消费结构转型升级，但产业转型升级步伐滞后，高质量产品供给缺乏，消费者转向国际市场寻求质量更好的消费品，进而影响了内需。经济运行领域目前正发生深刻变化，传统产业和新兴产业替代加快，消费、服务、高技术对经济增长支撑作用增强，新经济结构逐渐形成正成为新常态的重要特征。

（三）经济增长动力转为创新驱动

这是经济新常态根本特征。改革开放30多年来，我国主要依靠要素投入驱动经济增长，经济增长长时间保持两位数增长，中国经济总量位居世界第二，创造了现代经济史上的“中国奇迹”。然而，在中国资源和环境约束趋紧的大背景下，长时期维持两位数的高速增长难以为继。目前中国已经出现了劳动力人口绝对数下降，自然资源短缺，资本投资边际效益递减困境。以劳动力为例，2012年我国16岁至59岁劳动力年龄人口开始绝对减少，现如今已经减少了近820万人。经济增长动力必须由要素总量投入驱动转向全要素生产效率提高的创新驱动，这是经济增长规律的必然结果，是不以人的意志为转移的历史进程。要促进传统制造业“调轻调高调新调绿”，加快传统制造业调整改造提升步伐，大力发展战略性新兴产业，推动现代服务业大发展，打造一支高素质人才队伍，培育新动能，创造新优势，推进“制造业大国”向“制造业强国转变”。

第三节　经济新常态与经济增长动力转换

“十三五”期间，必须加快经济增长动力的转换。这是基于我国经济发展新常态的判断，也是尊重经济发展规律，促进经济转型升级的必然选择。经济增长动力的顺利转换，关系到经济中高速增长，关乎经济结构调整优化，是经济新常态下一个重大现实经济问题。

一、经济增长动力内涵

经济增长的动力又称经济增长的驱动力，包括驱动一国经济增长的要素投入和技术进步两大动因。根据古典和新古典经济增长模型，经济增长主要驱动因素有劳动力、资本、土地和技术、创新、资源配置效率和制度安排等，其中，劳动力、土地和资本要素驱动称之为要素投入驱动，技术、创新、资源配置和制度安排称之为全要素效率驱动，也就是创新驱动。

二、新常态下我国经济增长动力转换的必要性和紧迫性

（一）经济新常态新情况、新特点、新趋势要求我们加快经济增长动力的转换

我国现在仍然处于社会主义初级阶段，人民群众日益增长的物质需求与比较落后的社会生产力关系仍然是社会的主要矛盾，因此发展经济、促进经济增长仍然是当前经济社会发展的大局，是第一要务。同时要看到，经过改革开放的大发展，我国经济社会实力、国家综合国力和人民生活水平显著地上了一个大台阶，改革开放初期，中国人均 GDP 水平位居世界末位，只相当于非洲撒哈拉地区人均 GDP 三分之一水平，2002 年首次超过 1 000美元，达到世界中等收入国家水平，2015 年又接近 8 000 美元，达到世界上中等收入水平，并向高收入水平迈进。随着人民收入水平的提高，消费结构在升级，对健康、教育、医疗、养老等现代服务业产生了旺盛的需求。消费结构升级对传统产业提出了升级改造的要求，工业制造品要更加精细化、人性化，农业产品要更加安全化、绿色化，电子产品要更加功能化、个性化。根据马克思经济学基本原理，需求的变化反过来对生产供给产生重大影响，生产者方面只有正确认清需求方面发生的重大变化，积极在产品品种、产品质量、产品销售模式等方面做出重大调整，才能促进社会化大生产的顺利进行。而要做到这一点，生产方必须调整经济增长动力，着眼于消费结构高级化目标，促进产业结构发展动力由要素驱动向创新驱动加快转变。

（二）国际经济增长形势和国际贸易新特点要求我们加快经济增长动力转换

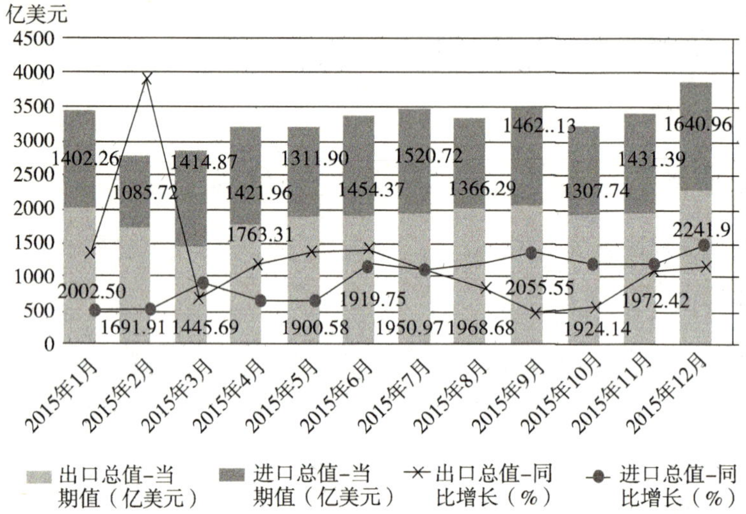

图1－3　2015年我国外贸进出口月度走势

资料来源：http：//www. sohu. com/i/? pvid = bfd96a6b41a6bcaa

受世界经济周期和国际贸易需求严重不足影响，我国经济下行压力较大，必须加快经济增长动力转换，以对冲经济下行压力。从国际经济形势看，世界经济增长从2008年国际金融危机以来，处于长期低迷经济增长态势，2015年为国际金融危机增长以来最低。世界各国受累于这种慢速增长，都不能独善其身。无论是发达国家、新兴市场经济国家还是发展中国家概莫能外，经济增长呈个位数增长成为世界经济增长的“新常态”。中国经过改革开放38年，已经深度融入世界经济、加入经济全球化进程，世界经济长期低迷增长，给中国经济增长带来深刻影响。特别值得一提的是，长期以来中国是以外贸出口为主的国家，是世界第一贸易大国，第一出口大国，第二进口大国，出口贸易对中国GDP的贡献在20%以上。而在当今世界经济增长低下情况下，国际贸易普遍低迷，世界各国市场需求疲软，世界贸易保护主义抬头。这些对中国对外贸易是重大的冲击，根据海关数据，2015年，我国进出口总值24.59万亿元人民币，比2014年下降7%，其中，出口14.14万亿元，下降1.8%；进口10.45万亿元，下降13.2%；2015年中国出口下降了1.8%，与过去长期保持两位数的增长，形成了巨大的反差，必然带动中国经济增长下行（见图1-3）。

世界经济形势持续低迷的态势在“十三五”期间不会有太大的改观，因此中国经济对对外贸易不要寄予更多的希望，要眼睛向内，加快由外贸主导型经济增长向内需主导型经济增长动力转变。

（三）实现全面小康社会和跨越“中等收入陷阱”迈向高收入国家需要我们加快经济增长动力的转换

2020年建成全面小康社会是中国人民最大的期盼。全面小康社会是高质量、均衡、可持续发展的社会。全面小康社会首要标准是GDP和城镇人均收入要比2010年再翻1番，这是实现小康社会关键前提。为此我国经济增长速度未来五年必须保持年均6.5%~7%的增长率才能达到这一战略目标。在世界经济低迷和国内经济结构性问题突出不利背景下，实现这样的中高速增长是相当不容易的，加快经济增长动力转换是一个有效途径。要看到，传统产业钢铁、水泥、玻璃、电解铝等行业规模大、产值高、就业量大，在近期还没有新的产业能够替代，因此要大力改造提升传统产业，促进传统产业转型升级。要做好传统经济增长动力和新兴经济动力转换的平衡，在大力改造传统产业，激发新优势的同时，积极发展新兴经济，培育新动力，为中国经济中高速增长注入新活力，切实提高中国经济增长的质量效益水平。从国际经验看，在由“中等收入”向高收入国家迈进中，科学技术进步是关键，创新驱动经济增长是各发达国家共同的标志。“二战”后世界上有二十几个国家经济发展较快，都面临由中等收入向高收入国家迈进的风口，但最终只有日本和韩国等少数国家进入发达国家状态，而其他国家如阿根廷等长期徘徊在中等收入国家行列中，没有进入发达国家状态。究其根本原因在于，严重依赖出口导向型经济，没有过多关注科技进步问题，没有及时实行经济增长动力由要素驱动向创新驱动转换，国家经济难以实现可持续增长。1994年诺贝尔经济学奖获得者保罗·克鲁格曼认为，当时经济增长较快的东亚主要是靠要素投入驱动的，根据经济增长理论，这种简单靠要素总量投入增加的经济增长，一定时期后会出现边际投资收益递减问题，经济增长就会滑落下去。1998 年亚洲金融危机就证明了这一点，当时许多即将进入高收入国家的东亚国家至今仍然处于发展国家状态。

经济增长动力问题，是关系我国经济中高速增长的重大问题。在国家总体综合经济体量进入世界第二，人均收入超过 8 000 美元情况下，要及时转换经济增长动力，这是减少国际经济贸易摩擦，促进国内人民生活水平提高的重要现实问题。从国际经济史上看，大国在发展到一定程度后，不能再靠国际市场支撑本国的发展，因为国际市场已经很难再容纳大国经济的发展，大国经济发展必须由外向型经济转入内向型经济，充分利用国内巨大市场、众多消费者和大量创新人才，走以内需为主导的经济可持续发展道路。从一些世界贸易大国实践看，当货物出口占世界总额的比重达到 10% 左右，就会出现拐点，增速就要降下来。我国货物出口占世界总额的比重，2010 年超过 10%，2014 年达到 12.3%，这意味着我国出口增速拐点已经来临，今后再要维持出口高增长，出口占 GDP 高比例已不大可能，这就要求必须把经济增长动力更多放在创新驱动和扩大内需特别是消费需求上。[①] 这既能减少国际贸易摩擦，为世界经济发展提供新机遇，同时又能大幅度提高国内老百姓的生活质量，让经济增长成果更多普惠老百姓，增强百姓更多的获得感。

三、经济新常态下我国经济增长动力转换面临的重大机遇和风险评估

当我国经济由高速增长调整为中高速增长时，经济运行环境发生了重大变化，既包括国际环境的变化，也包括中国经济对世界经济的影响。经济增长动力转换面临重要机遇，也需要面对重大挑战。只有正确认识和把

① 《习近平总书记系列重要讲话读本》连载之十．关于促进经济持续健康发展［N］．光明日报，2016－05－04（7）．

握这些新变化，积极作为，攻坚克难，才有可能度过经济增长动力转换期，国民收入跨过“中等收入陷阱”，顺利迈向高收入国家。

（一）我国经济增长动力转换面临的重要机遇

从国际上看，世界正经历新的技术革命和产业革命，为我国经济增长动力转换提供了有利的国际环境。经济增长动力的转换是由要素驱动转向创新驱动过程，需要向经济领域注入更多的技术、制度、市场等创新元素。当今的世界正经历第四次科学技术革命，第三次工业革命，正要面对第四次工业革命。第四次科学技术革命和第四次工业革命显著特征是具有颠覆性的。与前三次科学技术革命和工业革命相比，这次科技革命和工业革命更猛烈，更有破坏性，更具有革命性。互联网、智能制造、3D 打印技术、机器人制造、生物技术、海洋技术、航空技术等高新技术及其产业化，深刻改变了生活方式、生产方式、产品形态、产业业态和流通业态，经济领域发生了深刻的变革，全球产业面临重新洗牌的状态。开放的中国经济赶上了这轮新技术革命和新工业革命，为培育经济增长创新动力提供了必要的国际环境。一大批国际科技成果和工业革命理念，正通过国际交流与合作不断渗透到中国，改变了中国经济结构。同时面对国际市场新要求，一批中国原创科技和工业革命成果也不断涌现出来，带动中国产业率先发展、领先世界经济发展，为中国经济由大变强注入了科技含量。

从国内看，经济新常态的提出为经济增长动力转换赢得了宝贵转换期间。经济增长动力转换是需要时间的，从国际经验看，需要 8 ~ 10 年的时间。如果我们仍然主张“旧常态”方式发展经济，也就是拼资源、能源类粗放的发展方式，企业和全社会就不会关注技术创新、科技进步，更多地关注货币流动性的增长和财政的强刺激政策。这样的强刺激政策虽然能够在短时间内保持经济的高速增长，但从长期看，积累了严重的债务危机和资产泡沫，极有可能造成经济停滞和通货膨胀，经济就会长时期进入“中等收入陷阱”中。提出经济新常态，让经济增长率由高速增长下到中高速增长，降低全社会经济增长预期，有利于全社会更加关注技术进步和效率提升问题，集中精力提升经济发展的质量和效益。我们需要一段时间对过去超高速和高速经济增长带来的“后遗症”进行一次深刻的治理整顿，控制金融风险、化解产能过剩、补齐经济短板，全面提升国民经济整体素质，在此基础上继续前行。总括起来，我国经济新常态期间面临的经济发展机遇有：中国赶超美国等发达国家还有较大的空间，美国目前人均 GDP 超 4 万美元，我国到 2020 年建成全面小康社会也不过是 1.2 万美元，赶超就要有速度；我国正处于工业化、城镇化、信息化、农业现代化和绿色化进程中，“新五化”带来新速度；我国东中西部城与城之间，城乡差距较大，基础设施现代化也需要速度；高储蓄率和巨大的消费市场以及完整的工业体系为经济新增长提供了较大的回旋余地；加之正在成长的企业家队伍和技术创新能力，为经济增长提供了无限的潜力。经济新常态治理思维为经济增长动力转换赢得了宝贵时间，各级政府、企业和居民都要把握住新常态机遇，把创新发展摆在各项工作的首位。

（二）我国经济增长动力转换面临的重大风险评估

中国能否顺利实现经济增长动力转换，跨越“中等收入陷阱”，从国际经验看，概率事件各占 50%。概括起来，中国经济在经济增长动力转换方面面临“外需转向、创新意愿和制度改革”三大风险。

“二战”后，世界各国经济出现繁荣局面，处于中等收入国家状态的有 50 多个，但只有少数国家顺利跨越中等收入陷阱，实现增长动力转换，成为发达国家。其他国家经济增长回退到个位数，经济增长长期处于低迷状态，有的甚至出现经济增长萎缩严重问题。当前世界共有 70 多个高收入国家，还有 54 个上中等收入国家。其根本原因在于，这些国家经济增长形成对自然资源出口的路径依赖，主要靠要素投入推动经济高速增长，在国际市场出现疲软和自然资源出现枯竭情况下，经济增长就难以为继。改革开放以来，支撑中国经济增长的主要力量也是出口和劳动密集产业。在出口导向型经济增长战略带动下，30 多年我国出口贸易呈现两位数的增长，为国家赚取了大量外汇，我国成为世界上外汇储备第一大国。但这种出口导向型增长模式是建立在国际市场尤其是美国和欧盟市场需求旺盛的基础上的，如果发达国家市场需求出现疲软，必将给这些出口国家造成重大冲击。2008 年国际金融危机以来，世界经济增长长期处于低迷状态，复苏艰难，中国最大的贸易伙伴欧盟经济一直没有走出谷底，失业率高，居民消费不旺，这种需求疲软局面短期内很难有实质性改善，对我国出口带来了极其严重的后果，对外贸易由两位数增长回退到个位数甚至负增长。如果我们不能及时将出口导向型、依靠劳动密集型产品开拓国外市场的经济发展战略模式，切换到以内需为主，创新为王的新经济增长战略模式上，中国经济就有换挡失势的风险。

创新发展是一个综合发展进程，需要全社会各方面同心协力。全社会创新的氛围还没有真正形成。受计划经济影响，人才更多还愿意进机关和事业单位，党政机关和事业单位集聚了大量创新人才，形成了人才的“虹吸效应”，企业创新人才缺乏，特别是民营企业创新人才更是匮乏。我国科研成果转化率低。我国专利数量和论文数量位居世界前列，但转换率很低，只有 10%，远低于发达国家 30% ~40% 的水平。受科研成果使用评价导向约束，大部分科研成果在科研单位和高校内部形成自循环，没有形成真正的经济效益。还没有真正确定企业技术创新地位。市场经济下企业理应成为创新的主体，因为企业最靠近市场，最接近消费者，最先感受价格变化的信息，最能把握技术创新的方向。但我们现在许多企业仍然以劳动密集型为主，过分注重价格竞争，以低廉价格挤占国内和国际市场，已经形成了路径依赖，企业创新意愿不足。还有，政产学研体系尚不健全，特别是应该加大政府在科技领域中的突出作用，在事关企业科技发展前沿研究上给予大力扶持，通过建立众多的国家科技实验室，为企业提供科技公共品，减少企业研发巨额费用，降低企业交易成本，防止企业出现因科技转型投入过大难以生存的困境，用降科技成本和降科技交易费用来提升企业核心竞争力。

技术创新需要较长时间，而制度创新却能较快取得红利。从我国经济发展历史上看，推进制度改革是促进经济增长，稳定经济下行压力的有效途径。切实解决制度性问题，就会为我国社会主义市场经济赢得新的发展空间，也会为我国经济增长动力提供新的元素。而做到这一点我们有重要优势。我们是社会主义国家，可以实行全国一盘棋，在中国共产党坚强领导下，全面深化改革，以放权为原则，就能不断增强市场、基层、个人活力和创造力。以明确的规划为指引，在破除旧制度同时建立符合中国经济实际的新制度，为中国经济可持续增长提供新制度供给。近几年，新常态经济思想、生态文明制度、绿色制造、智能制造、中国工业制造 2025、"双创"制度等新思想、新制度的提出，为中国经济中高速增长释放了制度红利。同时也要看到，我国经济长期受计划经济影响，计划经济思维影响社会各方面，造成了经济社会活力不足，个人创业积极性不高。就政府而言，官本位思想仍然存在，为了维持宏大的政府机构，政府税制较重，企业发展能力不足。政府对经济领域资源配置干预太多，形成了较大的国有经济，这些国有经济在追求经济效益的同时又承担了就业的重要任务，投资回报率低，效率低下。在城镇化进程中，还存在许多制度约束，如农村土地制度、户籍制度等，妨碍了全社会生产要素的自由流动。在国际市场双向开放中，我国企业走出去和国外产品流进来都存在制度性障碍。经济学家尼古拉·巴韦雷认为，中国的转型对于中国而言是一个前所未有的挑战。

《中共中央关于制定国民经济和社会发展第十三个五年规划的建议》认为，"十三五"时期"我国发展仍处于可以大有作为的重要战略机遇期，也面临诸多矛盾叠加、风险隐患增多的严峻挑战"。区域开发和经济发展属于中观层面问题，与企业相比，它更能直接感受到宏观经济形势和政策的变化。在经济新常态背景下，需要准确判断当前区域经济发展所面临的基本宏观形势，科学把握经济新常态背景下宏观政策变化对区域经济发展的重要影响：既要看到当前宏观经济发展面临的挑战，也要清醒地认识到所面临的历史机遇，以理性的态度谋求经济增长动力的平稳转换。[①] "创造

---

① 郝宏桂. 新常态背景下江苏沿海地区创新发展的对策研究［J］. 沿海发展研究，2015（1）：12.

新的人口红利、优化劳动力要素配置、扩大国内消费需求、优化经济需求结构、积极稳妥地推进新型城镇化、构建新的区域经济增长带和增长级，加快全面深化改革、释放改革最大红利，提高开放经济水平、积极参与全球经济治理。”①

① 张占斌．中国经济新常态下增长动力转换［J］．前线，2015（4）：28－30.

第二章　江苏沿海地区区域开发基本概况

著名区域经济学家陆大道先生指出："区域开发基本内涵是：在宏观国民经济增长的背景下，区域经济总量获得增长，人口增加及人均收入水平提高，物质性和社会性的基础设施建设不断改善，地区间建立合理的经济关系，逐步缩小地区间社会经济发展水平的差距，以及为此目标而制定的区域政策。"江苏沿海地区，包括连云港、南通和盐城三市，陆域面积3.25万平方公里，海岸线长954公里。地处我国沿海、沿长江和沿陇海兰新线三大生产力布局主轴线交会区域，是长江三角洲的重要组成部分，区位优势独特，土地后备资源丰富，战略地位重要（见图2-1）。

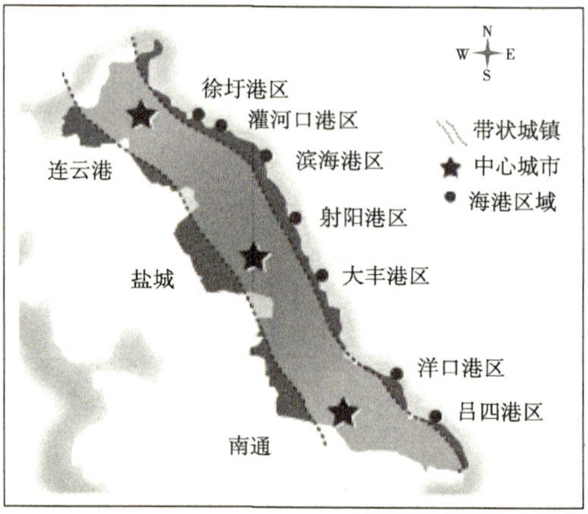

图2-1　江苏沿海地区盐城、南通、连云港三市分布图

（"三极、一带、多节点"图示）

资料来源：根据江苏沿海地区简介（http：//news. eastday. com）而得。

2009年6月10日，国务院第六十三次常务会议通过《江苏沿海地区发展规划》，从此，江苏沿海开发由省级战略上升为国家战略。规划指出，加快江苏沿海地区发展有利于长三角地区产业优化升级和整体实力提升，有利于完善全国沿海地区生产力布局，有利于促进中西部地区发展，有利于强化我国与新亚欧大陆桥沿线及东北亚地区的合作。事关全局，具有重大战略意义。深入实施这一国家战略，要立足沿海，依托长三角，服务中西部，面向东北亚，建设成我国重要的综合交通枢纽，沿海新型的工业基地，重要的土地后备资源开发区，生态环境优美、人民生活富足的宜居区，成为我国东部地区重要的经济增长极和辐射带动能力强的新亚欧大陆桥东方桥头堡。具体来讲，到2012年，人均地区生产总值超过40 000元，产业发展基础更加坚实，先进制造业比重持续上升，城镇化率达到55%左右，人民生活水平和生活质量普遍提高，基本公共服务能力大为增强，城乡就业更加充分，社会保障体系基本覆盖城乡，环境质量不断改善，重要生态功能区占国土面积的比重达到15%，单位地区生产总值能耗下降和主要污染物排放量削减达到国家控制要求，整体上实现全面建设小康社会目标。到2020年，人均地区生产总值达到或高于东部地区平均水平，产业结构进一步优化，服务业比重大幅上升，人民生活更加富足，享有相对均等的基本公共服务，覆盖城乡的社会保障体系基本建成，城镇化率达到65%左右，生态环境良好，到规划末期或更长一些时间初步实现现代化。为达到上述战略目标，要从国土空间布局、重大基础设施建设、产业发展、城乡发展、海域滩涂资源开发、体制机制创新等方面综合施策，为江苏沿海开发国家战略顺利实施提供有力支撑。21世纪是海洋的世纪。党的十八大报告强调要建设海洋强国，习总书记系列重要讲话也强调要研究海洋、经略海洋。江苏省作为海洋大省，海洋经济目前正成为江苏经济可持续发展的重要引擎。江苏沿海地区开发上升为国家战略以来，沿海开发成效明显，沿海地区正逐渐成为江苏东部地区新的重要经济增长极。

第一节 连云港区域开发情况

连云港古称“海州”。地处中国东部沿海、江苏省东北部，长江三角洲地区，东部濒临黄海，与朝鲜、韩国、日本隔海相望；西与徐州、宿迁毗邻；南与淮安、盐城相连；北与临沂、日照接壤。总面积7 615平方公里，温带季风气候，下辖赣榆区、连云区、海州区等3区3县，2015年人口507万，全市规模以上工业总产值突破5 500亿元，达到5 574.55亿元，同比增长13.2%，累计完成增加值突破1 100亿元，达到1 156.50亿元，同比增长12.9%，GDP 2 141亿元，同比增长9%，排名93位，位居全国百强市之列。作为全国首批14个沿海开放城市之一以及国务院批准的江苏沿海开发战略的中心城市、国家创新型试点城市、国际性港口城市、中国优秀旅游城市，是一座山、海、港、城相接的城市，是新亚欧大陆桥东方桥头堡。

一、连云港港口地理位置和经济地位都十分突出

连云港港口是中国沿海的重要港口之一，向南连接长三角，往北接山东半岛渤海湾，隔黄海向东紧靠东北亚，向西经过陇海铁路到达我国中西部地区进而延伸到中西亚，是东西南北的结合点，连接各个方向的纽带，地理位置十分优越。连云港港口以其独特的地理位置作为新亚欧大陆桥东桥头堡，在参与大陆桥建设中优势十分明显。连云港港口是新亚欧大陆桥之间最重要的水路中转港，是陆桥腹地最便捷的进出港口，是江苏沿海重要的大港和集装箱运输十大港之一。新亚欧大陆桥沿线地区的货物从连云港出海，会比从日照出海近300公里、比青岛近出500公里、比上海更是近出1 000公里，港口优势直接凸显。同时向东边看，连云港港口紧邻日韩等东北亚国家，是日韩沟通中西亚乃至欧洲的重要中转站，也是日韩和中西亚进行合作的必经出海口。连云港港口在推动国内外物流运输上优势显著，在推动大陆桥发展中有很重要的战略地位。连云港经济地位也很突

出，连云港市处于连接亚太经济圈和亚欧大陆桥经济带及渤海湾经济圈和长三角经济区“十”字节点位置，又处于徐连盐宿经济带和淮海经济区的中心位置，是众多经济区域的焦点。

二、连云港港口航道能力和货物吞吐量力度持续加大

连云港港口是我国历史久远的航运港口之一，港口的发展建设对于一个城市起着至关重要的作用。从港口等级来看，自连云港港口确立建设国际性综合深水大港战略以来，连云港港口一直为实现这个目标努力。目前港口航道最高达到25万吨级，港口30万吨级航道于2013年10月顺利完工并通过验收，目前30万吨级航道二期工程已经提上日程，2016年底或能建成，届时将成为真正的综合性国际深水大港。从表2－1中我们可以看出，2009—2015年连云港港口生产性泊位也在增加中，同样我们看到2009—2015年连云港港口生产性的万吨级泊位数一直在增加，虽然生产性泊位数减少了，但是生产性万吨级泊位一直在增加，港口等级在逐步提升，不断增加的万吨级泊位适应了港口吞吐量的增长（见表2－1）。

表2－1　2009—2015年连云港港口生产性泊位及万吨级生产性泊位　单位：个

年份	港口生产性泊位数	生产性万吨级泊位数
2009	53	40
2010	53	38
2011	53	38
2012	56	41
2013	51	44
2014	63	60
2015	77	62

资料来源：根据中华人民共和国国家统计局统计年鉴（2010—2014）及相关资料整理而得。

从港口能力看，2015年底连云港港口万吨级以上泊位62个，港口吞吐能力过亿吨，港口的货物吞吐量达到2.1亿吨。港口拥有先进的装卸设

备和工艺，完全有能力接卸世界上最大的集装箱和散货船舶。从表2-2中我们可以看到，2009—2015年连云港港口货物吞吐量的具体数值，2009年连云港港口的货物吞吐量就突破1亿大关，真正坐实了亿吨大港称号。我们还可以明显看到连云港2009—2014年这六年内货物吞吐量的增长趋势，2011年和上年对比增长得最快，2015年的货物吞吐量为2.17亿吨，连云港港口能力飞速提升，使得港口参与大陆桥建设的基础更加坚实。

表2-2　2009—2015年连云港港口货物吞吐量　　单位：万吨

年份	连云港港口	增长率
2009	10 843	/
2010	12 739	17.49
2011	15 627	22.67
2012	17 367	11.13
2013	18 898	8.82
2014	21 000	3.96
2015	21 672	0.32

资料来源：根据中华人民共和国国家统计局，统计年鉴（2010—2014）及相关资料整理而得。

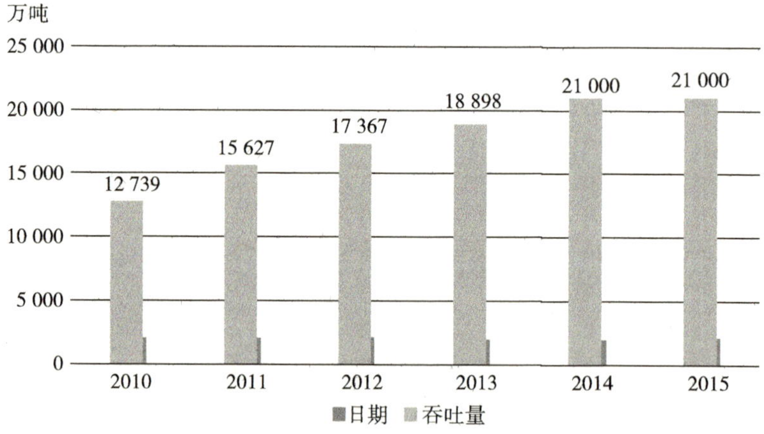

图2-2　2010—2015年连云港港口货物吞吐量

资料来源：图表数据根据中华人民共和国国家统计局统计处鉴（2009—2014）及相关资料整理而得。

经过数据研究，从各个方面来看，连云港港口近几年已经处在全方位的发展中，基础设施飞速发展，国际性大港正在形成中，这使连云港港口能够更好地融入新亚欧大陆桥建设上去。

三、连云港集港口、铁路和公路于一体的集疏运体系正在形成

随着经济发展，社会开放程度的加深，各个国家间贸易合作也不断地增多，尤其港口贸易飞速发展，港口的集疏运条件已经成为港口贸易能否顺利进行的关键。连云港近几年在港口集疏运上做出很大的举措，完善的集疏运体系正在形成。在连云港港口外围集疏运设施方面，连云港区目前已形成以陇海线铁路和沿海高速、连霍高速公路、宁连高速公路等国省干线公路为主体的外部交通网络。在港区内外集疏运方面，连云港港口通过墟沟站与连云站到达陇海铁路东端，进而间接连接新亚欧大陆桥，港口货物仅仅需要国铁车站的转运便可到达大陆桥，交通运输十分便捷。公路上，南疏港路为港口专用货运通道，东疏港路起自马腰作业区与南疏港道路连接，最后延伸接入连徐高速公路。港区在公路建设设有专门服务港口的通道，外部公路运输直接衔接内部港口，交通更加顺利。港区公路建设交错复杂，全方位发挥了公路、铁路交通优势，港口集疏运和港区外部交通紧密相连，港口集疏运体系正在形成（见图 2 -3）。

2012 年连云港港口年集装箱吞吐量 502 万标箱，首次突破 500 万标箱，从而使连云港港口均跻身 500 万标箱以上港口“俱乐部”。2013 年港口集装箱吞吐量继续延续 2012 年的良好势头达到 548.77 万标箱，在全国港口排名第九。2014 年、2015 年在经济下行压力下，集装箱运量仍完成 500 万标箱，其中铁水联运量 21.6 万标箱，过境集装箱量 9.55 万标箱。连云港港口集装箱吞吐量的大幅提高很好地拉动港口本身周边产业的发展，同时也吸引外国投资者目光，同时集装箱运输的快速发展能够很好地减缓港口集疏运局势，大大改善港口集疏运条件（见表 2 -3）。

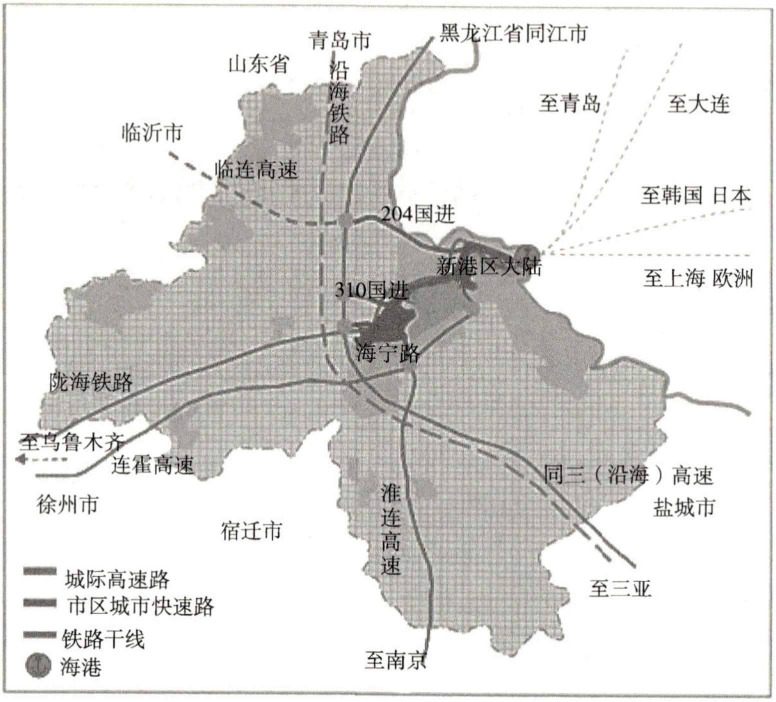

图 2－3　连云港港口交通网络

图片来源：连云港第一新闻门户网站。

表 2－3　2009—2015 年连云港港口集装箱吞吐量　　单位：万吨

年份	连云港港口	年增长率（%）	全国港口排名
2009	303.18	/	10
2010	387.10	27.70	9
2011	485.19	25.34	9
2012	502	3.46	10
2013	548.77	8.99	9
2014	500	－8.99	10
2015	500	0	11

资料来源：根据连云港统计信息网，统计年鉴（2010—2014）及相关资料整理而得。

图 2－4 通过曲折变动的线条，让我们直接地感受到集装箱吞吐量每年的变动趋势和变动幅度，2009—2013 年吞吐量在可观的幅度中增长，集装

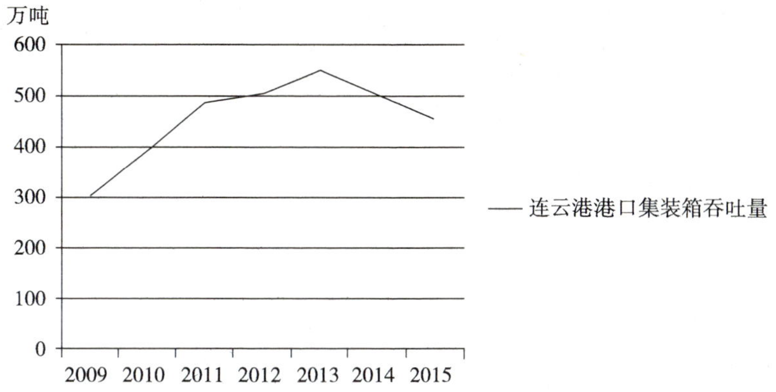

图 2-4　2009-2015 年连云港港口集装箱吞吐量

资料来源：根据连云港统计信息网，统计年鉴（2010—2014）及相关资料整理而得。

箱吞吐量一直保持上升状态。连云港港集装箱吞吐量的迅速发展，为港口物流新发展创造了很好的条件。

四、连云港以石化工业为代表的重工业规模经济明显、规模效应开始显现

2009 年以来，中国东部沿海地区开始了新一轮的产业升级和转型，其中连云港市石化产业成为本轮产业机构调整的主要对象。就连云港市原有石化工业来看，原有产业规模较大，工业基础优势明显，但是同时存在技术结构优势不明显，且行政成本开支过大的问题，这一轮的产业结构升级转型主要是通过两个途径。第一个是吸引新的外来资本对本地区原有产业中进行技术结构升级改造；通过市政府和相关企业的牵线搭桥，中石油、中石化开始在连云港投资。他们利用连云港的港口优势，将连云港建设成为特大型的能源储备基地，确定在连云港投资建设 3 200 万吨吸炼油、100 万吨乙烯等大型炼化一体化项目。目前连云港市石化工业规模效应开始显现，下表即为最近几年企业产值统计状况（见表 2-4）。

表 2－4　2010—2014 年连云港市规模以上企业产值统计表

年份	规模以上企业数	10 亿～20 亿	20 亿～50 亿	50 亿～100 亿	100 亿以上
2010	1 648	6	15	4	1
2011	1 263	21	19	2	3
2012	1 271	21	17	7	4
2013	1 419	20	13	12	4
2014	1 649	21	17	13	5

数据来源：根据连云港市 2015—2020 石化工业振兴纲要整理而得。

从上表中我们就可以看出，随着连云港市经济发展，规模效应和规模经济越来越明显，尤其是以石化工业为代表的重工业。与此同时，传统的制造业依赖于新技术和新科技的应用，实现了自身产业结构的优化，为下一步的产业结构升级打下坚实的基础。

“十二五”期间，连云港深入推进沿海开发，沿海开发取得突破性成就，主要表现在：重大基础设施得到完善。新改建国省干线公路近 500 公里，总里程实现翻番。连盐、连淮扬镇、连青铁路开工建设，徐连高铁列入中铁总公司年度开工计划。组合大港基本形成，建成 30 万吨级深水航道一期工程，赣榆、灌河、徐圩两翼港区开港运营，综合通过能力达到 1.6 亿吨，为“十一五”末的 1.5 倍。疏港航道、盐河航道建成通航，实现千吨级船舶直通京杭大运河。电网建设完成固定资产投资 93 亿元，较“十一五”增长 72.2%。新机场建设取得重要进展。这些为港城发展提供了有力保障，综合口岸功能得到提升。与新加坡国际港务、巴西淡水河谷开展全面战略合作，新开通加密 38 条近远洋航线。中韩陆海联运列为全国试点。赣榆、徐圩港区实现临时开放，白塔埠机场获批一类开放口岸。海铁联运开通至霍尔果斯、西宁等国内班列，连新亚、连新欧班列开通运营。港口吞吐量、集装箱运量分别达 2.1 亿吨、501 万标箱，承担了全国 50%、中亚国家 60% 以上的大陆桥过境运输业务，海铁联运成为连云港的重要国际品牌；开放载体建设取得突破。被国家确定为新亚欧大陆桥经济走廊首要节点城市、中哈物流合作基地和上合组织出海基地。中哈物流合作基地项目一期建成启用。上合组织国际物流园建设全面推进。国家级、省级开发园区转型发展成效明显，成为全市经济发展的主阵地。国家东中西区域合作示范区获批，先导区建设全面拉开，一批开放合作平台载体建成投用。成功举办两届连博会。开放型经济水平不断提升。累计利用外资40亿美元，年均增长近17%。外贸进出口377亿美元，较“十一五”实现翻番。高新技术产品出口以年均15%速度递增，农产品出口跃居全省首位。新批境外投资项目71个，协议对外投资额达12.6亿美元，企业“走出去”步伐明显加快。[①]

第二节　南通区域开发情况

南通古称“通州”。位于江苏省东南部，处于苏中地区，东与韩国、日本隔海相望，南与上海、苏州隔江相望，西与泰州市接壤，北与盐城市接壤。位于苏中，长江三角洲北翼，东抵黄海，南望长江，与中国经济最发达的上海及苏州相连，被誉为“北上海”。总面积8 001平方公里，北亚热带季风气候，下辖崇川区等3区2县3市，729.7万人。2015年，南通市实现生产总值6 148.4亿元，增长9.6%，增幅分别高于全国、江苏省平均水平2.7个和1.1个百分点，其中，第一产业增加值354.9亿元，增长2.9%；第二产业增加值2 977.53亿元，增长9.7%；第三产业增加值2 815.97亿元，增长10.5%。2015年南通GDP超越泉州、唐山，居全国22位。作为中国首批对外开放的14个沿海城市之一，南通集“黄金海岸”与“黄金水道”优势于一身，拥有长江岸线226公里。

一、南通地理位置优越、建港条件优良

南通市是长江、东海、黄海三水交汇的地方，是万里长江的入海口。在中国的版图上，处于沿海经济带与长江经济带T型结构交汇点和长江三角洲洲头的城市只有两个，一个是国际大都市的上海，另一个就是处于长

① 根据2016年连云港政府工作报告整理而得。

江北岸的南通。与盐城、连云港这些沿海城市相比，南通市“据江海之会、扼南北之喉”，隔江与中国经济最发达的上海及苏州地区相望。通过铁路与欧亚大陆桥相连，从长江口出海可通达中国沿海和世界各港。溯江而上，可通苏、皖、赣、鄂、湘、川六省及云、贵、陕、豫等地。南通沿海资源非常丰富，有着巨大的开发潜力。全市共拥有可建5万吨级以上的深水泊位海岸线40多公里。南通市通州湾拥有优良建港区域。通州湾区域水深条件良好，可以规划建设100个5万~10万吨级的码头，10个30万吨级的码头。如东县的洋口港区、启东市的吕四港区等岸段具备建设5万~10万吨级以上大型海轮泊位条件。启东吕四港依托小庙泓水道，可建5万~10万吨级深水泊位。如东洋口海域的黄沙洋水道和烂沙洋水道是江苏省最大的，也是全国少有的可建10万~20万吨级深水泊位的宝贵港槽（见图2-5）。

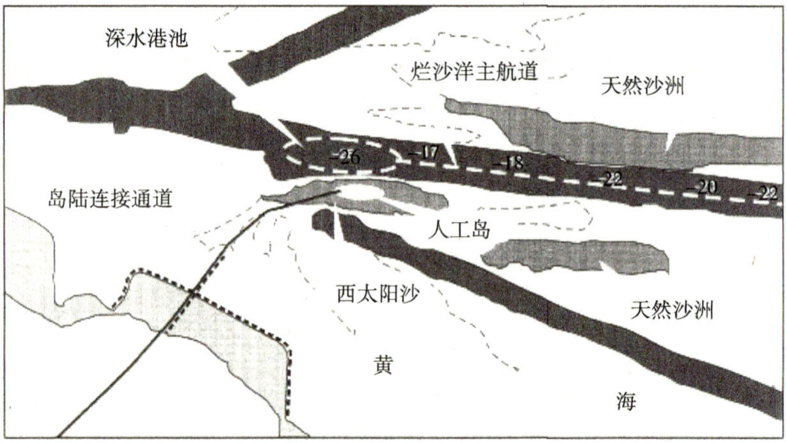

图2-5　南通市江海联动开发有关情况

资料来源：http：//www.doc88.com.

二、南通既有大江又有大海，江海联运效应显著

南通的优势，除了位于长三角的区位资源条件外，还拥有大江和大海的优势。近年来，南通紧紧抓住这一优势，走出了大力实施沿江开发、江

海联动发展的特色之路。长江沿线自上而下已经开发建设了7个港区，千吨级以上码头74座，万吨级以上泊位38座，5万吨级以上泊位18座。2013年南通港的吞吐量只有8 327万吨，到2015年完成10 256万吨，突破亿吨大关，成为全国为数不多的亿吨大港之一。在进一步整合提升沿江港口功能的基础上，南通加快沿海深水大港开发，全力打造洋口、吕四两大深水港。目前，洋口港总投资7亿元的陆岛通道工程全线贯通，1.3平方公里的太阳岛工程、洋口大道等都已全面开工建设，2016年将实现初步通航。作为江苏沿海唯一可建30万吨级码头的深水大港，洋口港内联长江黄金水道，其快速崛起将助推苏北加快振兴，拉动沿海新产业带的发展。在大桥大港建设快速推进的同时，也大力建设高速公路。宁启、沿海两条高速公路贯穿全境，沿江高等级公路全线通车，江海高速公路开工建设；新长、宁通两条铁路相继建成运营，沪通铁路即将开工，南通由此直接连入全国铁路网，江海一体的立体大交通基本形成。江海联动战略的提出和实施，使得南通紧紧依靠江海资源发展商机，从而吸引了不少重大涉海项目落户南通。江海联动的举措使南通实现由增长极向增长带、由增长带向增长域的转变，最终实现在更大范围、更深层次上得以推进全区经济社会协调可持续发展。

三、南通产业加速向沿江和沿海地区布局，形成集聚效应

目前南通市注重以大项目带动新型工业化进程，瞄准优质项目，高标准建设沿海特色产业集群。充分发挥沿海港口、土地资源的优势，放大产业配套能力，在产业选择和集聚上下功夫，加快沿海园区化开发步伐，争取优质产业项目落户沿海，促进集约式发展。重点加快海洋产业、装备制造业、新能源产业和临港工业的项目集聚，做长产业链，提高产业发展的集聚度，构建南通特色的海洋经济带。通过制定扶持政策，促进南通主城区制造业企业向沿海前沿地区搬迁。积极扶持南通钢丝绳企业、船舶海工制造企业向沿海地区搬迁和延伸。鼓励企业借助沿海开发的机遇扩大规模，提升企业科技含量，提升产业层次，有效促进传统优势产业转型升级

和集约集聚发展。加大优质特色中小企业的集聚度。鼓励科技含量高、成长性好的中小企业向沿海集聚，对中小企业落户沿海给予土地、项目资金上的扶持，通过设立创业基金，推动科技型项目落户。通过设立中小企业创业园，结合其发展特点，完善配套，为其落户创造更好的空间，形成特色鲜明的沿海中小企业产业集群。如今南通借力大港口，兴办大产业。装备制造、电子信息、石油化工、电力能源、现代纺织服装、轻工食品等六大产业占全部工业的比重接近90%。在江海联动开发中，提升优化了产业结构，南通市经济得到了快速发展。南通市工业经济综合效益指数连创历史新高，5年间提高107.8个百分点，增幅持续保持全省领先，城乡居民收入连续3年同步保持两位数增长，增幅居江苏省前列。

四、承接上海经济辐射，与上海城市一体化进程加快

南通市是江苏省唯一的江海门户，承南启北，处在“一带一路”的交会点和“一带一路”与长江经济带的交会点，处在长三角一体化发展、江苏沿海开发国家战略叠加区，处在上海自贸区的辐射区，是多重国家战略集成的结合点，是长三角北翼经济中心城市、上海国际化大都市圈副中心城市。南通作为苏中的“领头雁”，正在从崛起苏中到融入苏南、接轨上海的步伐中。南通面临海外和内陆两大经济辐射扇面，素有“北上海”“江海明珠”“中国近代第一城”“扬子第一窗口”之美誉。随着崇启大桥、崇海大桥、沪通铁路等更多过江通道的建成通车以及铁路、航空运输体系的进一步完善，南通将成为长三角北翼的综合性区域交通枢纽，同时也将成为长三角北翼和上海经济圈重要的物流中心城市之一。南通市市长丁大卫指出，作为一个经济外向程度较高的城市，南通本地制造业的发展亟须发达的物流体系的支撑，苏通大桥通车以后，南通已经处于上海资本、技术、管理、人才通过交通干线向外延伸的第一节点，南通经济的发展，不仅关系到本地经济的发展，还关系到苏中、苏北各大产业的振兴。

“十二五”期间，南通沿江转型升级、沿海科学开发、陆海统筹发展取得历史性突破，生产力布局持续拓展。主要表现在，陆海统筹发展成为

国家级综合改革试点，《陆海统筹发展综合配套改革试验区总体方案》由省委、省政府印发实施。载体和平台功能实现新提升，国家级开发园区达6个，国家一类开放口岸达5个，新增省级开发园区5个，各级开发园区转型升级深入推进，跨国跨江合作园区、沿江沿海特色园区协调发展，大宗商品交易、物流通关等“八类平台”加快形成。临港临海产业集群建设成效加快显现，五年实施370个市级以上重大项目，江苏LNG、恒力新材料、招商局海工等26个50亿元以上产业项目建成投产，沿海前沿区域生产总值和投资均突破千亿元。区域性综合交通枢纽加快形成，新建过江大通道2个，高速公路实现县县通，临海与沿江高等级公路实现环通，通江达海的铁路网加速形成，长江12.5米深水航道一期工程通航，江海组合大港初具雏形，内河高等级航道达126公里。陆海资源优化配置加快推进，沿江资源整合稳步实施，沿海“区镇合一”、海域综合管理等体制创新取得重要成果。高新技术产业、新兴产业产值占规模以上工业比重分别提高12.6个、11.5个百分点。全社会研发投入占GDP比重提高0.62个百分点，科技进步贡献率达60%，技能人才总数突破100万人，国家创新型试点城市、质量强市示范市和知识产权示范城市建设成效明显。①

第三节　盐城区域开发情况

盐城古称瓢城。位于中国东部沿海地区，江苏省中北部，长江三角洲地区，东临黄海，南与南通接壤，西南与扬州、泰州为邻，西北与淮安相连，北隔灌河和连云港市相接。总面积16 972平方千米，北亚热带季风气候。下辖盐都区等2区3市4县区，总人口721.63万人。2015年GDP为4 213亿元，全年地区生产总值同比增长10.5%，规模以上工业增加值增长11.5%，新能源及其装备、大数据、节能环保、新能源汽车等新兴产业主营业务收入年均增长30%以上。主要经济指标增速位居全省前列，在全国

① 根据南通市2016年政府工作报告整理而得。

地级市排名进前40名。盐城是国家可持续发展试验区，国家创新城市示范区，国家现代农业发展重要基地。

一、盐城土地面积全省第一，土地资源优势突出

盐城拥有江苏最大的沿海滩涂、最长的海岸线、最广的海域面积、最深的开发腹地，具备空间大、岸线长、滩涂多等沿海资源优势。盐城是江苏沿海大市，空间大。盐城位于江苏沿海中部，承南启北，腹地广阔，地处江淮平原，东临黄海，土地面积约16 000平方公里，其中耕地面积占全省的1/6。东部有很长一段海岸线，其海岸线长达582公里，占全省56%。所辖县（市、区）中，有东台、大丰、射阳、滨海和响水5个县（市）濒临大海；沿海滩涂面积大，达到680多万亩，沿海滩涂占全省66%，约占全国滩涂面积的1/7，土地后备资源丰富，滩涂每年成陆5万亩，是江苏和全国其他地区无法比拟的独特滩涂资源优势。风能资源则占全省的2/3，风能和光能资源丰富，盐城沿海及海上风电资源达1 470万千瓦，占全省的70%，年平均日照1 400小时左右。城市河流交错曲折，水乡特性明显，地势平坦开阔，交通较为发达，有丰富的自然资源，素有“百河之城”“鱼米之乡”的美称。盐城东临黄海，具有显著的海洋气候，不仅有利于水稻、小麦、棉花生长发育，并且对大豆、油菜、花生和其他蔬菜、果树和油料作物生长具有促进作用，同时也有利于鱼、蟹、虾类、贝类养殖等。

二、立体综合交通网络正在形成，区位优势逐步显现

盐城是江苏沿海中心枢纽城市，是目前江苏唯一、全国第十家同时拥有空港和海港一类开放口岸的地级市。机场、港口、铁路、公路建设深入推进，“贯通南北、东出西连、通江达海”的综合交通网络正在形成。2014年组建盐城南洋机场有限责任公司，盐城南洋机场航线达25条，通达17个国内大中城市和5个国际（地区）城市，北京、上海、广州、成都、重庆、武汉、沈阳、昆明、长沙、大连等航班均达到每天一班以上，

加密对内对外航线，江苏沿海中心机场航线网络布局基本完成。盐城港“一港四区”建成万吨级码头泊位17个，货物吞吐量大幅增长。目前正加快大丰港区10万吨级深水航道和20万吨级散货泊位、滨海港区10万吨级码头泊位、射阳港区通用码头三期工程、响水港区5万吨级码头群建设。盐城港成为中韩陆海联运、粮食储运、进口木材、进口活牛、整车进出口五大特色基地。临海高等级公路全线贯通，2016年将建成盐丰高速、省道125市区段、滨海海港大道，推进省道233、351等干线公路建设。盐城至南通（通达上海）高速铁路年内开工建设，盐城至南京、徐州高速铁路开展路基桥梁施工，盐城至连云港快速铁路完成轨道铺设。沿海综合交通体系基本形成。临空临港的双重优势为盐城加大对外开放提供了有利契机。临空临港经济区角地区对于要素集聚具有强大的吸引力和集散功能，是地方物资集散、要素转化、资金配置、信息交换、人才集聚的重要平台。

三、加强生态功能区保护，生态优势彰显

盐城是长三角空气质量最好的城市之一，最好排名曾居全国第四，仅次于海岛城市海口、舟山和高原城市拉萨。环境品质得到极大提升。加强秸秆综合利用，秸秆禁烧连续两年实现“零火点”。为全面淘汰落后产能，近两年先后关闭了盐城热电厂等10家污染企业。秉持绿色发展理念。坚定不移推进生态文明建设，否决各类污染项目480多个，淘汰整治锅炉102台。坚持把生态环境保护与建设列为公共财政支出的重点，自2012年以来，全市累计投入达300多亿元，其中，市财政每年安排2 000万元生态文明建设专项经费、500万元生态市创建工作经费和1 000万元城乡环境综合整治奖补资金，使全市环保投入占GDP的比重保持在3.5%以上。加强生态功能区保护。将2009年明确的29个重要生态功能保护区优化调整为49个，面积全省最大，占国土面积的21.77%。在此基础上，盐城市提出“县（市、区）生态红线保护区域确保占国土面积的比例20%以上”的要求，全市生态红线陆域总面积在省级基础上提升1.7个百分点，达到23.5%。绿色盐城建设有力推进。五年新增绿化造林面积90万亩，林木覆

盖率达26%，生态效益指数全省第一。建成省级生态市，绿化模范城市创建通过国家考核验收，环保模范城市创建通过国家评估，盐城市成为国家可持续发展实验区。探索走出了一条增长与转型良性互动、发展与生态相得益彰、经济与社会协调并进的绿色有效路径。《人民日报》《光明日报》《经济日报》《农民日报》，分别就盐城绿色经济、环保科技和绿色农业等绿色发展做深入报道，绿色增长成为盐城经济发展新的动力源泉。

四、后发优势明显，新经济发展日益壮大

良好的资源优势、区位优势和生态优势，为盐城新经济发展创造了优良的外部条件。盐城成为新能源、汽车及新能源汽车、节能环保、现代农业、大宗商品港口物流等国家级产业基地。近几年盐城新能源产业、信息产业、大数据、云计算、环保产业、海洋装备、生物制药和海洋产业等新经济取得新的发展，创新型经济集群呈现出较快增长，正在成为经济增长新的动力。2013年，着力推动科技型中小企业转型升级，建成省级企业技术中心20个，申请专利1.6万件，授权专利5 000多件，新申报驰名商标8件，全社会研发投入占地区生产总值比重达1.7%；大力发展新能源、节能环保等新兴产业，主营业务收入突破1 200亿元，成为国家战略性新兴产业区域集聚发展试点城市；创新能力不断增强，在上海成功举办第三届沿海发展人才峰会，获批国家可持续发展实验区、国家创新型试点城市、国家信息消费试点市，市开发区软件园获批国家级科技企业孵化器。2014年，积极培育科技型中小企业，建成省级以上研发机构71个，获批国家高新技术企业105家，高新技术产业产值增长17%；大力发展“4+3”新兴产业，主营业务收入突破1 500亿元；创新驱动战略加快实施，市区“两区两城”标志性创新高地加速崛起，国家知识产权试点城市建设通过验收，建设省级大学科技园，举办第四届沿海发展人才峰会，引进高层次人才创业项目51个，举办环保产业博览会、汽车博览会，成为国家新能源汽车推广应用城市、国家新能源示范城市。2015年，新能源及其装备、大数据、节能环保、新能源汽车等新兴产业主营业务收入年均增长30%以上。

创新创业成为新引擎。盐城高新区获批国家级高新区，城南新区、建湖高新区创成省级高新区，建设市开发区、高新区、环保科技城、智慧科技城“两区两城”标志性产业创新高地，获批国家创新型试点城市。全社会研发投入占GDP比重比2010年提高一倍。实施“515”人才引进三年行动计划，全民创业蓬勃兴起，新增各类企业3.8万家。

“十二五”期间，盐城抢抓国家战略机遇，坚定不移推进沿海开放开发，沿海发展取得重大进展。沿海地区成为活力最强、增长最快的重要经济板块，沿海开放合作取得新进展。主要表现在：基础设施建设取得突破。盐城港“一港四区”建成万吨级码头泊位17个，货物吞吐量大幅增长。南洋机场改扩建工程顺利推进，临海高等级公路全线贯通，沿海综合交通体系基本形成。重大产业项目取得突破。列入省沿海开发五年推进计划的78个重点项目，累计完成投资3 626亿元。50多家央企在盐城投资85个重大项目，总投资1 828亿元。“东向出海、南接沪深、西向开拓、北连央企”全方位开放格局初步构建。累计批准韩资项目689个，集聚台资企业878家。沪苏大丰产业联动集聚区及苏盐、盐常等合作共建园区加快建设，国家级滩涂综合开发试验区建设取得新的进展。新经济增长迅速（见图2－6）。创新创业成为新引擎。建设市开发区、高新区、环保科技城、智慧科技城“两区两城”标志性产业创新高地，获批国家创新型试点城市。全社会研发投入占GDP比重比2010年提高一倍。实施“515”人才引进三年行动计划，全民创业蓬勃兴起，新增各类企业3.8万家。新能源及其装备、大数据、节能环保、新能源汽车等新兴产业主营业务收入年均增长30%以上。悦达集团成为千亿元级企业。现代服务业初具规模。建成大数据产业园、金融城、中汽中心盐城汽车试验场等一批现代服务业集聚区，服务业增加值年均增长13%。农业现代化进程综合得分苏北第一。[①]

① 根据2016年盐城市政府工作报告整理而得。

图 2-6　盐城新能源和汽车制造业

资料来源：聚焦盐城新产业．新华日报，2010-11-18.

第三章 江苏沿海地区开发开放与经济增长动力转换历程

江苏沿海三市曾经有辉煌的历史，尤其在明清代。据江苏地方志记载，100 年多前由于民族实业家张謇在此创办企业并推动城市改造，南通由此被誉为“中国近代第一城”。盐城从西汉武帝元狩四年（前 119 年）建立盐渎县，当时这里遍地皆为煮盐晒场，到处是盐河。唐宝应年间，境内设有海陵监、盐城监，每岁煮盐百余万石，其时盐城已成为东南沿海重要的盐业生产中心。连云港曾是漕运的重要水道，康熙初年成为题定口岸，于此设关，征收海盐税。① 江苏沿海开发历史悠久，从 11 世纪范公修堤以来，已有 1 000 多年开发的历史。回顾新中国成立以来江苏沿海开发的历史，从兴灶煮盐到围垦造田，从滩涂养殖到“三港”联动，江苏沿海开发先后经历了五个重要阶段、五种增长动力转换进程。

第一节 第一阶段：以盐业为重点的开发阶段（1949—1980 年）——以资源开发为动力

资源，从广义来讲，包括自然资源、经济资源和社会资源等多种资源，这里主要指狭义资源即自然资源。《现代地理学辞典》定义为：“泛指存在自然界，能为人类利用的自然条件。”邱桂杰（2013）认为，自然资源是经济发展不可或缺的物质基础和重要条件，其开发利用是促进经济发展的

① 颜银根．江苏沿海经济发展历史及现状研究［J］．江苏工业学院学报，2008（9）：37.

原动力。这一点在科技不发达、基础设施和金融体系尚差的地区和时期尤其突出。王必达（2004）也认为，在自然资源禀赋对人们的生活构成实质性制约的阶段，经济活动中基本的生产要素是自然资源、初级劳动力和资本，尤其是天然资源，如矿产、森林、土地等，往往决定了某个区域经济活动的发展方向和特征。

盐是“百味之祖”“食肴之将”“国之大宝”。由于沿海地区东临黄海，西连运河，南北广袤数百里，皆可煮海为盐。且水网交错、航行便利，低廉的海盐广销河南、江苏、安徽、江西、湖北、湖南六省。因此，自古以来，沿海盐场便成为全国盐产量最大、销路最广的地区。同时，也成为历代封建王朝借以立国的“财赋之源”（见表3－1）。

表3－1　解放后到20世纪80年代江苏沿海围垦面积统计表　单位：万亩

年份 城市	1950	1960	1970	1980
连云港	83.45	1.00	1.66	3.30
盐城	66.55	6.99	78.59	26.81
南通	11.28	13.67	11.78	7.52
总计	161.28	21.66	92.03	37.63

资料来源：张晓祥，严长清，徐盼，戴煜暄，晏王波，丁贤荣，朱晨曦，梅丹丹．近代以来江苏沿海滩涂围垦历史演变研究［J］．地理学报，2013（11）：1553.

新中国成立后随着政治形势的稳定，经济建设重新走上正轨。1948年，沿海围垦进入了新的时期。到1959年约10年间围垦总面积达161万亩，这个时期的重要特点就是在连云港市、盐城部分区县围垦了大片的盐场。20世纪50年代，先后修建了灌东、新滩、台南、台北等盐场大堤，废黄河以南地区新围垦了射阳、海安、如东、海门等盐场；60年代，主要围垦了环东、海丰、兴垦等地区；70年代，又围垦了环港、海防、斗龙、王家谭、新北坎、新东、滨海、响水等垦区，根据资料统计，新中国成立以来至1980年江苏省新围垦滩涂达到252万亩。（王义刚 陈君 黄惠明 2012）

以资源开发为主，这是区域开发初期主要模式。开发方式主要以自然资源、土地、水、森林、矿藏等自然资源作为开发利用的主要对象。开发方式粗放、简单。开发关键因素是劳动力和自然资源。区域经济学家衣保中（2013）认为，资源开发的主要依据是本区域的资源优势，尤其是不可替代自然资源优势，开发目的是最大限度地充分利用本地资源。资源开发对区域经济基础要求较低，只要具备了必需的劳动力和生产资料，就可满足资源开发的要求，即使在自然经济条件下资源开发也可以进行。资源开发由于受到自然资源禀赋的局限，开发的项目和内容等都受到限制，而且由于开发活动主要着眼于当地的资源等条件，不能放眼区域外的资源和市场，因而开发活动的规模和广度也是有限的。

第二节　第二阶段：以养殖业为重点开发阶段（1981—1995 年）——以农业产业为动力

农业是经济发展的基础动力。农业最主要功能是能够为人类提供食品，满足人类基本生存的需要。同时农业又为工业发展提供原材料、劳动力和市场，是工业增长动力的主要来源。伴随着人们收入水平的提高，消费结构呈现转型升级，人们对经济作物和养殖动物有了新的需求，这为林果业和养殖业发展提供了新的机遇，沿海农业产业发展迎来了新契机，江苏沿海经济增长动力开始由盐业资源开发向农业产业推动转型发展。

改革开放后，国家采取了优先支持区位和经济条件较好的沿海地区加快发展的不平衡发展战略，由此带来了东部沿海经济的高速增长和繁荣，江苏沿海地区也因此步入了全方位开放开发的实践和探索阶段。1984 年，江苏沿海的连云港市和南通市被列入全国首批 14 个对外开放的沿海港口城市行列。1988 年，江苏沿海的盐城市被国务院列入适当扩大沿海经济开放区的范围。伴随江苏沿海社会经济的发展，这一时期沿海开发以养殖开发为主，港口建设和沿海能源、工业及旅游也有所发展。这一阶段，大规模围垦以大喇叭、东凌、北凌和竹港为代表，建成了初具规模的粮棉、对虾、鳗鱼、林果、畜牧、盐业、紫菜、芦苇等生产和出口基地。形成耕地 60 万亩，林地 13 万亩、桑果园 4 万亩、淡水鱼养殖场 17 万亩，对虾养殖场17万亩，盐田场110万亩，紫菜6万亩，芦苇20万亩。据资料统计，1981—1995年，江苏沿海围垦滩涂达到292万亩。（王义刚 陈君 黄惠明 2012）在沿海滩涂初步形成了工厂化养殖、无公害农业和苗种繁育、饵料加工等六大基地（见图3－1）。

图3－1 江苏沿海滩涂养殖业

资料来源：中国广播网．2004－12－14. http：//www. sina. com. cn.

在此阶段，自然资源仍然是开发利用的主要对象。美国经济学家罗斯托在《经济增长的阶段》一书中将区域增长分为五个阶段，将以农业产业为增长动力的时期归入为传统社会发展阶段。此阶段社会生产力水平低下，大部分人口从事农业，区域内经济活动基本是原始农业活动。德国经济学家李斯特在1841年出版的《政治经济学的国民体系》一书中，以生产部门的发展状况为标准，将区域经济发展划分为未开化阶段、畜牧业阶段、农业阶段、农工业阶段和农工商阶段。按照上述两位区域经济学家划分区域发展阶段标准，很显然，1981—1995年江苏沿海地区是以农业和养殖业等为主导产业的传统社会阶段。在这一阶段，江苏沿海以盐业为主的社会逐渐向种植业、林果业和养殖业转变，区域开发表现为人类经济活动向更广领域扩展。

第三节　第三阶段：以工业开发为重点的开发阶段（1996—2009 年）——以工业产业为动力

美国区域经济学家埃德加·胡佛在1949 年发表的《区域经济增长研究》一文中认为，区域经济发展在经历了自给自足、农业生产结构转换后必将进入工业化和服务业阶段。约翰·弗里德曼则认为，在经历工业化前期资源配置时期后，区域经济发展将进入工业化成熟期和空间一体化时期。

1995 年，江苏省委省政府明确提出实施“海上苏东”战略，至“十五”期末，“海上苏东”战略的实施，在推动江苏海洋经济和沿海地区发展方面发挥了一定的作用。江苏实施“海上苏东”发展战略，应该说是沿海开发战略的起步版，结果是由于偏重养殖业和农耕业，其结果并没有达到预期的目标。江苏在沿海城市的开发中走在全国的前列，然而，江苏沿海城市开发并未出现应有的繁荣。在 2005 年，江苏沿海三市人均地区生产总值 1 万多元，仅为全省平均水平的一半左右，江苏沿海每平方公里地区生产总值只是广东的 1/6，山东的 1/5，浙江的 1/4，中国万里沿海经济带在江苏出现“断裂”。①

表 3－2　江苏沿海经济人均 GDP（2000—2006 年）

年度	人均 GDP（元）	南通	盐城	连云港
2001	人均 GDP	10 329	7 583	6 901
2002	人均 GDP	11 356	8 464	7 582
2003	人均 GDP	12 924	9 930	7 526
2004	人均 GDP	15 806	10 928	8 891
2005	人均 GDP	19 060	12 585	9 691
2006	人均 GDP	22 826	14 647	11 084

数据来源：颜银根．江苏沿海经济发展历史及现状研究［J］．江苏工业学院学报，2008（9）：38.

① 王运宝．江苏沿海“凹陷”的三重观察［J］．决策，2007（6）：2－6.

江苏对重新修订“海上苏东”达成共识。2007 年，时任江苏省委书记李源潮在“盐城会议”上提出，“实行沿海开发以工业开发为主导，工业开发以工业园区建设为主导，园区产业以先进制造业为主导”的“三主导”论述。将沿海经济带定位在“面向国际的先进制造业集聚带、现代沿海城市带和生态旅游风光带”，要把沿海地区打造成为区域性国际航运中心、新能源和临港产业基地、农业和海洋特色产业基地、重要的旅游和生态功能区。

以工业化发展为主导的开发模式，这是工业化中期区域开发的主要模式。产业开发成为主要的区域开发模式，市场成为影响区域开发的重要因素。工业开发模式与资源和农业开发模式截然不同。资源开发和农业开发主要是利用资源问题，工业开发是组织资本，扩大投资问题，进而形成区域产业优势和产业竞争力；工业开发需要较高的经济社会发展水平，即便是在自然资源条件不利的情况下，也可以面向国内和国外市场组织要素流通，开发的规模与资源开发和农业开发相比不断扩大，对资源和环境的影响也越来越严重。

第四节　第四阶段：以港口、港产和港城“三港”联动为重点的开发阶段（2009—2014 年）——以资本投入为主要动力

此阶段江苏沿海地区区域开发突出特点是港口建设。大港口建设需要资本大投入，资本成为开发活动的核心，投资成为区域开发的主要动力。

2006 年 10 月起，由全国政协原副主席钱正英院士牵头，中国工程院、国家开发银行与江苏省政府联合开展专项研究，完成了《江苏沿海地区综合开发战略研究综合报告》和 11 个课题研究报告。2007 年元旦，温家宝原总理专程到连云港考察。2008 年 8 月，国家发改委会同 19 个部委组成联合调研组赴江苏沿海地区深入调研，之后与江苏省政府共同完成了《江苏沿海地区发展规划》的编制。2009 年 6 月 10 日，国务院常务会议讨论并原则通过《江苏沿海地区发展规划》，这标志着江苏沿海开发正式定调为“国家战略”。《江苏沿海地区发展规划》明确提出，沿海开发战略定位

有三个：一是以连云港港为核心，联合南通港、盐城港共同建设沿海港口群，将江苏沿海建成我国重要的综合交通枢纽；二是依托深水港口资源，优先发展石化、造船、纺织新型装备制造，新材料、新医药等优势产业，将江苏沿海地区建成我国沿海新型的工业基地；三是大力推进生态城镇建设，将江苏沿海地区打造成为滨海临江区域生态良好的沿海宜居地区。2009—2015 年，江苏沿海开发国家战略实施已近五周年。在国家和江苏省政策倾斜支持下，江苏沿海地区加大了资金、人才、科技、土地生产要素的投入，资源配置由无到有、由小到大、由粗放到集约，规模经济正在形成。要素集聚推动了沿海地区经济增长，带动了基础设施建设，调整了产业结构，推进了城乡一体化发展，江苏沿海地区成为最具活力、经济增长最快、最具发展前景的江苏新的经济增长极。

（一）沿海地区港口建设成效显著

综观江苏沿海开发十四个县市，都把开发建设的重点放到港口建设。14 个县市中有 10 个县市提到了实施港口开发，并提出了目标和时间节点（见表 3－3）。

表 3－3　江苏沿海 14 个县市港口建设一览表

县市	港口建设
启东	吕四港。2 个 5 万吨级综合码头，港区 10 万吨级航道通航
海门	东灶港。2 万吨级通用码头
如东	洋口港。10 万吨级码头，60 个泊位
大丰	国家一类开放口岸。2 个 5 万吨级泊位，2020 年 30 个泊位，年吞吐量过亿吨
东台	依托港口
滨海	滨海港。2 个 10 万吨级，1 个 5 万吨级
射阳	射阳港城市，国家二类口岸，中心渔港
赣榆	近期能够形成 1 000 万吨吞吐能力
灌云	燕尾港港口集群
灌南	4 个万吨级，5 个 5 万吨级码头投入使用

资料来源：王洪新．关于江苏沿海开发的比较研究［D］．沿海开发理论研讨会论文，2013：49－58.

经过五年的建设，沿海主要由枢纽港、组合港、产业港优势互补的港口群基本形成，初步形成了以连云港、盐城、南通为中心城市支撑的沿海港口群。连云港成为国际性枢纽大港，南通港成为沿海地区的亿吨大港，盐城港形成特色产业港。世界港口发展主要经历了四个阶段：第一代，20世纪50年代中期前，以货物装卸、航运服务为范围，决定因素是资源和劳动力；第二代，20世纪50年代中期至80年代，工业化时间，以发展临港工业及相关产业为范围，决定因素是资源和资本；第三代，20世纪80年代至21世纪初，以商贸中转及相关产业为发展范围，主要面向商业，决定因素是技术和信息量；第四代，后工业化时期，以港口为中心海洋综合流通网带为目标，决定因素是人才和环境。根据对江苏省上述港口建设的综合分析，港口发展已经保处于第二代和第三代之间，是临港工业阶段。

（二）沿海地区临港产业加快发展

港口建设理论认为，产业经济的发展和集聚是港口壮大的持续动力，因此港口建设必须走以产兴港，以港促产的科学发展之路。五年来，江苏沿海地区产业由无到有、由小到大、由传统到现代，呈现加速集聚发展的良好势头。连云港组建沿海钢铁集团、硅材料、盐化工等产业链条不断延伸，新医药、新材料、新能源等新兴产业快速发展。盐城市实施重大项目突破工程，推进电力能源基地、新能源特色产业基地建设，全市风电、光伏装机总量占全省50%左右，绿色能源、环保装备、海上风电等成为国家高新技术特色产业基地（见表3－4）。南通市推动沿海产业集聚，全力推动重大项目在沿海的布局，一批单体总投资超过50亿元的重大项目开工，推进跨江合作开发科技产业超亿美元的项目也陆续开工建设。

表3－4　江苏沿海三市临港产业集聚情况

城市	连云港	盐城	南通
临港项目	沿海钢铁集团 硅材料、盐化工、新能源、新材料、新医药	汽车制造、绿色能源、环保设备、海上风电、光伏发电、滨海旅游	中船重工、中石油LNG、广汇能源物流，台湾中石化、雅鹿新材料

资料来源：根据江苏沿海开发信息快报整理而得。

在工业快速增长下，沿海地区经济结构呈现新的变化，沿海区域三次产业结构也由2009年的12.59∶51.77∶35.64调整为2015年的10.4∶46.17∶43.43，农业总产值占总产值比重不断下降，5年来，下降了1.19个百分点，其中连云港下降了3.41个百分点、盐城下降了2.84个百分点、南通仅为6.8%，沿海地区经济结构逐步优化，正由传统农（渔）业结构向新兴工业化地区转型。

（三）沿海地区新型城镇化步伐快速推进

沿海地区在集中推进港口建设和临港产业布局的同时，积极发展临海重要城镇，推进港口、产业、城镇联动开发。江苏沿海地区明确提出打造滨海城市的县市有6家，其中南通海门1家，盐城大丰1家，连云港所属4个县均提出建城目标（见表3－5）。连云港市提出要建设国际性海港城市。全方位拉开“一心三极”海滨城市建设框架，新海城区互连东进，连云新城、徐圩新区加快推进。盐城提出要建设现代化工商城市，建设特色港城。南通市提出建设成为长三角北翼经济中心定位，着力推动沿海县城东向发展，把港城作为副中心抓紧建设，扩大城镇规模，加快人口集聚，新兴临海城镇建设步伐加快推进。

表3－5　城市建设目标和滨海城镇化进程主要内容

城市名	连云港	盐城	南通
建设目标	国际性海港城市	现代化工商城市	长三角北翼经济中心
沿海城城镇建设主要内容	从云台山北侧高新技术开发区出发，打造科教产业园区；北翼以赣榆拓汪、海头为基地，带动临港城镇发展，南翼以灌河口港口群促进灌云及灌南城镇发展	由东台、滨海城区、射阳县城—射阳港城、建湖城区、阜宁城区、响水城区和由深渊港城、大丰港城、陈家港城、港新城四个港口组成的港口新城	海安至洋口港的海洋铁路、洋口港至吕四港至南通的沿海铁路、崇启大桥、江海启高速公路，南通至如东高速公路等，改变了区域交通条件，为区域港城建设提供空间

资料来源：刘波．江苏沿海地区港城一体化建设研究［J］．江苏沿海开发信息快报，（25）。

综上所述，沿海开发开放五年来，江苏沿海地区实施港口、临港产业、港城三位一体联动开发，积极创造条件加快建设沿海深水大港，推进重大项目建设，加强中心城市和县市建设，努力提高开发水平，江苏沿海地区正在成为江苏省乃至全国东部沿海一道亮丽的经济社会发展风景线。过去人们一提到江苏经济，就想到优势板块“苏南”，而在时下，江苏人谈到发展新亮点，频繁出现的是一个新词是“苏东”。

（四）沿海地区经济增长迅速

截至2015年，江苏省沿海地区GDP总量为12 521.54亿元人民币，其中南通、盐城、连云港市GDP分别为6 148.4亿元、4 212.5亿元、2 160.64亿元，沿海地区GDP总量2015年比2009年增长118.5%，其中连云港“十二五”增长89.71%，盐城增长81.23%，南通增长75.40%。沿海地区年均增长15.94%，其中连云港年均增长17.94%、盐城年均增长16.26%、南通年均增长15.08%（见表3－6、表3－7）。年均增长率高于全国和江苏省年均增长水平，沿海开发给沿海三市发展带来巨大红利。南通市GDP已经进入全省第四的先进行列。有学者甚至认为就南通的经济发展水平，已经具备了加入上海市的条件，应该成为上海都市圈中的一个城市极。

表3－6　2009年沿海三市经济发展情况

地区	GDP（亿元）	公共财政预算收入（亿元）	三次产业比重变化
沿海地区	5 730.93	409.19	12.59:51.77:35.64
连云港	941.13	90.2	16.41:46.29:37.30
盐城	1 917	120	17.24:48.19:34.58
南通	2 872.8	198.99	8.2:55.96:35.58

表3－7　2015年沿海三市经济发展情况

地区	GDP（亿元）	公共财政预算收入（亿元）	三次产业比重变化
沿海地区	12 521.54	1 394.87	10.4:46.17:43.43
连云港	2 160.64	291.77	13.1:44.4:42.5
盐城	4 212.5	477.5	12.3:45.7:42
南通	6 148.4	625.6	5.8:48.4:45.8

资料来源：根据沿海地区三市统计年鉴整理而得。

第五节　第五阶段：陆海统筹一体化发展阶段（2014 年至今）——以高技术为主要动力

知识和技术成为区域开发的核心要素。以高技术产业为主导产业，制造业以技术密集型产业为主，第三产业发达，现代化交通通信和信息服务覆盖面广，空间距离日益缩小。此时区域开发主要是对知识和有效信息的积累和利用，能够提高资源利用率，开发呈现边际收益递增态势。近年来，连云港、南通和盐城大力发展港口经济，统筹海洋、沿海和腹地三者发展关系，加快了江苏陆海统筹、陆海互动、陆海一体化进程，初步形成了以新经济为特色的陆海统筹模式。

（一）连云港以港口拥有先进的装卸设备和先进的物流基地为“龙头”，形成陆海统筹集疏运体系发展模式

连云港是中国沿海的重要港口之一。向南连接长三角，向西经过陇海铁路到达我国中西部地区进而延伸到中西亚，是东西南北的结合点，地理位置十分优越。从港口等级看，目前港口航道最高达到 25 万吨级，2016 年底将建成 30 万吨级航道，届时将成为真正的综合性国际深水大港。港口拥有先进的装卸设备和工艺，完全有能力接卸世界上最大的集装箱和散货船舶。

以连云港港口建设为主要抓手，连云港区域陆海统筹集疏运体系已经形成。港区在公路建设方面设有专门服务港口的通道，公路运输直接衔接内部港口，交通更加顺利。港口集疏运和港区外部交通紧密相连，港口集疏运体系正在形成。陆海统筹集疏运体系发展促进了生产要素向连云港地区的集中。中石油、中石化计划利用连云港的港口优势，将连云港建设成为特大型的能源储备基地。

伴随着连云港集疏运体系建设，连云港沿海地区的物流也得到了巨大的发展，区域内的物流企业受益明显。目前连云港已经聚集了很多优秀国内物流企业，产业集聚效应明显。2014 年 5 月 19 日，中哈物流一期工程

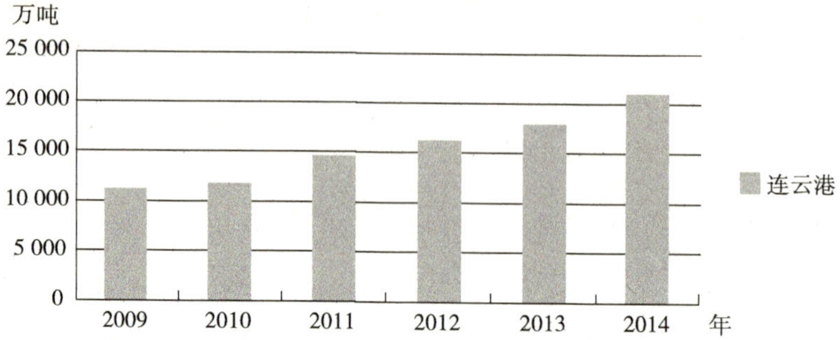

图 3-2　2009—2013 年连云港港口货物吞吐量

资料来源：图表数据根据中华人民共和国国家统计局统计年鉴（2010—2014）整理而得。

正式启动，落户连云港。连云港市凭借自身独特的区位优势，率先在“一带一路”建设项目中拔得头筹，连云港将凭借“一带一路”和中哈物流吸引日韩、东南亚运往哈国的货物及这些国家通过哈国运往第三国的货物在连云港进行中转，将推动连云港建设成为一个连接亚太经济圈和欧洲经济圈的重要交通枢纽城市。根据连云港港口集团提供的数据，中哈（连云港）物流合作基地，是由连云港港口集团（51%）、哈铁快运物流有限公司（49%）共同出资建设，总投资超过 30 亿元，主营国际多式联运、集装箱托运和仓储等国际货物运输业务。其中，一期项目投资 6.06 亿元，规划建设集装箱堆场 20 万平方米、1 763 个集装箱位，日均装卸能力 10.2 列，年最大装卸能力 41 万标箱。从 2014 年 5 月 19 日到 2015 年 5 月 19 日为止，基地累计进出集装箱近 11 万标箱，货物进出近 100 万吨。

（二）南通以临港高附加值产业集聚为突破口形成陆海产业深度融合发展模式

南通拥有 166 公里江岸线、206 公里海岸线，被称为“江海门户”，集“黄金水道”和“黄金海岸”为一身，发展产业有独特的沿江沿海地理优势。改革开放以来，南通实施“以港兴市”战略，进入新世纪，提出了“江海联动”开发，确定了“依托江海、崛起苏中、融入苏南、接轨上海、走向世界、全面小康”的思路（见表3－8）。

南通沿海资源非常丰富，有着巨大的开发潜力。沿江产业带充分利用南通166公里长江岸线提升沿江产业集聚区、重点发展高附加值船舶、海洋工程、海洋装备、电子信息、粮油加工、高档制纸、精细化工和新材料等产业。沿海产业带则沿着南通206公里海岸线，建设沿海产业集聚区、重点发展石油化工、电力能源、冶金建材，重型装备产业，建设现代物流、滨海旅游、特色农业三大工程。

表3－8　南通各港区自然岸线使用情况

港区	如皋	天生	南通	任港	狼山	富民	江海	通海	启海	吕四	洋口	合计
规划岸线	8 590	12 400	1 280	1 620	2 184	3 600	5 360	10 000		10 800	15 100	
已用岸线	14 204	10 910	1 168	2 865	4 797	2 506	5 913	2 123	15 690	1 500	610	62 286
仓储企业	3 108	3 833	1 168	400	2 257	1 663	2 931					15 360
临港企业	910	7 077		2 465		363	2 782	150		1 500	610	15 857
船厂	9 986				2 240	480		1 683	15 690			30 079
其他	200				300		200	290				990

资料来源：李文欢，丁宁．南通港现状与发展建议［J］．水运管理，2013（3）：32－34.

依托江海大开发，南通市大力推进船舶产业发展，南通市现有船舶制作、修理及其配套企业80余家；2015年，南通市造船完工量达到407.5万载重吨，占全省的60%以上，占全国的1/6。沿江地区船舶及配套业实现产值突破100亿元。目前，已形成了以中远川崎、熔盛造船等为龙头，多种经济成分并存的由船舶制造、修理及配套的120多家企业组成的企业群，2015年全市规模以上造船完工量超过600万载重吨。预计到2020年，造船完工量有望达到1500万载重吨、船舶工业总产值超千亿元，占全国的40%左右，建成世界一流的船舶修造基地。船舶产业是南通市着力鼓励、扶持发展的重点产业之一，船舶工业是南通市唯一被列入国家级规划的产业，大力发展船舶及配套产业是南通面临的新的历史机遇。这是南通在“接轨上海为主线，全面实施江海联动开发战略”的基础上做出的重要决策。纺织业也得到较快发展。至2014年底，全区拥有家纺服装企业5 000家，从业人员28万人。规模企业526家，其中家纺企业198家，纺织服装企业328家。拥有亿元企业83家，其中家纺企业46家，纺织服装企业37家。2014年，实现规模以上产值373亿元，占规模以上产值的41%，纳税销售150亿元。产品门类众多，品种齐全，主要由“巾、床、厨、帘、艺、毯、线、袋、绒”九大类组成，并逐渐由传统的床上用品向装饰、绿色、生态、环保等功能发展延伸，销往国内各大中城市及100多个国家和地区，生产规模和品种系列在国内处于领先地位。家纺产业产能约占全国的10%，为国内重要的制造研发销售基地。被中国纺织工业协会命名为“中国家纺名城”和“中国纺织基地市”。

沪通长江大桥建成后，实现了南通港江海联动，并跟国家综合运输大通道有机衔接，促进了产业向园区的转移和集聚，形成海安老坝港滨海新区、如东沿海经济开发区、南通滨海园区、海门滨海新区、启东滨海工业园区、启东江海产业园区、启东海工船舶工业园区等九大园区。重点发展临港产业、化工、新材料、船舶修造、生物制药、休闲旅游观光等产业。南通充分发挥滨江临海的独特区位优势，走出一条陆海产业融合发展之路，以沿江沿海前沿产业为引领，六大主导产业产值均超千亿，七大战略性新兴产业产值超2 500亿元，高新技术产业产值近4 000亿元。在江海联动开发中，提升优化了产业结构，南通市经济得到了快速发展。南通市工业经济综合效益指数连创历史新高，城乡居民收入连续3年同步保持两位数增长，增幅居江苏省前列。

（三）盐城以创新型集群为纽带形成陆海统筹内陆对外开放新模式

盐城是江苏土地面积最大的地级市，拥有江苏最长的海岸线，最大的沿海滩涂，最广阔的海域面积，土地后备资源相当丰富，滩涂面积达683万亩，为港口发展提供了广阔的腹地。盐城港最重要的港口大丰，地处黄海冲积平原，在废黄河三角洲各支系泥沙流与黄海波浪相互作用下，沿海滩涂至今仍在向大海中不断延伸，年均延伸达0.5～1公里，成陆面积600多公顷。自2009年江苏沿海开发上升为国家战略以来，盐城利用广袤的土地资源，统筹盐城市的大丰、滨海、响水和射阳四区港口规划建设，加快内陆对外开放新步伐（见图3－3）。

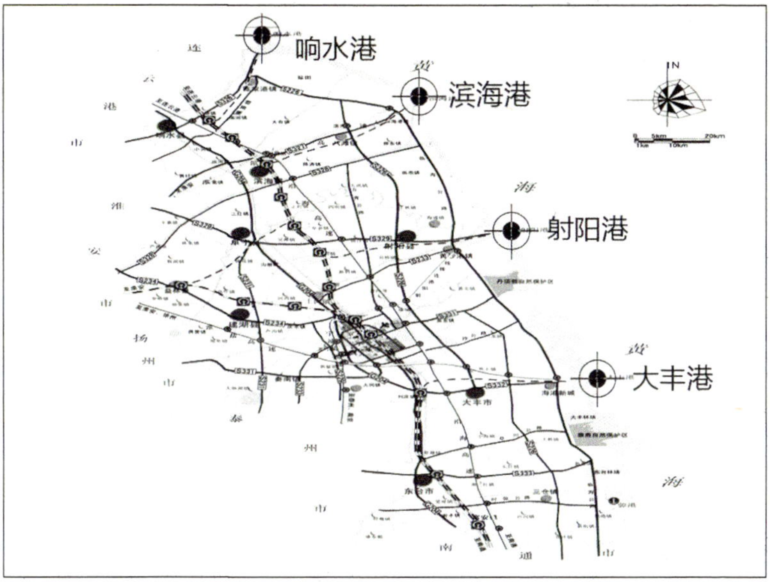

图 3－3　盐城海上对外开放港口布局情况

大丰港作为江苏沿海中部的出海大通道，承载着大丰、盐城乃至苏北“洼地”崛起的希望①。虽然相对起步较晚，在港口经营环境、港口规模方面较南通港、连云港港差距较大，但后发优势明显，发展前景广阔。正在建设成为江苏沿海中部及周边地区与国际市场接轨的最佳大跳板。

集疏运条件具备。大丰港与 G2、G15、S18、S29 高速公路、新长铁路、通输运河相连②。大丰港距盐城机场仅 45 公里。即将建成通航的疏港四级航道，通港大道全面通车；新长铁路大丰港疏港支线已列入国家规划，10 万吨级深水航道项目正在建设中，新型海河联运口岸正在形成。

① 林涌泉，伍建青，岑敏．广西北部湾国际港务集团“五大亮点”开创发展新局［N］．广西日报，2011－03－24.

② 凌申．我国沿海经济低谷区经济增长极的培育［J］．江苏沿海开发战略研讨会论文选编．2011：55－63.

表3-9 2011—2015年大丰港港口万吨级生产性泊位及港口货物吞吐量

单位：个/万吨

	万吨级港口生产性泊位数	港口货物吞吐量
2011	7	1237
2012	13	2021
2013	16	3250
2014	16	5171
2015	19	7113

资料来源：图表数据根据大丰港经济开发区（http：//www.zgdfg.com/Index.asp）整理而得。

截至2014年底，盐城港“一港四区”累计建成万吨级以上泊位17个，货物吞吐量7129万吨。大丰港区石化码头、大件码头等万吨级以上泊位相继建成通航（见表3-9），获批国家一类对外开放口岸，开通国际国内航线27条。滨海港区建成1个10万吨级码头泊位，年内还将建成4个5万~10万吨级码头泊位，30万吨级航道工程加快推进。射阳港区建成2座万吨级泊位。响水港区将2万吨级航道疏浚提升到5万吨级，获批国家一类临时开放口岸。盐城港在港口—腹地联动区建设一批陆地、海洋产业联动发展示范基地，加强陆地产业和海洋产业的对接，对地方经济和产业发展的拉动作用日益显现。近几年，盐城充分利用港口建设和腹地广阔的巨大优势，大力开展招商引资工作，重点引进具有全局性、重大影响和技术突破的战略性新兴产业，形成了以新能源、汽车与新能源汽车、信息产业、大数据、云计算、科技环保、高端智能装备、海洋产业、生物制药等创新型产业集群，提升改造了传统产业，转变了经济增长方式，加快了经济增长动力的转换。2015年上半年，盐城市GDP在江苏省位居第7位，财政收入第6位，超过常州，经济增长位居全省前列，与苏南经济差距逐步缩小。

2009年以来，在国家沿海开发战略、长江经济带战略和“一带一路”战略政策机遇叠加下，江苏沿海地区区域开发向纵深推进，经济增长动力加速转换，新经济增长动力强劲，区域经济社会发展迅速，经济保持持续健康稳定发展。2010—2015 年，沿海地区经济保持较高增速，地区生产总值从 6 991. 7 亿元增加至 12 521. 5 亿元（见表 3 - 10、见图 3 - 4），年均增长 11. 5%，高于全省平均增幅 1. 9 个百分点。2015 年，沿海地区生产总值增长 10. 1%，超过全省平均水平 1. 6 个百分点，占全省比重 17. 86%，比上年提高 0. 26 个百分点。南通、连云港、盐城地区生产总值分别为 6 148. 4亿元、2 160. 64 亿元、4 212. 5 亿元，同比分别增长 9. 6%、10. 8%、10. 5%。沿海地区 13 个主要经济指标全部高于全省平均水平，其中有 8 个指标超出全省平均水平 3 个点以上。工业增加值、进出口总额、出口额增幅高于苏南、苏中、苏北三大板块；地区生产总值、固定资产投资、社会消费品零售总额增幅高于苏南、苏中板块；沿海地区一般公共预算收入由 624 亿元增加至 1 394. 91 亿元，年均增长 17. 5%，高于全省平均 3 个百分点，2015 年增长 13. 4%，超过全省平均水平 2. 4 个百分点，占全省比重 17. 37%，总量超过苏中板块 115. 97 亿元。南通、连云港、盐城分别为 625. 64 亿元、291. 77 亿元、477. 5 亿元，同比分别增长 13. 8%、11. 5%、14. 2%。

表 3 - 10　2005—2015 年江苏省沿海地区 GDP 总值　　单位：亿元

年份	2005	2006	2007	2008	2009	2010	2011	2012	2013	2014	2015
GDP 总值	2 596. 8	3 062. 5	3 639. 2	4 296. 6	5 730. 9	6 991. 7	8 262. 1	9 282. 1	10 299. 8	11 454. 2	12 521. 5

资料来源：江苏省统计局。

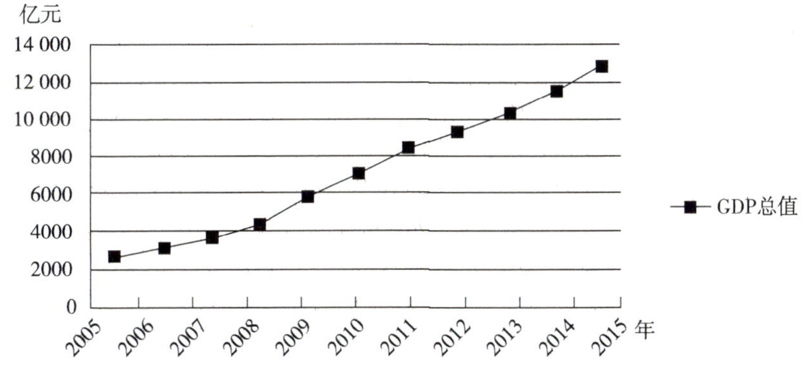

图 3 - 4　2005—2015 年江苏沿海地区 GDP 总值趋势图

第四章　江苏沿海地区经济增长新动力体系现状分析

江苏沿海开发战略上升为国家战略 6 年来，呈现迅速发展态势，经济增长率超过了全省平均水平，多项经济指标增长位居全省前列，从经济的“洼地”逐步变成经济“高地”，成为江苏经济发展最具潜力希望之地。究其根本原因，江苏沿海地区在大开发中，抓住了世界新技术革命和工业革命机遇，放大了上海和苏南技术和工业产业的辐射效应，形成了以科技创新为显著标志的经济增长新动力体系，全面驱动沿海地区产业结构和经济结构奔向中高端，促进了江苏沿海地区经济可持续增长，为沿海地区中部崛起提供了有力的新动力体系保证。

第一节　新能源产业

能源、空气、水和粮食是人类生存必备的基本资源。能源是经济的血脉，是关系到各经济体生死存亡的命脉。[①] 当前，全世界正面临能源日渐减少、环境污染日趋严重、气候变暖三大挑战，在全球变暖和传统能源面临枯竭的情形下，新能源产业成了世界各国经济竞争的重要因素。早在“十二五”时期的《国家战略性新兴产业发展规划》以及《国务院关于加快培育和发展战略性新兴产业的决定》中，都把新能源产业作为我国七大

---

① 弗朗斯·弗雷斯维克．全球能源互联网到底有多神奇［N］．光明日报，2016，(4)（5）(7)．

战略性新兴产业之一。江苏沿海地区利用自身独特的区位优势，丰富的资源环境等优势，推动发展新能源经济，努力促进经济的增长。

一、新能源产业内涵与特征

1980年由联合国主办的“联合国新能源和可再生能源会议”定义新能源为：以新技术和新材料为基础，使传统的可再生能源得到现代化的开发和利用，用取之不尽、周而复始的可再生能源取代资源有限且对环境有污染的化石能源。新能源概念是相对于过去的煤炭、电等传统能源而言的。新能源的内涵可分为广义和狭义两种。广义的新能源一般指能够降低温室气体排放的可利用能源，范围包括了高效利用能源、资源综合利用、可再生能源、代替能源、核能、节能等。狭义上，新能源指除常规性能源和大型水利发电之外的风能、太阳能、生物能、地热能、海洋能、小水电和核能等能源的总称。本研究新能源产业基于狭义的定义，即新能源产业包括了太阳能、风能、生物质能、地热能、水能和海洋能以及由可再生能源衍生出来的生物燃料和氢所产生的能量产业。

新能源产业主要特征有以下三个。

（一）可再生性强

新能源中大部分是可再生能源，可持续性强，符合可持续发展理念。可再生能源是一种不随自身的变化或被利用而日益减少的能源。即可以从自然界源源不断地得到补充，循环再生，取之不尽，用之不竭。新能源大多不排放污染物，清洁环保，其原材料可再生，大多数新能源可以不受能源短缺的影响，不存在能源耗竭的问题。

（二）波动性大

有些新能源会出现季节性供应的现象，因而波动性大，不能持续供能。以风力、光伏发电为代表的新能源具有间歇性、随机性及不确定性等特点。如风能不稳定，受地区、季节、气候的影响大。[①] 风能的大小决定于风速和空气的密度。再如，太阳能大部分直接或间接来自太阳的作用，受地理位置和地面反射等因素的影响。电网为了提高能源综合利用效率，发电工作中采用了风力发电、光伏发电、燃料电池等多种方式，而这些新能源波动较大的特性大大减少了微电网系统的稳定性，给其安全可靠运行带来了越来越多的挑战。

（三）潜力无限

为了整体上改变经济社会面貌，能源来源及使用方式的根本性转变是必不可少的。人类活动依赖于能源，优质能源的出现和先进能源技术的使用与人类社会的发展密不可分。新能源因其蕴藏量丰富，可再生，污染小等特性有着广阔的发展前景。新能源产业蕴藏着新的经济增长点，也是经济战略的制高点。从长远来看，新能源是有利于社会的，有利于人与自然的和谐。人类历经了以蒸汽机为代表的第一次工业革命，以电力和石油为主要标志的第二次工业革命，不久的将来，会面临一个以新能源为主题的新的工业革命。新工业革命的出现，人类社会会进入一个清洁、低碳的全新能源阶段。[②] 所以，新能源是世界新技术革命的主要方向，是维持未来世界能源系统存在的基础，因而可能成为未来的主要能源。

二、江苏沿海地区发展新能源产业优势条件分析

（一）风能资源丰富

沿海地区地形相对内陆而言，平坦广袤，利于季风过境，风力条件优越。江苏沿海发展风能具有特殊优势，江苏沿海处于太平洋西岸，沿海滩涂广阔，多季风，热带气旋活动频繁，经常出现强劲的台风天气，年均风速介于2.95～5.7米/秒之间，风能资源相当丰富。江苏沿海岛屿、沿海

① 陈为忠．盐城新能源汽车发展现状分析［J］．中国统计，2015（7）：20－23.

② 刘波，凌申，成长春．沿海风能资源开发利用研究［J］．国土与自然资源研究，2013（5）：48－50.

岸、近海陆地区年均有效风能密度分别为 >200 瓦/平方米、150 ~ 200 瓦/平方米、50 ~ 150 瓦/平方米，年有效风速时数分别为 5000 小时、3000 ~ 5000 小时、2000 ~ 3000 小时，是建设大型沿海与海上风电场的理想场地。据可靠估测，江苏沿海风能资源在我国沿海地区排在前列，开发潜力不容小觑。在此基础上发展风力发电产业，对解决江苏自然资源短缺和高能耗产业对环境造成的损害都有很大的作用。

（二）太阳能资源和海洋能资源开发条件良好

江苏沿海地区跨亚热带与暖温带，太阳能资源充足，① 每年日照多达 1900 ~ 2500 小时，其百分比介于 49% ~ 58% 之间。连云港市内为 2600 ~ 2500 小时之间；盐城市在 2500 ~ 2250 小时之间；南通市在 2000 ~ 2250 小时之间。江苏沿海潮流非常频繁，为波能开发提供了极好的条件，通量总和有 75 万千瓦。小庙泓海域，自东台南部—小洋口—北坎附近，江苏潮滩的淤进型岸段、长江口北支和辐射沙洲海域潮流较大。其中，长江口北支汊道、小洋口和吕四港、灌河口的燕尾港和射阳河口潮差能更易开发，未来波能开发利用潜力巨大的海域有连云港、开山岛、东沙等。

（三）生物质能源开发价值高

生物质能就是以化学能形式贮存在生物质中的太阳能的另一种能量形式，即以生物质为载体的能量。它存在的基本条件是绿色植物的光合作用，可转化为以固态、液态和气态形式存在的常规燃料。江苏沿海具有开发生物质能源资源的潜力。江苏沿海地带是我国重要的农业区，江苏沿海含有丰富油脂的本土植物达 300 余种，区内耕作制度为一年两熟，② 用于生产草本能源的植物资源丰富，以及有着大量的沿海农村废弃生物质能源和沿海林业资源。

---

① 凌申．沿海地区风能资源开发与新能源产业带的构建［J］．商场现代化，2008（6）：30 - 34.

② 凌申．江苏沿海地区生物质能源开发利用对策研究［J］．资源与产业，2010（12）：21 - 25.

（四）沿海地区土地资源丰富

江苏沿海滩涂广阔，占地近1031万亩，很适合发展新能源产业尤其是建设风力发电基地。[①] 江苏沿海的东台，如东，大丰三市所在区域的沙洲具有发展风力发电有利的空间条件，其中离东台市、大丰市不远的东沙更是一个全球建设大型海上风力发电场的首选场区。大部分沿海岸线和滩涂均可建成风电场基地。丰富的土地资源使得风电有望成为东部海岸线上一个新的拳头产业。

（五）政策因素鼓励支持

早在2009年《江苏沿海地区发展规划》中就提出江苏沿海地区要立足优势，把发展新能源经济作为重心，目标是到2020年打造成为国家重要的新能源基地和新能源装备制造基地。《江苏省“十二五”培育和发展战略性新兴产业规划》列出的江苏省重点发展的十大战略性新兴产业中新能源产业位于首位，2012年江苏又特地出台《江苏省“十二五”新能源产业推进方案》。以盐城、南通、连云港为代表的沿海三市努力打造新能源特色产业取得了成效。沿海三市根据自身特点出台的新兴产业规划，新能源产业均位次靠前。

（六）市场需求因素在加大

江苏作为能源消费大户，对能源的需求极大，发展新能源可以缓解江苏能源压力。生态江苏和新农村建设也呼唤发展新能源，化石燃料的大量使用会造成环境的污染，而可再生能源的使用可以优化能源结构，保持江苏良好的经济环境。新能源把农业引入一个更广更新的发展空间，延伸了农业的功能，主要是能源产业的原料生产，可以促进农民的增收，调动农民的生产积极性，形成良性循环。发展新能源也可培育新的经济增长点，开发沿海新能源，会产生一种经济拉力，带动新能源产业的上下游产业，形成新能源产业链，拉动经济增长。

---

① 顾为东. 江苏沿海发展风电产业的思考［J］. 群众，2007（3）：23－28.

（七）外力推动作用影响大

国家出台长三角地区区域实施规划后，沿海地区作为长三角地区重要组成部分，区域内生产要素加快流动与集聚，带动了沿海地区新能源产业，形成了积极互动，为新能源产业带来活力，沿海地区大量新兴新能源产业公司纷纷涌现。国家在南通、盐城、连云港等部署多家公司风电场，沿海三市新能源产业在外力的推动下正如火如荼地展开。随着江苏首台风电机组的投运，国网江苏电力极力推进风电等新能源的消纳。根据国家电网公司和江苏省委，省政府签订的战略合作协议，国网江苏电力努力规划建设智能电网，巩固新能源消纳的基础。该公司在沿海地区投建500千伏超高压、大容量输电网，保证沿海风电在高电压、大容量电网下上网。"十二五"发展期间，国网江苏电力全力做好可再生能源电源接入工作，[①] 主动对接风电项目开发单位，提前准备配套电网项目前期工作，加快送出工程建设的步伐。

三、江苏沿海三市新能源产业发展现状分析

（一）盐城新能源产业

1. 太阳能产业

盐城太阳能产业呈现良好发展态势。盐城太阳能发电系统一般由太阳电池组件组成的光伏方阵、太阳能充放电设备、蓄电池组、离网型逆变器、直流负载和交流负载等构成。此系统有着质量高、不受资源分布地域的限制、安全可靠等优点。被普遍应用于交通、通信、石油、光伏电站等领域。2014 年，旭强新能源响水光伏发电站在盐城投产，总装机容量 105 兆瓦，占地面积约 303 亩，是目前市最大的盐城地面光伏电站，也是江苏最大的单体光伏电站。技术上采用固定式发电系统，分块发电，集中并网，是江苏电力设计院首个 220 千伏接入的光伏电站。该电站充分利用了

① 凌申．发展沿海新能源产业 培育新的经济增长极［J］．盐城师范学院学报，2009（29）：35－38.

盐城市沿海滩涂资源进行立体开发，实现了太阳能与海产品养殖综合利用。

2. 风能资源开发

盐城有着583千米长的海岸线，占江苏省海岸线总长度55%，风能资源丰富；同时滩涂总面积占江苏沿海滩涂总面积的75%，宜建沿海风电场。盐城属于典型的季风气候，年平均风速普遍大于3.5米/秒，海岸线附近超过4米/秒~5米/秒。根据沿海测风塔测定，盐城市海岸线风能充足，70米高度下东台平均风速为8米/秒，30米高下射阳平均风速为6米/秒以上，滨海的风速也达到5米/秒~7米/秒。沿海风速衰减率也比较小，大约为0.052米/秒。当海岸年平均风速达到5.5米/秒时，离海岸线7.8千米的内陆风速仍可达到5.0米/秒以上。盐城沿海县（市）有效风能时数基本介于3 500小时~5 000小时，大丰市最多，达到4 638.5小时，年平均有效风能一般在360~600千瓦·时/平方米之间变化。据实测，盐城市沿海县（市）年有效风能密度都超过100瓦/平方米，其中，年有效风能密度最大的是大丰市，为140.2瓦/平方米。

近年来，盐城风电发展迅猛，已形成比较完整的产业链，全市沿海风电可开发总量为1470万千瓦，占全省70%。盐城光伏装机、风电装机占全省的1/2。阜宁、射阳、大丰、响水成为全国新能源产业百强县，总数占全省的1/5。盐城市依靠自身的资源条件和产业基础，新能源产业取得长足发展。

（二）南通新能源产业。

南通风电产业发展很好，已形成风电产业基地。该市“十二五”期间的发展成果之一就是加速了风能、太阳能、生物质能等新能源的开发利用，提升了技术层次，打造了国家绿色能源示范基地。新能源产业基地建设方面：如东依靠龙源风电、中船海装企业建设风能利用及风电装备产业基地；启东凭借华能风电、韩华新能源企业建设风能利用产业基地；通州区利用虹波风电、综艺集团企业建设风能及太阳能装备产业基地；海安通过欧贝黎企业建设太阳能装备产业基地。

从地区发展情况看，南通新能源产业发展不平衡。2014 年，全市规模以上新能源产业总产值超 40 亿元的县市有 3 个，分别为启东 142.3 亿元、海安 70.3 亿元、海门 46.7 亿元；新能源产业工业总产值占各地区规模工业的比重超过 5% 的地区有 2 个，分别为启东 16.6%、海安 8.2%。上述数据表明，除启东、海安等县市具备一定规模外，其他县市尚未形成明显的规模优势（见表 4－1）。

表 4－1　2014 年南通规模以上新能源产业分地区现价工业总产值情况表

地区名称	规模以上新能源产业现价工业总产值		
	总量（亿元）	占全市新能源产业总产值的比重（%）	占各地区规模以上工业的比重（%）
崇川区	12.1	3.4	3.3
港闸区	6.3	1.8	1.3
通州区	26.4	7.5	2.3
开发区	5.5	1.6	0.7
海安县	70.3	20	8.2
如东县	16.2	4.6	1.9
启东市	142.3	40.4	16.6
如皋市	26.4	7.5	2.7
海门市	46.7	13.3	4.2
全市合计	352.3	100	4.7

数据来源：根据江苏省统计局（http://www.jssb.gov.cn/）数据整理而得。

（三）连云港新能源产业

连云港市正加快新能源的开发利用及新能源相关产业打造的步伐。近些年，连云港市在发展新能源建设和使用上成就显著，新能源产业形成一定规模。新能源产业为该市经济的发展做出了不小的贡献。以光伏、风电装备等为代表的新能源产业都创造了不少的产值，截至 2015 年 10 月，连云港市光伏产业产值居最多，为 190.51 亿元，风电装备其次，97.32 亿元（见图 4－1）。

东海县是国内著名的硅材料基地，全国 80% 以上的硅微粉、石英玻璃

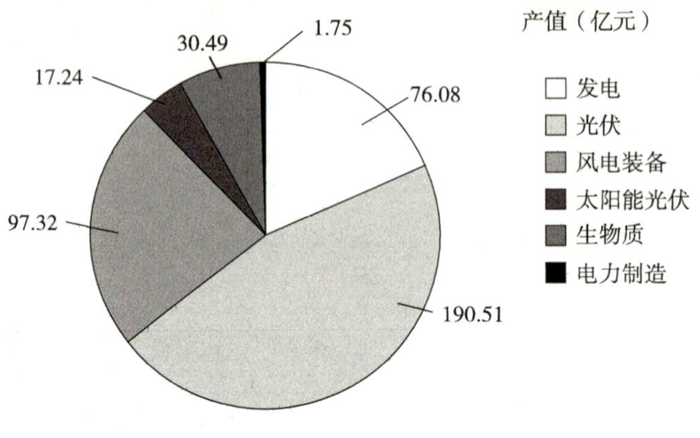

图 4－1　2015 连云港市新能源产业产值

数据来源：根据电力能源处（http://www.jssb.gov.cn/）数据整理而得。

管、石英玻璃原料产量均来自于此，该地生产了 60% 以上压电石英晶体。太阳雨有限公司与北京大学、中科院合作，成立了“研发中心”，负责多项国家火炬计划项目，太阳能综合利用项目成功列入国家 863 计划。连云港是名副其实的中国最大的太阳能热水器出口产品制造基地，该市一定规模以上太阳能生产企业达 20 多家，太阳能产业集聚作用发挥明显。连云港核电产业发展迅速，正加快核电重大工程建设，加紧研发核电关键零部件和核电专用设备。田湾核电站一期工程的 1 号、2 号机组投运以来，年发电量多达 145 亿度，成为东部地区提供核电新能源的坚强后盾。现在该市正加紧建设核电二期工程。该工程投产后，装机容量总和将超过目前各独立电厂，连云港就会真正地成为我国的新能源重要基地。

四、江苏沿海地区新能源发展的制约因素

一是对新能源认识不够。缺乏自觉使用新能源的意识，传统的使用能源的方式方法根深蒂固，新能源相关的常识未能普及。甚至在一些人看来新能源还是个模糊的概念，没有深刻认识新能源与生活的息息相关性。新能源的主导地位还未形成，优势不够明显。另外一些配套设施的开发理念不够超前，与产业的发展衔接结合不到位。二是自主研发创新能力不足。

新能源产业一些核心技术水平还较低，基础性、前沿性技术研发进程较慢。在新能源的生产使用过程中，因为技术的问题造成了新能源进一步开发的瓶颈问题。一些设备的制造能力较弱，难以应付新的产业水平，另外，高端技术人才缺乏，人才与产业发展不协调的现象时有发生，一些关键技术和设备依赖进口，导致成本过高，也制约了新能源的开发，而过高的成本又难以拉动新能源产品的市场需求，致使新能源产品未深入市场，[①]与传统能源的竞争力相比仍较弱，这成为新能源无法市场化、产业化、规模化的根本原因。而新能源产品大批走向海外，又使其整体发展牵制于外国市场及政策走向，从而发展处于被动情况。三是不可抗力因素如自然灾害与生态环境等。沿海地区自然灾害频繁，常见的有台风、暴雨、风暴潮等，突发性强，难以预防，以风电场为例，有时强大的风力还有高潮的袭击容易对风电场等造成威胁与损坏。另外，由于天气的不稳定，风电场的建设和维修难以正常进行。生态环境方面，以盐城东台为例，其区域内有丹顶鹤等国家级珍稀保护动物，在此设立风电场其运行产生的噪声以及周围空气的扰动会一定程度影响候鸟的迁徙，安装风机等也需占用一定的湿地面积，这都对动物的生存带来影响。在发展新能源的同时，就不能不考虑生物的多样性，做到人与自然的和谐统一，一定程度上影响了新能源基地建设。四是产业链发展不均衡。新能源的生产和发展的各个环节较不均衡，在风电产业发展中就有重风场建设，轻产业配套；重部件生产，轻整机制造；重引进组装，轻自主研发的问题，导致建设存在明显缺陷，所以新能源建设中各个环节还需进一步完善。除此以外，在一些领域，产业链内部分工不明确，低水平重复，同质化竞争严重，一些处于产业链底端的中小企业举步维艰，市场开拓难，融资受限，在市场竞争中非常不利。

五、江苏沿海地区新能源产业发展的展望

党的十八大以来，新一届中央领导集体科学分析国内外经济发展形

① 杨凤华．江苏沿海地区新能源产业发展现状与对策［J］．南通大学学报，2014（15）：43－48.

势，准确把握我国基本国情，对经济发展的阶段性特征做出重大战略判断，我国经济发展转入新常态。经济新常态下，我国沿海地区新能源产业发展会面临一些重大机遇。

（一）绿色发展理念为新能源产业发展提供了理念指导

大数据和新能源是未来社会的总特征。习总书记提出将绿水青山变成金山银山的思想，即将生态环境优势转化为经济发展的优势，强调不能以损坏环境的手段获得经济利益，环境保护优先应成为各级政府秉持的理念。“创新，协调，绿色，开放，共享”的五大理念在党的十八届五中全会上提出，要求进行能源革命，建设清洁低碳，安全高效的现代能源体系。发展理念新增绿色和共享理念，将绿色发展放在显著位置，新能源因其绿色、环保、可再生、清洁的特性，完全符合绿色发展要求，绿色发展理念的提出为新能源产业的进一步发展指明了方向。

（二）生态文明建设为新能源产业发展提供了制度保障

中华民族伟大复兴的中国梦的重要内容是走向生态文明新时代，提倡生态文明，建设美丽中国。习总书记多次强调要保护生态环境，他要求全党清醒认识加强生态文明建设的重大意义。党的十八大以来，生态文明建设作为“五位一体”战略组成部分，已成为共识。中央又出台加快生态文明建设的政策措施，进一步建立和完善我国生态制度，比如将绿色 GDP 纳入领导干部政绩考核，出台生态文明责任追偿制，这些都为生态文明建设提供了坚强后盾。新能源产业作为一种污染小的清洁能源，可持续性强，符合生态文明的精神要义，所以，生态文明建设与新能源产业有着天然关联，发展新能源是生态文明建设的重要举措。

（三）“一带一路”为新能源产业发展开拓了新空间

“一带一路”即“丝绸之路经济带”和“21 世纪海上丝绸之路”。“一带一路”工作的重心是能源领域的合作，即能源的输入输出，新能源的发展成为重中之重。此战略为一些新能源企业打入国际市场提供了机会，“一带一路”建设推进了交通和物流的改善，为新能源的国际合作提供了便利的交通条件，基础设施和融资环境，软环境也随着“一带一路”而渐渐完善，伴随多条经济走廊的形成，“一带一路”沿线将出现能源上中下游领域的不同产业中心。国际能源格局也因此调整和变化，江苏沿海地区新能源产业逐步融入国际产能合作。

第二节　人才集聚效应

科学技术是第一生产力，创新是第一驱动力，创新活动中最为活跃、最为积极的因素是人才资源，人才资源是第一资源。人才集聚是加快发展、拉近差距，实现后发崛起的重大举措。从经济发展趋势看，人才集聚是加快区域经济发展的有效途径，人才集聚问题成为推动江苏沿海地区经济发展的重要因素。沿海地区经济迅速增长对人才的增加产生了新的需求，为加快沿海地区经济增长，必须加快人才向沿海地区配置和集聚。加快沿海地区人才集聚，全力推进人才工程，是事关沿海经济社会长远发展的一项战略性任务，对于全面推进沿海开发，促进产业高端化，实现区域经济的又好又快发展，具有重要意义。

一、人才加速向江苏沿海地区集聚

江苏沿海地区为进一步促进沿海经济发展的转型升级，最近三年实施了一系列引进人才的计划战略。盐城市“515”计划、南通市“312”计划、连云港市十大重点人才计划，都着力加大对人才资源的引进力度。仅2015年，沿海三市就引进省“双创”人才286人，获得资助省双创团队达到14个。

（一）人才规模不断扩大

江苏省沿海三市从各自的经济大环境出发，加大引进各行各业高层次人才、专门人才、复合型技术人才的力度，进一步加快沿海三市经济结构的转型升级。南通市以产业集聚高端人才，以人才引领产业发展。出台了《南通市产业人才发展312行动计划》，进一步加大对高端人才和人才团队的支持力度。"312"计划，即：力争在2015年之前，全市新引进30名国家"千人计划"专家、100个创业创新团队、2000名科技领军人才；盐城市以政策激励为导向，以整合资源为抓手，以集聚创新创业人才和紧缺专业人才为重点，大力实施"515计划"，充分调动用才主体积极性，全面激发人才创造活力。从2015年起到2017年，每年引进50 000名大学生（其中全日制本科及以上不低于50%）、10 000名专门人才、500名领军人才；连云港市加快建设人才强市步伐，连云港市着力实施十项重点人才计划，并以此为抓手加大人才资源开发力度。到2015年，引进高层次创业创新人才500人，其中创业创新领军人才50人，重点培养50名在科学技术领域贡献突出的市级知名专家，200名贡献较突出的市级学术、技术带头人，1000名有发展潜力的市级知名专家和市级学术、技术带头人的后备人才。加快沿海地区人才集聚为江苏沿海三市又好又快的经济发展注入了强大的活力。

（二）人才结构不断改善

沿海三市在对外引进或者对内培养人才时没有盲目推进人才强市的工作，而是以实际需要为出发点，引进各行各业高层次人才、专门人才、复合型技术人才改善人才结构，人才改善策略取得较好的效果，发展了符合沿海当地区域特色的产业，较好地促进沿海地区经济转型升级。南通市致力于开发区域海洋特色产业，构建沿海船舶港口机械和船舶装备的制造业，形成区域性的物流基地，打造符合沿海地区特色的旅游型休闲沿海城市；盐城努力构建汽车与新能源汽车产业，发展风电机械的制造业，打造符合盐海当地特色的滩涂旅游景点成为沿海东部地区重要的休闲旅游城市；连云港市着力构建国际性的物流基地，国家级的高新技术产业，大力发展新型医药与新材料的产业基地，努力成为国际著名沿海海滨旅游城市。

（三）人才体制机制不断创新

在坚持人才强市战略的前提下，人才引进政策的创新是不能忽视的。为了能够保证引进人才的数量，实施足够吸引人的政策是根本保障之一。

连云港市提出的“八大政策措施推进体制机制政策创新”，是引进人才政策创新的新成果，即实施人才投入优先保证政策、人才创新创业载体建设政策、人才国际化政策、引导人才向企业集聚政策、引导人才向基层流动政策、区域人才合作与协调发展政策、人才公共服务政策、人才表彰奖励政策，这些政策强化了人才发展以及创新人才工作管理体制，提升人才效能，创新人才工作体制。盐城市人才引进政策具有务实性，对于不同的人才实施的政策具有针对性，也有足够的吸引力，如对大学生、专门人才、领军人才分别发放“三星级人才绿卡”“四星级人才绿卡”“五星级人才绿卡”，各级别人才卡的优惠措施不相同，但是优惠的力度对相应的人才来说是很大的。不仅在政策上有创新，而且一系列的政策配套措施也是相当具有人性化，例如整合公关服务资源为“515 计划”人才提供一条龙的“绿色”通道服务、优化创业融资环境等。南通市近三年先后制定出台《江海英才引进计划实施办法》《引进高层次创新创业人才享受特定待遇暂行办法》等一系列政策措施。在实施这一系列措施之前，通过比较周边地区人才政策、分析当前人才流动态势的基础上，做出了符合南通市当地经济大环境下的人才政策。以“312”计划为基础的创新举措，诸多新政走在了全国、全省前列。其中最直接的优惠政策就是加大对专项资金的投入力度，例如，对创新类顶尖人才，给予 100 万元项目资助。对创业创新人才团队，市财政给予 500 万元至 1000 万元的项目经费投入，对于创业类顶尖人才也可以给予 200 万到 500 万的专项创业启动资金等。

二、江苏沿海地区人才集聚的制约因素

从江苏沿海地区发展实情看，当前江苏沿海地区存在人口集聚能力薄弱问题，主要原因表现在经济发展水平的制约；沿海地区基础设施不配套；社会事业发展相对滞后，保障体系不够健全；第三产业的发展潜力未能得到充分的发挥；工业企业也不发达，缺乏强有力的就业岗位支撑。这些因素都影响和阻碍了江苏沿海地区人才集聚的步伐，导致了人才大量涌入上海和苏州等大中城市，影响了沿海地区经济发展。

（一）人才承载力不足，难以满足需求

所谓人才的承载力，是指地区的经济发展水平，相应的城市配套设施，包括教育质量、文化生活设施、信息交流渠道等是否能够满足人才的需要。人才的承载力一定意义上决定了一个地方的人才容量。承载力越大，引进的人才越多。就这方面来讲，江苏沿海地区仍有较多欠缺之处。

沿海地区的经济发展水平不够发达。地区生产总值是一个地区在一定时期内创造的价值的总和，是反映地区发展水平的最普遍的标准。2014 年沿海地区的生产总值分别为：南通 5 652.69 亿元，连云港 1 965.89 亿元，盐城 3 835.62 亿元，平均值为 3 818 亿元。而苏锡常的生产总值分别为 13 760.89亿元、8 205.31 亿元、4 901.87 亿元，平均为 8 956.02 亿元，[①] 与苏南地区对比，江苏沿海地区经济发展仍显不足。从公共财政预算收入状况上来看，2014 年苏南地区以苏州地区 1 443.82 亿元为首，南京、无锡、常州分别 903.49 亿元、768.01 亿元、433.88 亿元次之；沿海地区以南通 550 亿元领先，连云港为 261.77 亿元，盐城为 418.02 亿元，平均值约为 410 亿元（见图 4 -2）。公共支出上，苏南地区大致与收入相等，但沿海地区的财政预算公共支出平均在 184.88 亿元，具体为南通 292.91 亿元，连云港 83.89 亿元，盐城 177.84 亿元。从财政预算收支的比较上来看，沿海地区较苏南地区差距较大。

沿海地区的基础设施不够先进。教育设施是否完善不仅关系到沿海地区的人才培养，也关系到人才的引进。一方面，教育设施的完善，可以提高本地人才培养的水平；另一方面，外来的人才，会考虑自身的未来深造机会以及下一代的教育问题而做出相应的选择。所以，完善的教育设施是吸纳外来人才的必要条件。江苏省共有 161 所普通高等学校，其中，南京有 44 所，苏州、无锡、常州总计 42 所，而江苏沿海地区总计 16 所，且无“985”“211”此类著名院校。2014 年苏州、无锡、常州普通高等学校专职教师 22 625 人，毕业生总数 112 922 人，研究生毕业人数 5 695 人。沿

① 江苏统计局. 江苏统计年鉴 2015 [M]. 北京：中国统计出版社，2015.

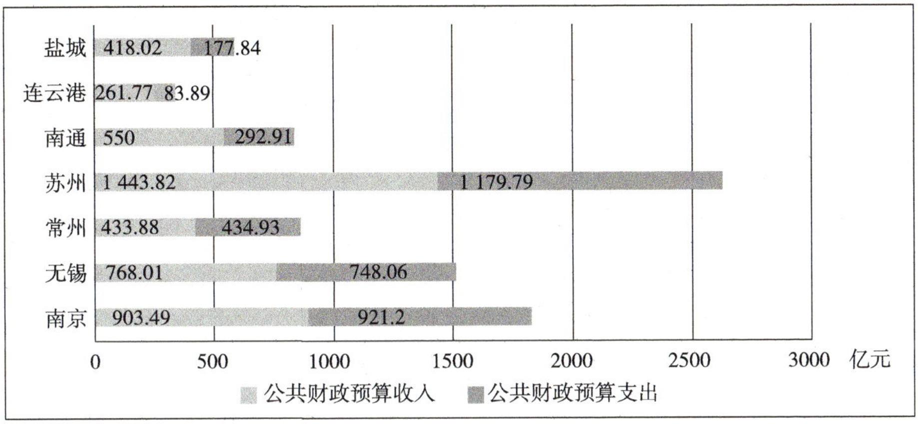

图 4－2　盐城、连云港和南通三市 2014 年财政收支情况

资料来源：根据江苏统计年鉴（2015 年）整理而得。

海地区专职教师 9 878 人，毕业生总数为 47 653 人，研究生毕业人数 568 人。① 较苏南来说，师资力量存在较大差距，每年的毕业生、研究生人数也较苏南相对落后。文化设施方面，据 2015 年江苏年鉴统计，江苏沿海地区公共图书馆共计 29 所，藏书约 978.07 万册，看似数量惊人，但以地区的容量平均下来还是不能完全满足需求。而且据数据显示，仅苏州一个地区，藏书就超过 1 500 万册了。通信设施方面，表 4－2 是 2014 年江苏分市邮电业务基本情况，据数据可知，江苏沿海地区的移动电话普及率尚未完全，而苏南地区不仅饱和而且超出百分比，平均都达到了 126.36%。至于宽带接入数，就人数比例而言，沿海地区也无法与苏南地区相较。邮电的普及度，决定了通信的便利度，决定了信息交互水平。

表 4－2　江苏沿海三市通信水平

指标	南京	苏州	无锡	常州	南通	连云港	盐城
固定宽带接入用户（万户）	226.98	295.70	153.00	116.86	129.70	68.18	91.98
移动电话普及率（%）	127.32	138.84	128.40	110.86	88.35	82.77	78.92

资料来源：江苏统计局．江苏统计年鉴 2015．北京：中国统计出版社，2015.

① 江苏统计局．江苏统计年鉴 2015［M］．北京：中国统计出版社，2015.

（二）人才引进难，受上海、苏南地区影响较大

苏南地区交通方便，物产丰富，经济发展迅速，而上海更是国际化的大都市。江苏沿海地区既与苏南相接，又与上海相靠，较之经济发展相对薄弱，自身缺乏竞争优势，自然在人才引进上受其影响较大。首先，沿海地区人才引进的计划提出较晚。南通 312 人才计划，连云港 521 计划于 2013 年提出，盐城 515 计划于 2015 年提出。而早在 1999 年 5 月 20 日，上海人事局就颁布了关于印发《上海市吸收国内优秀人才来沪工作实施办法》的通知，近年来对于人才引进的政策和方针进行修改和完善后都相对成熟。其次，对于人才的优遇政策，上海和苏南因其在经济方面的优势而尤为全面。2015 年上海发布了关于《关于服务具有全球影响力的科技创新中心建设实施更加开放的国内人才引进政策的实施办法》通知，其中十一条显示，最近 4 年累计 36 个月缴纳职工社保基数等于上一年度职工社会平均工资的 3 倍，且缴纳个人所得税超过 100 万的企业高管、科技创新人员可直接办理上海市常住户口。此外，苏州和无锡等地区对于人才福利政策分别体现在住房、医疗与子女教育方面：住房不受户型限制且房贷可享受当地最高限额 4 倍，住院费用补助最高达 100%，子女教育由教育局直接安排入学。[①] 所以说，上海和苏南地区人才“虹吸效应”大，人才引进难已经成为江苏沿海地区人才引进迫在眉睫的问题。

（三）人才结构需要进一步优化

2009 年，国务院常务会议讨论并原则通过《江苏沿海地区发展规划》，按照规划的要求，江苏沿海地区不仅要发展以连云港为核心，由南通港、盐城港共同组成的海港群，还要综合发展陆路交通和航空业，支撑起国际航运和现代物流业的大发展。在国家战略背景下，江苏沿海在努力实现产业转型升级的同时，人才问题也成为制约其发展的重要瓶颈之一。近年来，盐城的 515 人才引进三年行动计划，南通的产业人才发展 312 专项计

① 关于服务具有全球影响力的科技创新中心建设实施更加开放的国内人才引进政策的实施办法 . http：//shzw. eastday. com.

划以及连云港的521高层次人才培养计划，都使江苏沿海的人才总量有了明显的提升，但结构性的矛盾仍然较为突出。高层次的人才、复合型创新人才以及各方面的领军人才都远不能满足沿海大开发的需要，无法与产业的转型升级相匹配。截至2013年底，南通高技能人才22.76万人，仅占全市技能劳动者的29%，全市城市就业人数达468.9万人，每万劳动力中高技能人才数达485人，只占比约4.9%。[①] 连云港专业技术人才23.68万人，高技能人才3.19万人，企业经营管理人才17.49万人，高层次人才只占人才总量的4.5%。[②] 截至2015年，盐城国家“千人计划”专家8人，教授博士104人，985和211高校毕业生126人，双创人才46人。[③] 目前江苏正努力把沿海地区建成重要的经济增长极和辐射带动能力强的新亚欧大陆桥东方桥头堡，但高层次人才却严重不足，缺口很大，无法与产业的优化升级相匹配，影响到江苏沿海地区的发展。

三、江苏沿海地区人才资源集聚的展望

创新驱动，实质是人才驱动。地方要发展，人才是制胜之棋。江苏沿海地区要致力于构建新型产业体系，完善基础设施，加大人才引进力度，创新人才引进计划与政策，培养出符合沿海地区建设的高新技术型人才。

首先，构建新型产业体系。在农业方面，沿海地区要积极推动沿海传统农业向现代农业转变，坚持农区农业、海洋农业和都市农业高效发展，扩大现代农业技术人才队伍，促进沿海农产品产销一体化发展；在工业方面，沿海地区应以先进制造业为主发展高端产业，研发专业制造以及加工技术，尽快形成以新能源、新材料、新医药为核心的优势产业。在服务业方面，沿海地区要构建现代物流、设计研发、金融商务和生态旅游为重点的现代服务业，用新产业集聚人才。

---

① 张明，朱汉珍．南通市高技能人才队伍建设的思考［J］．经济与管理科学，2015（7）．

② 中共连云港市委，连云港市人民政府．关于实施创业创新领军人才集聚工程的意见［R］．2009.

③ 张孝武．盐城环保科技城高端人才“引培用”的现状与对策［N］．盐阜大众报，2015－11－16.

其次，加快基础设施建设。一个地区基础设施水平的高低很大程度上影响着本地人才的凝聚力和外来人才的吸引力。必须加快连云港、盐城和南通三个中心城市建设，提高城市化水平，加大公共事业投资，改善公共和住房环境，扩大城市的规模，提升城市的品位，保持工业化与城市化同步发展，为人才提供和平稳定的工作及生活环境。同时坚持基础设施先行，沿海优先，将江苏沿海地区与周围强省强市联合，对水运、公路、铁路、机场等基础设施建设加快推进，加快以连云港为核心的沿海港口群建设，完善省内沿海高速公路和铁路通道，加快沿海三市国际机场建设的步伐，开工建设复线电气化工程和电网建设工程①，不断吸引创业创新型人才在沿海地区集中和发展，提高专业人才的流动效率，扩大沿海地区人才的饱和度。

其三，积极推动人才引进计划。沿海地区要围绕沿海地域特色产业开发，高新技术产业发展和新型工业化进程，确立人才优先发展的战略地位以保证人才引进计划的高效实施。一是合作引进。联合行业骨干企业以及科研教育机构，推动人才队伍的建设，拓展合作领域，加强合作力度，完善合作机制，建立沿海地区人才服务体系。同时要以地区产业结构的升级带动人才之间的合作交流和良性竞争，促进沿海地区人才资源的整体开发，并加大投资力度设立沿海地区人才创新创业奖金，加大对人才引进的资金扶持力度。二是科研引进。集中推进一批科技研发项目，尝试承担国家科技重大专项。培养科研团队“带头人”，引进国内外特定技术领域的人才，加大自主知识产权、市场前景好、可以产业化的发明专利、技术成果的高层次创新创业人才规模②。三是平台引进。建立具有沿海鲜明特色的人才交流和合作平台，吸引各类科技创新型人才队伍不断向沿海地区高新园区、特色产业基地集中，为沿海地区特色产业集中化、高效化发展提供支撑。

其四，完善人才引进优惠政策。沿海地区不光要有人才引进的计划，

---

① 中共江苏省委江苏省人民政府．江苏沿海地区发展规划［R］，2009.

② 刘波，郝宏桂．江苏沿海开发战略与沿海地区科技、人才需求研究［J］．科技管理研究，2011（15）：129－131.

还要有相对切实可行的操作细则。对人才引进的优惠政策主要可以体现在三个方面：一是创新创业人才资助和奖励制度。科研项目领军人才带技术、项目或资金来此提供扶持资金和场所，若在科技创新、创业方面获得成果给予重奖[①]。二是人才激励制度。创造以人为本、人尽其才的良好工作环境，建立竞争上岗、争上保下的双向选择的劳动人事制度，同时兼顾以效率为主，以公平为辅的收入分配制度，为人才提供良好的成长环境和发展平台。三是人才保障制度。处理人才社保问题和人才入户问题，加强城市的文化气氛、诚信体系、保障体系和信息体系，解决人才生活环境、户口、子女就学和就医等问题。沿海地区当地政府在处理外来人才及家人问题过程中要严格按照人才引进优惠政策办事，从本质上保障外来高新技术人才的权益，让人才真正把根留在此处。

最后，抓紧培养紧缺型人才。沿海地区要加大对紧缺型高新技术人才的投入力度，优化高技能人才的成长环境，并开展新能源、新材料、新医药等知识技能培训，促进校企联合，开展企业技能人才培训，提升人才的职业竞争力，保障企业和高技能人才的既得利益。当前江苏沿海地区高校专业课程的设置通识性较强，缺乏相对应的地域特色，不利于应用型、复合型人才培养。因此沿海地区高等院校需要有“立足区域、面向服务”的人才培养目标，在教育部规定的传统专业课程大纲下进行时代性和特色性转变，针对当前的就业形势设置合理的教学计划，采取灵活多样的人才培养模式，培养更多的现代农业技术、制造业和服务业以及新型产业等多层次人才。江苏沿海地区高校要注重理论与实践结合，拓宽人才培养的专业口径，对现有专业做到调整、改造、重组三步走，加强易受忽视的相邻学科知识的教学，增强专业设置的适应性和实效性。沿海地区高等院校要通过各种相关途径加强与企业和科研院所的合作，尤其是中小型民营企业，因为该类企业对人才的需求更高、要求更多，更注重专业人才的培养。沿

① 中共连云港市委，连云港市人民政府．关于实施创业创新领军人才集聚工程的意见[R]．2009.

海地区对内要积极合作，共同参与，取长补短，对外与各地区相关学校与企业开展全方位、立体化的产学研合作，建立长期稳定的合作关系，培养学生创新创业能力，充分提高产业人才的综合能力①。

第三节 现代农业

长期以来，农业被视为弱势产业，一直被认为是经济发展的短板，这是一种错误的观念。判断产业是否高级化，是否现代化，关键要看产业的附加值提高情况。如果在科技的推动下，农业产业也能获得很高附加值，农业就是现代化的产业，也是经济增长的重要推动力。1964 年，美国经济学家西奥多·舒尔茨在其著作《改造传统农业》指出，如果将人力资本作为现代农业经济增长的主要源泉，把农民作为现代生产要素的需求者，向农民投资，从而改造传统农业，就会使农业生产效率不断提高，为欠发达地区发展增添新的活力。

一、现代农业内涵与特征

加拿大将现代农业界定为“农业及农产食物产业”，它由多个涉农的现代经济部门所组成，囊括了初级产品生产者、生产资料供应者及食品加工和零售商，乃至每一个消费环节。美国将其界定为“食品和纤维体系”，它共划分为几个分工不同、责权分明，既有区别又有关联的供销构件。第二次世界大战以后，先起的发达国家和地区利用全球以和平为主旋律的有利局面，在 20 世纪 60 年代就已步入了现代农业的行列，有些经济并不怎么发达、基础原本薄弱的国家或地区也在 70 年代或稍后时期基本上实现了农业现代化。卢良恕在《以科技为支柱，建设现代农业》一文中指出：“现代农业是继原始农业、传统农业之后的一个农业发展新阶段。现代农

① 刘波．基于江苏沿海开发战略的人才培养模式研究［J］．盐城师范学院学报（人文社会科学版），2011（3）：7－1.

业的核心是科学化，特征是商品化，方向是集约化，目标是产业化。”李静在《简论现代农业建设》一文中指出：“现代农业是指在工业化、城市化高度发展的条件下，依托城市在资本、信息、人才、科技、市场等方面的优势，具有经济、生态、文化多种功能的农业综合开发系统。”杨敏丽等专家在《建设现代农业与农业机械化发展研究》一文中对现代农业作了如下表述：“所谓现代农业，实质是以现代科学技术及其应用、现代工业技术及其装备、现代管理技术、现代农产品加工技术、现代农产品流通技术及其营销为基础，产供销相结合，贸工农一体化，高效率与高效益的新型农业。”

综上所述，现代农业是继原始农业、传统农业之后的一个农业发展新阶段，它是以高效率、高效益为产业目标，以现代科学技术和先进技术装备为支撑，以现代经营管理形式为基础，不断拓展功能的综合农业系统。具体来讲，现代农业就是用现代发展理念引领农业，用现代产业体系提升农业，用现代科学技术改造农业，用现代经营形式推进农业，不断提高农业机械化和信息化水平的演进过程。

（一）农业的高效率性和高效益性

农业结构优化，农业转型升级，发展优质、生态、安全、高产、高效农业。养殖规模化，畜禽良种化、动物防疫规范化，养殖环境清洁化。农业技术集成化、劳动过程机械化和生产经营信息化，耕地综合生产能力不断提升，土地产出率、资源利用率和农业劳动生产率日益提高。

（二）农业的科技创新和科技成果普及化

农业发展建立在创新驱动的基础上，现代农业高新技术有新突破，大力推进生物育种技术创新，农产品安全生产技术得到重视，农业资源高效型和环境友好型关键技术有创新。重大科技专项为依托，强化农业高新技术成果引进与组装集成，加强现代农业技术和生产方式的示范和推广。农村科技推广服务重心下移，科技进村入户，构建多元化的农村科技服务体系，培育农产品知名品牌，形成品牌效应。开展多形式、多层次的农业技术培训。1971 年，日本的速水佑次郎和美国的弗农·拉坦在合著的《农业发展：国际前景》一书中提出了诱导技术创新理论。该理论认为现代农业的发展离不开科学技术的变革，现代技术的创新有利于农业生产率的持续增长。1985年，他们又进一步完善该理论，提出自然资源、文化状况、技术和制度四个因素共同作用而促进现代农业的发展，他们认为这四种因素呈一般均衡关系，其中技术创新是核心。

（三）农业经营管理形式多样和服务的精细化

农业组织创新、经营方式创新，农业农村活力增强。引导农村土地向规模经营主体流转。加强现代农业园区、农产品加工集中区、农业产业化示范区建设。建立现代农村金融制度，探索发展农村小额贷款公司、农民资金互助组织等农村小型金融机构，拓宽农业保险领域。加大境外促销力度，扩大农产品优势出口，推动农业在更高层次、更宽领域参与国际分工。农业生产作为农村主要的经济生产方式，受到来自信息化方方面面的影响，切实加强基层农业网络建设，提升农业信息化水平，整合农业、气象、农机、农业院校以及龙头企业间的信息资源，实现资源共享，提高农业信息资源的全面性、时效性、科学性及实用性。

（四）农业投入持续增加和补贴范围逐步扩大

农业是一种特殊的产业，其投资报酬具有递减性，即随着投入的不断增加要取得同样的成果，需要投入的就更多。建设现代农业需要大量的物质基础。没有长效的农业资金投入保障机制，现代农业将沦为无本之木、无源之水。因此，要加大对农业的投入，为现代农业的发展提供充分的资金支持。要不断加大农业基础设施的投资力度，要加大农业科技投入，加大农业社会化服务体系建设投入。建立现代农业发展的资金长效投入机制，形成农业投入的制度性安排，实施各项惠农补贴政策。发挥支农贷款的资金扶持作用，提高金融机构的支农能力。进一步优化信贷结构，加大对现代农业的支持力度。深化农村金融改革，完善农村金融体系强化基础管理、内部控制和风险防范机制，努力构建适合现代农业发展的多层次、广覆盖、可持续的农村金融体系。

（五）农业的可持续发展和生态化

1981年，世界银行提出可持续农业的概念。1984年，哥尔丹·道格拉斯出版的著作中明确提出了“农业可持续性”问题。1991年，联合国粮农组织（FAO）将可持续农业定义为：“可持续农业是采取某种方式，管理和保护自然资源基础，并调整技术和机构改革方向，以便确保获得和持续满足目前几代人和今后世世代代人对农产品的需求。”1992年6月，世界环境与发展委员会在巴西召开的联合国“环境与发展”大会上通过了《21世纪议程》，使可持续农业从一种战略构想逐步转向世界各国具体的实践。突出生态环境保护意识，按照减量化、再利用、资源化的原则，改善农业生态环境，提升农业可持续发展能力，推进资源节约型、环境友好型农业发展。坚持环境保护和生态建设并重，根据不同区域，因地制宜开发推广高效生态农业发展模式。

二、江苏沿海地区现代农业发展与主要模式

江苏沿海地区拥有农业发展优越的自然条件，农业发展潜力巨大。该地区土地资源丰富，是我国重要的农业主产区和功能区。江苏省沿海地区农业在江苏省乃至全国占有重要地位，沿海18个县市中有16个是国家级商品粮基地县。作为鱼米之乡的江苏，江苏沿海地区是我国东部地区后备土地资源最丰富的地区，人均耕地面积1.4亩，滩涂面积1 031万亩，占全国总量的25%，居全国第一位。①

国务院和江苏省委省政府初步确定，到2020年规划围垦的270万亩海域滩涂中，60%用于农业，这为沿海地区优的高效农业发展提供了广阔空间。“十二五”期间，是江苏省加快现代农业建设，推进城乡一体化发展的重要时期。因此，总结回顾“十二五”期间江苏沿海地现代农业发展历程，对于大力发展今后一段时期江苏沿海现代农业有着重要的指导意义。“十二五”期间，江苏沿海地区现代农业建设取得明显成效。

---

① 郝宏桂．加强农业基础园区建设 推进沿海农业现代化发展［R］．2010年江苏沿海地区发展情况报告，82－83.

（一）江苏沿海地区现代农业发展状况

1. 粮食产量逐年递增，农业总产值逐年增加

粮食生产是关系我国经济发展，社会和谐稳定的重大问题。“十二五”期间，江苏沿海三市十分重视粮食生产安全，严格耕地保护红线，努力扩大粮田面积，江苏沿海三市粮食生产呈现逐年增加的良好态势。连云港、盐城、南通的粮食产量分别由 2010 年的 339.36 万吨、651.66 万吨、324.94 万吨增长到 2013 年的 354.73 万吨、666.50 万吨和 333.46 万吨（见表 4－3）。其中盐城由于土地资源丰富，是江苏沿海最大的农业大市，在粮食生产方面独领风骚，盐城粮食年产量大约为连云港和南通的 2 倍。2014 年，盐城市粮食面积 1 468.2 万亩、亩产 478.8 公斤、总产 703.1 万吨，实现了创历史的“十一连增”，盐城市粮食总产量连续 27 年全省第一，连续三年获得全国粮食先进市称号，占全国粮食总产 1% 以上。射阳、阜宁、响水、滨海等四个县为全国粮食先进县。

表 4－3　2010—2015 年江苏沿海三市粮食生产情况　　单位：万吨

市别	粮食产量					
	2010	2011	2012	2013	2014	2015
连云港	339.36	345.98	361.40	354.73	359.33	362.15
盐城	651.66	661.79	672.70	666.50	703.1	708.1
南通	324.94	329.12	332.97	333.46	334.02	337.15

资料来源：根据连云港市国民经济和社会发展统计公报（2010—2016 年）、盐城市国民经济和社会发展统计公报（2010—2016 年）、南通市国民经济和社会发展统计公报（2010—2016 年）整理而得。

“十二五”期间，随着江苏沿海地区粮食产量逐年增加，农业产值也在逐年增加。盐城、南通、连云港在 2010—2013 年期间，每年以大约 40 亿元的增加值增加。

2. 农业产值占 GDP 比重开始下降，农业经济结构调整加快

江苏沿海地区伴随工业化和城镇化进程，农业产值占 GDP 比重开始下降，加快了沿海地区现代化步伐（见表 4－4）。

表4－4　2010—2015年江苏沿海三市农业产值占GDP比重　　单位：%

市别	2010	2011	2012	2013	2014	2015
连云港	15.30	14.50	14.05	14.50	14.12	25.4
盐城	16	15	14.60	14.10	13.48	12.26
南通	7.70	7	7	6.80	6.49	5.77

资料来源：根据连云港市国民经济和社会发展统计公报（2010—2016年）、盐城市国民经济和社会发展统计公报（2010—2016年）、南通市国民经济和社会发展统计公报（2010—2016年）整理而得。

江苏沿海三市农副产品的生产，有着显著的地区特色。南通市有着较为发达的轻纺产业，因此带动了南通及其周边地区棉花和蚕养殖的发展。2010年以来，南通市肉类、禽类产量略有下降，着重加大了水产养殖和捕捞。水产品产量逐年上升。

盐城土地面积广阔，土地资源较为丰富，是沿海重要的农业大市，除粮食产量突出外，农副产品也较为丰富。在“十二五”期间，农副产品产值也是逐年递增，发展势头较为良好。2014年渔业产接近250亿元，农林牧渔业总产值突破1 000亿元。农林牧渔业的发展，同时也带动了农林牧渔服务业的发展。2010—2014年期间，农林牧渔业服务业总产值分别达到49.20亿元、54.10亿元、64.30亿元和116.83亿元（见表4－5）。

表4－5　2010—2015年盐城农副产品生产情况　　单位：亿元

盐城				
类别	2010年	2011年	2012年	2014年
林业总产值	17.37	19.51	22.40	52.4
牧业总产值	200.89	240.23	259.40	499.04
渔业总产值	133	159.28	179.20	244.73
农林牧渔服务业总产值	49.20	54.10	64.30	116.83
农林牧渔业总产值	759.20	549.70	925.20	1035.8

资料来源：根据盐城市国民经济和社会发展统计公报（2010—2015年）整理而得。

连云港市加快现代农业的转型升级，农副产品产量趋于稳定，产量增减不一。其中，2010—2015年期间，连云港肉类产量增减不一。连云港借助沿海优势，水产品产量每年呈增长趋势。

3. 农业机械化水平不断提高，农机社会服务化能力增强

近几年江苏沿海地区农业综合机械化水平正逐步提高，农业综合机械化水平率已经超过70%，农业机械化水平率先实现了由中级阶段向高级阶段的跨越。其中尤以盐城的农业机械化总动力提高最为显著（见图4－3）。

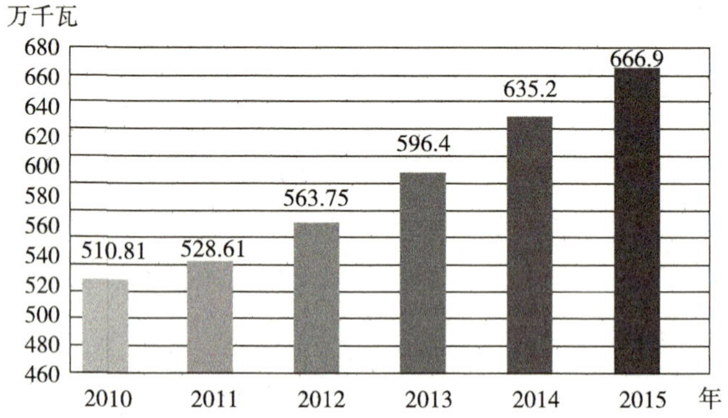

图4－3　2010—2015年盐城农业机械总动力发展情况

资料来源：根据盐城市国民经济和社会发展统计公报（2010—2013年）整理而得。

2013年连云港农机化工作进一步提升。农机装备结构得到进一步优化。农机总动力达512万千瓦，大中型拖拉机达15 320台、水稻插秧机达13 240台、联合收割机达27 406台，高性能、环保型、大中型机具增速加快。农机作业水平得到进一步提升。全市水稻机插秧水平达72.6%比2012年增长17个百分点；机械化秸秆还田率52.8%，比2012年增长14个百分点，全市农机化综合水平超76.5%。农机社会化服务水平得到进一步提高，农机服务领域进一步扩大，经营效益不断提高。全市新增农机专业合作156个，服务农民人数近45万人，累计作业服务面积161万公顷，纯收入达5.5亿元。2013年，南通市进一步优化农机装备结构，南通市农机总动力达到365.53万千瓦。农业机械化水平进一步提高，达80%。农机社会化服务能力进一步增强，农机专业合作社达338家，全市建成500亩以上“全托管”服务点104个，服务面积7.29万亩，服务农户1.2万户。2014年江苏南通推进全托管服务，年底农机化水平达82%。就目前而言，

南通海安县农业机械化综合水平位居苏中、苏北之首。至2015年，南通市农机化综合水平达到85%，其中粮油生产机械化水平达90%以上，农机服务组织作业面积占机械化作业总面积的65%以上，高效设施农业主要环节机械化水平达到80%。①

4. 农田水利现代化水平得到提升，农田骨干排灌水系已基本形成

江苏沿海地区分属三大水系，废黄河以北属沂沭泗水系；废黄河以南至328国道、如泰运河为淮河下游区；如泰运河以南属长江流域。沿海三市共有357个水功能区，其中连云港83个，盐城94个，南通180个。已初步形成蓄（北部地区）、引、提、调相结合的供水网络。农田骨干排灌水系已基本形成，沟渠纵横，农田水利条件较好，基本具备新滩涂开发的引水改良条件。连云港加大水利投资力度。2010年连云港水利建设力度加大。完成水利工程投资13.44亿元，通榆河北延送水工程、新沭河50年一遇治理工程、徐圩新区送水工程等重点项目进展顺利。2011年连云港市共投入资金1.9亿元，对四大灌区进行配套建设和节水改造，打通农田灌溉"最后一公里"，近70万亩农田受益。2012年，针对农田水利实际情况，全市共投入各类资金7.3亿元，重点实施以农村饮水安全、农村河道疏浚、小型农田水利和灌区节水改造等为重点的农村水利建设，着力解决农民群众最关心、最直接、最现实的民生问题，为促进农业增效、农民增收提供有力保障。2013年连云港开展"农田水利设施建设年"活动，完成水利投资20亿元。盐城加强水利综合建设。2011年以来，盐城市水利投资约93.81亿元，总量超过了"十一五"总投资，实施了盐龙湖、南水北调水源调整、沿海挡潮闸下移、海堤达标、中小河流治理、农村饮水安全、城市防洪、农田水利等一大批水利基础设施项目，为加快推进水利现代化建设奠定了坚实根基。2012年度，全市农村水利建设总投入21.44亿元，其中：水利部门完成总投资11.44亿元，整合发改、财政、国土、农业等部门用于农村水利建设投资10亿元。南通农田灌溉信息化发展。南通市有农

① 凌霄．南通五年农机化发展基本构架．江苏农机化，2013（2）：16.

田600多万亩、灌排泵站11 547座，其中灌溉泵站11 166座、排涝泵站284座、灌排结合泵站97座，渠道总长27 137.6公里。为抓好农村基础设施建设，南通市水利局在小型农田水利重点县建设中，瞄准全国领先、全省一流的目标，按照“数字水利”的构想，用现代化管理模式建设、管理、维护小型农田水利工程，4年来先后投资3 000余万元在全市范围内建成一大片智能化灌溉控制区，实现了全市农田水利的信息化管理（见表4－6）。

表4－6　南通农业灌溉信息化发展

南通农业灌溉信息化发展	
项目	数量
农田	600万亩
灌溉泵站	11 166座
排涝泵站	284座
灌排结合泵站	97座
渠道总长	27 137.6公里
总投资	3 000万元

数据来源：根据中国节水灌溉网数据整理而得。

5. 农业产业化加快发展，农业转型升级开始起步

“十二五”期间江苏沿海三市，注重加快农业产业化，加速农业的转型升级。2010年，盐城全市拥有农业产业化龙头加工企业1 062个，比上年增加66个；拥有农民专业合作组织5 129个，比上年增加1 032个。到了2011年，全市拥有农业产业化龙头加工企业数已经达到1 196个，比上年增加134个；农民专业合作组织5 783个，比上年增加654个。2012盐城农业产业化继续加快发展，农业龙头企业初具规模，规模以上农业龙头企业231家。2013年，盐城农业产业化进程加速发展。全市拥有农业产业化龙头加工企业进一步增加，比上年增加45个；农民专业合作组织7 994个，比上年增加1 068个（见表4－7）。

表 4－7　盐城农业产业化状况

单位：个

农业龙头企业及农村专业合作组织个数		
年份	农业龙头企业数	农业专业合作组织数
2010	1062	5129
2011	1196	5783
2012	1319	6926
2013	1464	7994

资料来源：根据盐城市国民经济和社会发展统计公报（2010—2013 年）整理而得。

2011 年，连云港农业产业化步伐加快。重点发展农业产业化，组织农业园区产销合作集中签约，其中 6 家园区被认定为首批市级农产品加工集中示范区。培育农业龙头企业，新增 5 家企业为省级农业龙头企业，市级以上农业龙头企业发展到 179 家，其中国家级 2 家，省级 26 家，市级 151 家。农业龙头企业销售收入达 330 亿元，实现利润 42 亿元，分别增长 25.0% 和 18.0%。2012 年，农业产业化水平稳步提升，新增省级农业产业园区 2 家、市级以上龙头企业 42 家，农业适度规模经营比重达到 65%。

6. 高效农业发展迅速，现代农业园区方兴未艾

2015 年盐城市高效农业规模扩大。高效设施农业新增面积继续位居全省第一。2015 年连云港市现代农业发展加快。加快推进农业综合开发，新增高标准农田 20 万亩（见表 4－8）。

表 4－8　南通、盐城和连云港高效设施农业发展情况

2015 年南通高效农业发展情况	农业产值	290.6 亿元
	牧业产值	150.2 亿元
	渔业产值	156.6 亿元
	全年粮食亩产	434.9 公斤
	粮食播种面积	775.31 万亩
	棉花种植面积	47.9 万亩
	油料种植面积	182.4 万亩
	蔬菜种植面积	199.2 万亩

续表

2015 年盐城高效农业发展	新建千亩以上连片设施农业	36 个
	新建百亩以上连片基地	298 个
	"菜篮子"工程蔬菜	19.88 万亩
	无公害、绿色食品、有机产品	2 009 个
	家庭农场	2 883 家
	设施农业总规模	207.8 万亩
2015 年连云港高效农业发展	国家级标准化畜禽示范场	7 个
	全国农业旅游示范点	11 个
	全国乡村旅游星级示范区	3 家
	国家级农产品质量示范区	新增 1 个
	全国休闲农业示范点	新增 1 家

资料来源：根据连云港市国民经济和社会发展统计公报（2010—2016 年）、盐城市国民经济和社会发展统计公报（2010—2016 年）、南通市国民经济和社会发展统计公报（2010—2016 年）整理而得。

南通现代高效规模农业建设取得了明显的成效，2014 年南通市各县（市）区都编制了高效农业建设规划，财政支持力度空前加大，涌现出海门官公岛万亩现代农业示范区等一大批示范园区。到 2015 年全市亩效益 2 000元以上的高效农业占比达到 55%，农业机械化水平达到 65% 以上，全力打造江苏高效设施农业机械化第一市。

7. 生态农业取得新发展，绿色发展成为新方向

生态农业是农业生产的一次伟大变革。发展生态农业，一方面改善生态环境。同时，利用现代科技手段，合理利用农业资源，构建循环经济，达到最大的产出效益。盐城农业耕地面积全省第一，农业产出大。盐城农业加快农业转型升级中，大力发展生态农业、品牌农业，全面提升农业的质量、效益和竞争力。盐城市注重绿色，生态农业发展。全市无公害、绿色、有机农产品总数达 163 个，盐城是种植大市，在处理秸秆方面，全市 9 个县（市、区）全部建成省级秸秆综合利用示范县，6 个县（市、区）建成秸秆养羊示范县，4 个县（市、区）获得省级生态市命名。同时盐城也是畜牧业大市，为解决粪污处理问题，阜宁全县推广发酵床养猪技术，

建成超300个大小规模的生态养猪场，有63万平方米发酵床面积。东台市金东台农场投资达4982万元，有效处理养殖区30万头生猪养殖粪肥，在1 000亩荒碱地上实现了水稻种植，在没有使用化肥的情况下，水稻产量亩产近400公斤，有效钾和有效磷提升了100%和57.4%。连云港118.8MWp（兆瓦）生态农业光伏并网发电项目年均发电量1.29亿度，与相同发电量的火电相比，每年可节约标煤约44 226吨，相应每年减少燃煤造成的多种有害气体排放，在电站25年运营周期内，累计可为当地带来7.92亿元税收。2011年，南通市大力开展稻麦秸秆机械化还田工作，创造了稻麦秸秆机械化还田率45.09%的历史新水平，推动南通秸秆机械化还田水平又上新台阶。2013年南通市印发了《2013年南通市农业生态环境保护工作意见》的通知，深入贯彻落实省、市节能减排及市政府“蓝天工程”、生态市创建有关要求，扎实推进生态文明建设，切实保护南通市农业生态环境。

（二）江苏沿海现代农业模式的种类

现代农业以广泛运用现代科学技术为主要特征，具有生产过程机械化、生产技术科学化、增长方式集约化、生产经营市场化、生产组织社会化、经营绩效高优化和从业人员智能化等农业现代化特点。经过“十一五”和“十二五”快速发展，江苏沿海地区利用独特的地理区位优势和良好的自然气候条件优势，孕育了江苏沿海地区现代农业体系，初步形成了富有江海特色的现代农业种类。

1. 沿海品牌农业效应模式

农产品要做大，就必须有名牌，只有名牌农业才有市场竞争力，才有产品信誉。正如林荣清（2008）所讲，农产品品牌对农产品销售、农产品企业经营与扩张都有一种带动效应，通过对高品质或富有地域特色的农产品的品牌培育，以名牌农产品拉动农业企业的发展，以名牌农业企业发展带动农村经济、区域经济甚至国家经济的发展。江苏沿海农产品品牌效应初显，如赣榆、东海设施蔬菜、灌云芦蒿、东台西瓜、大丰大蒜、射阳蒜蕻、通州水芹等特色蔬菜，赣榆的大樱桃、东海的草莓和葡萄、射阳的日本梨、海安的柿子等特色水果；连云港市的海针纺织品和设施渔业、盐城市的海淡水大规模标准化养殖、南通市的紫菜和经济贝类养殖；以及南通和盐城南部地区的猪、蛋禽、肉禽、山羊养殖，盐城北部的生猪、家禽养殖，连云港的猪、家禽、肉牛养殖等。沿海观赏苗木产销历史悠久，基础较好，南通如皋是国内知名的花木之乡、长寿之乡，连云港花卉产业以球根切花为主，是国内反季节切花百合、郁金香、非洲菊的重要生产基地，东台将成为全球最大的甜叶菊种植加工基地，南通地区的四青作物、四色豆等特粮特经作物蜚声海内外。射阳的药用菊花产销量在国内名列前茅。在沿海农业未来发展中，将更加注重农产品的品牌效应，让沿海现代农业走得更有影响力，更有特色。

2. 沿海观光农业休闲模式

近年来，随着“农村游”的盛行，江苏沿海也相继开发了一系列的观光胜地，如欧洲风情小镇，东台沿海旅游度假区等。目前南通、盐城、连云港三市的城郊地区都在建设都市观光休闲农业带。现在主要发展以观光农业景观为主的观光型农业，如观光农园、农业公园。目前盐城积极开发的观光休闲果业模式，如江苏省盐城华都森林公园、江苏沿海现代农业示范区（丰收大地）、东台市仙湖现代农业示范园就是这类；其次以参与农业活动为主的体验农业，如市民农园、教育农场、采摘园基地等。像连云港市的鲜切花产业基地，赣榆的樱桃、蓝莓特色产业基地，灌南的食用菌产业基地，灌云的芦笋、紫苏等特色蔬菜生产基地，东台的西瓜产业基地、射阳的药用菊花产业基地、阜宁羊寨的特色果品产业基地、南通通州的景瑞现代农业产业园等；[①] 其三是以休闲娱乐为主的休闲型农业，如休闲农舍、农家乐、度假村，以民族文化为主的农业活动节，如采摘节、桃花节、樱桃节。通过发展休闲农业，实现农业和旅游业、生产与消费、第一产业和第三产业的结合。最后，在临近海边的农村鼓励农户发展以农家

① 张启勇．江苏沿海开发模式研究［D］．苏州大学硕士学位论文，32－34.

海鲜美食、近海渔事体验、临海休闲娱乐和海景观光为主的“农（渔）家乐”，试点建设“渔家乐”特色专业村镇，打造魅力特色休闲渔村，让城市居民观赏田园和渔村风光，享受乡村情趣，体验大自然的美感，不仅发展了当地经济，更宣传了当地文化风俗。

3. 沿海农业工业化模式

新型农业工业化是在以农业可持续发展原则的指导之下，通过组织形式产业化、生产形式工厂化，使得农业内部结构得到优化，真正地实现增值增业。江苏沿海农业工业化模式的主要表现有三个方面。一是农业机械化的不断进步。江苏沿海经济的迅猛发展带动了农业的进步，如收割机、播种机、挖土机、耕犁机等机械设备的使用大大解放了劳动力。二是工业技术农用化是新型农业工业化的重要特征。如江苏沿海的秸秆机械化还田及综合利用工程，培植秸秆做食用菌基料的种植大户和食用菌基质发酵工厂，在盐城、连云港地区，用秸秆做食用菌基料、生产食用菌的栽培技术转化培训。这不仅充分做到了可持续发展，更是农业与工业技术的完美结合，从而使得秸秆利用最大化。三是农业现场管理自动化是新型农业工业化的又一重要特征。江苏沿海地区的自动化灌溉技术运用最为广泛。如东台市位于江苏省中部地区，东台市的主要土壤以壤土—沙壤土为主，气候比较适中，地区比较适合大棚种植的反季节蔬菜和瓜果，当地更是以大棚西瓜滴灌节水灌溉最具特色；并且东台市水稻的旱直播技术、节水控灌技术等灌溉技术在全市，甚至周边县区范围内都得到了很大的推广应用。根据《东台统计年鉴》的统计数据，2013 年东台市种植的大棚西瓜共计约 1. 56 万公顷，实施节水控灌水稻的种植面积约 4. 31 万公顷，直接经济效益过 10 亿元。

4. 沿海设施农业建设模式

近年来，随着人们对蔬菜瓜果的消费需求不断增长，因而一年四季适量的蔬菜瓜果供应便成了市场需求不可或缺的一部分。随着大棚种植技术的发展，跨时令生产蔬菜瓜果已经成为可能，并广泛运用。如江苏沿海地区的越冬大棚韭菜、大棚早熟哈密瓜、大棚青椒等。设施农业具有普遍性，同样具有特殊性。连云港以发展日光温室、大中棚为重点，以生产番茄、辣椒、黄瓜等茄果类蔬菜为重点；盐城以发展大中棚为重点，盐城北部适当发展日光温室，以生产西瓜、辣椒、茄子、西葫芦等蔬菜为重点；南通以发展大中棚为重点，适当发展连栋大棚（2~3连栋为宜），以生产西瓜、甜瓜及茄果类、叶菜类蔬菜为重点，大力发展大棚防虫网覆盖栽培。大力发展钢架大棚，提高钢架大棚在蔬菜设施栽培中的比例，提高蔬菜生产设施抗灾能力。科学地选择栽培方式，科学管理。做到平整土地、平衡施肥、选择抗菌品种、调控温湿度、膜下滴灌浇水、科学打药治病等技术，有效提升农产品的产量，增加经济效益。[①]

5. 沿海地区循环农业经济模式

循环农业就是利用植物生产、动物转化、微生物分解，达到内部循环使用。循环农业是改善农村生态环境、提高农产品品质、增加农民收入的重要手段。江苏沿海地区土地后备资源优势尤为突出，淤泥质海岸所占比重较高，具有其他沿海港口不可比拟的优越条件，海洋和风力资源丰富，但资源环境制约逐渐凸显，经济结构性矛盾日益尖锐。[②] 依托沿海经地区农业资源丰富，工业化受污染程度较小等优势，江苏沿海无公害农产品生产基地发展较快；农村养殖业的沼气工程不仅坚持了可持续发展的战略，而且真正做到了循环经济。如，江苏省东台市金星村的“鸡—沼—鱼”循环模式就是我国农村具有代表性的沼气利用模式。又如，连云港东海粮油公司是目前全球规模最大、技术最先进的粮油加工基地之一。这家公司成立之初便摒弃企业污染防治单纯依靠末端治理的旧观念，注重污染的源头控制，在企业建立起变废为用的循环系统，使粮油加工过程中产生的豆粕、毛油、米糠等废弃物再利用，用来生产饲料、磷脂等。又如大丰的风力发电，相信在不久的将来会得到大力推广。

① 任彬．盐城市生态农业的建设实践与思考［J］．上海农业科技，2015（3），15-16.
② 凌申．江苏沿海生物柴油开发利用条件与对策［J］．江苏农业科学，2010（3）.

6. 沿海新农渔村一体化模式

江苏沿海地区渔业有相当大的特色。"十二五"期间沿海地区渔业得到快速发展，形成了鲜明的新农渔村发展模式。江苏沿海地区海洋农业又分为围垦滩涂垦殖业、沿海滩涂养殖业、近海养殖及捕捞业、外海和远洋捕捞业。① 以盐城为例，盐城市拥有内陆淡水水域240万亩，沿海滩涂683万亩，海域1.8万平方公里，渔业资源十分丰富，发展渔业经济得天独厚。2014年，全市水产养殖200万亩，水产品产量114.3万吨，实现渔业经济总量374.7亿元，基本实现高效渔业全覆盖。全市已经建成异育银鲫养殖50万亩，中华绒蟹土池生态育苗基地3万亩，贝类增养殖50万亩，规模分别为全国最大。全市建成南美白对虾养殖20万亩，斑点叉尾养殖4万亩和鳗鱼土池养殖基地2万亩，规模分别为全省最大。江苏沿海地区海洋农业在发展近海养殖及捕捞业发展的同时，积极开发外海和远洋渔业，努力向黄海东南部外海、东海南部外海等海区发展，并积极创造条件发展太平洋等远洋渔业。江苏沿海现代渔业不仅做好捕鱼业，而且利用海洋这个天然运输渠道，积极发展农产品物流业。充分发挥江苏沿海地区的区位优势和农业特色，全面加强农产品流通主体建设，加快农产品市场基础建设，积极构建江苏沿海地区市场体系，发挥沿海地区作为全省乃至"长三角"地区农产品集散地的功能，促进农产品在沿海地区流通。积极发展休闲渔业（娱乐渔业），利用当地现有的一切渔业资源，结合地方旅游发展增进国民对渔村和渔业的发展，提高渔民收益，推动渔业的可持续发展。将休闲渔业作为经济新的增长点，开辟垂钓场、挖掘海文化、打造新品牌等一系列探索，逐步在沿海地区进行推广。

三、江苏沿海现代农业发展的制约因素

江苏沿海地区现代农业的发展仍处于起步阶段，存在着农业生产方式

---

① 徐志华．江苏沿海地区现代农业特征和发展现状及对策［J］．农业现代化研究，2011（3）：131－138.

落后、农民生活不富足、专业人才匮乏等问题，农民的职业要求和素质并不能适应沿海地区现代农业。根据国际经验，工业化城市化快速发展期，既是农业现代化重要推进期，也是农业发展的风险期。发展得好，会形成工业化、城市化、农业现代化互动协调发展的良好局面；发展得不好，农业和农村会出现衰落，农业和农村有被边缘化的风险。通过调查分析，当前制约江苏沿海地区农业现代农业发展的主要因素有：一是部分领导对农业现代化重要性认识不足。调查中发现，沿海地区在工业化、城市化和农业现代化协调推进实践中，部分领导用更多的精力研究工业化问题，研究城市化问题，研究沿海开发问题，没有像研究工业和城市那样，用更多精力研究沿海地区农业现代化问题。二是现代化农业基础设施建设投入力度不够。虽然沿海地区总体上已进入以城带乡，以工哺农阶段，但工业反哺农业、城市带动农村、财政支持“三农”的能力还很低。调查中发现，沿海地区农业基础设施和配套设施落后于全国的整体水平，能源基础、市场基础和农田水利基础底子薄，农民缺乏现代化技术和设备装备。虽然沿海三市土地资源丰富，拥有1 300万亩的中低产田，但是开垦需要必要的资金支持。如2013年，南通市和连云港市实施高效农业面积占比例分别为49.36%和48.68%，与发达地区相比仍存在巨大差距。农业基础设施落后，基础设施建设任务相当艰巨。三是农业科技进步贡献和农业科技推广力量薄弱。调查中农业部门领导反映，当前沿海地区大部分农技服务站技术力量不足，相当一部分人员从事乡镇中心工作，工作手段落后，有的下乡指导服务的交通工具主要还是依赖传统的人力自行车；乡镇基层农技推广体系不健全，设备设施落后，人员老化，待遇较低，渠道不畅。四是农业产业低端化，农业产业化经营水平相对滞后。沿海地区现代农业产业化经营不明显，主要是由于主导产业不突出。据了解，目前江苏沿海三市的农业产业化水平仍处于发展阶段，一家一户的分散经营仍占主要地位，大型龙头企业数量少，规模小，建设水平总体不高且综合竞争力较弱。现代农业产业园区、农产品加工集中区、大型农产品交易市场等建设水平总体不高，与沿海地区大农业的地位不相称。

四、江苏沿海地区现代农业发展的展望

江苏沿海三市现代农业的发展仍处于起步阶段，发展过程中易出现无法避免的弊端，因此可以学习国外沿海现代农业发展的先进经验，推动我国沿海地区现代农业的大发展。首先实现现代农业经营的产业化。农业产业化未来将会是江苏沿海地区强农富农、实现农业现代化的根本措施。纵观许多发达国家的沿海发展经验，都不乏对农业进行产业化以加强市场竞争力。[①]因此我们需要从产业化方面入手：选择并逐步形成主导产业链，推动优势农产品产业链建设；合理利用资源，以市场需求为导向，扩大农业经营规模；提高沿海农产品集约化水平，增强农产品深度加工增值能力；加大对外出口，抢占国际市场，打造国际知名品牌。其次建立科学合理的现代农业保护机制。因此我们需要从“三农”方面入手：重视沿海地区“三农”问题，改善农业生产，提高农村生活水平，加大对农业的扶[①]持和保护力度；推进体制创新，建设农业生产合作社，为农民提供服务和信息；提高农民对沿海农业的生产积极性，加快职能转变；积极贯彻相关法律法规以保护农民利益；培养农业专门人才，提高农民的知识水平和技术水平。其三是构建高效的现代农业科技创新机制。科学技术始终是第一生产力。无论是在亚洲还是欧洲，“刀耕火种”的时代已经结束，很多国家都将现代工业技术广泛应用于农业方面以节约资源和提高产品科学技术含量。因此我们需要从科技含量方面入手：形成现代农业科技创新体系，加大对新技术的投入力度；建立农业科技创新平台，解决提高农业产量等技术难题；提高政府与农民对农业科学技术的关注度和支持度；培养农业技术人才，积极将先进技术成果推广到沿海地区。最后是注重农业可持续发展战略。我们发展农业，必然要对环境产生影响。化学产品的滥用不仅会污染水源和土壤，还威胁着众多生物包括我们人类；土地的过度开发会导

---

① 杨瑞珍．巴西现代农业的发展对策及其对我国的启示［J］．中国农业资源与区划，2008（5）：76－79.

致农业的减产，导致荒漠化，破坏大气环境。环境一直是世界各国发展农业不可避免的问题。因此我们最后需要从环境方面入手：发展绿色农业，实现环保生态农业和食品安全；尽量减少化学产品的使用，多使用有机化肥，改善土壤结构；积极推广生物防治技术，降低农产品的残毒量，提高农产品的品质，提高国际市场竞争力。

第四节　绿色制造业

要主动适应经济新常态，就必须把工业绿色低碳转型和可持续放在工业制造的突出位置，大力提高工业绿色化水平，形成工业经济增长新的动力。绿色发展是大势所趋、潮流所向。当今世界，各国都在大力推进绿色、循环、智能、可持续的发展，绿色已经成为各国发展的目标和方向。特别是新世纪以来，绿色经济、循环经济、低碳经济等理念纷纷被提出并付诸实践。绿色经济或绿色发展的核心都是为了突破资源和环境承载力的约束，寻找发展经济和保护生态环境的和谐道路，实现经济发展与生态和谐的双赢。“中国制造 2025”作为我国实施制造强国战略第一个十年的行动纲领，明确提出“创新驱动、质量为先、绿色发展、结构优化、人才为本”的五大方针，强调坚持把可持续发展作为建设制造强国的突破点，走绿色发展道路；同时把“绿色制造工程”作为重点实施的五大工程之一，部署全面推进绿色制造，着力构建高效、清洁、低碳、循环绿色制造体系①。

一、绿色制造的内涵与特征

绿色制造，又称环境意识制造（Environmentally Conscious Manufacturing）、面向环境的制造（Manufacturing For Environment）等，最早出现在 20 世纪 30 年代，到 20 世纪末才由美国制造工程师学会（SME）比较系统

① 黄欢．2016 中国电子电器节能环保高峰论坛：数据中心节能降耗潜力巨大［N］．中国经济网，2016－04－14.

地提出——绿色制造是一种综合考虑环境影响和资源利用效率的现代制造模式，其目标是使产品从设计、制造、包装、运输、使用到报废处理的整个生产周期中，废弃资源和有害排放物最小，即对环境的伤害最小，对生态无害，资源利用率最高。国内学者张华、刘飞、梁洁在 1997 年提出绿色制造是一个综合考虑环境影响和资源效率的现代制造模式，其目的是使得产品从设计、制造、包装、运输、使用到报废处理的整个周期中，对环境的影响最小，资源利用效率最高。其体现的一个基本观点是，制造系统中导致环境污染的根本原因是资源消耗和废弃物的产生。因此，绿色制造涉及的领域有三部分：一是制造问题，包括产品生命周期全过程；二是环境保护问题；三是资源优化利用问题，绿色制造则是这三部分内容的交叉①。沈贺于 2008 年提出绿色制造业产品从构思开始 ，到设计、制造、销售、使用与维修，直到回收、再制造等各阶段都必须充分顾及环境保护与改善；不仅要保护与改善自然环境，还要保护与改善社会环境、生产环境以及生产者的身心健康。本研究将 SME 对绿色制造所下的定义作为本文绿色制造的内涵，图 4 - 4 更加直观地表现绿色制造的内涵。

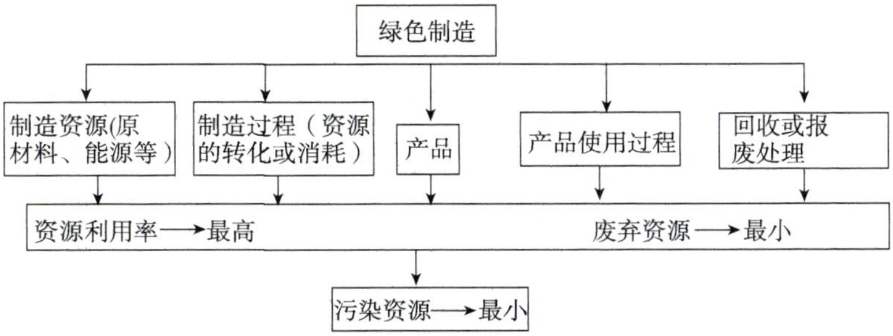

图 4 - 4　绿色制造的内涵

绿色制造主要特征有：绿色制造具有产品周期全过程的绿色化、高科技化、产品的高端化、生产环境生态化的特征，是人类社会可持续发展在

① 张华，刘飞，梁洁．绿色制造的几个战略问题［J］．计算机集成制造系统，1997（2）：11 - 14.

制造业中的现实体现，是传统制造迈向现代制造的必然趋势。

（一）产品周期全过程的绿色化

即产品从设计、制造、包装、运输、使用到报废处理、再生产的整个生产周期中，资源废弃和有害排放物最小，对环境的伤害最小，对生态无害，资源利用率最高。生产过程中要注重节能、降耗。节能是指绿色制造产品在技术上现实可靠、经济上可行合理、环境和社会都可接受的方法，有效地利用能源，提高用能设备或工艺的能源利用效率。降耗指产品生产过程中废弃资源和有害排放物最小，即对环境的伤害最小，对生态无害，资源利用效率最高。

（二）高科技化

产品生产过程依靠科技进步和技术创新，积极引进先进设备、先进技术和现代管理模式；走融合现代通信技术与信息技术、网络技术、行业技术、智能控制技术的信息化、智能化发展道路，将科学技术应用到产品生产的全过程，生产出科技含量高的产品。

（三）产品的高端化

在制造业增长方式上要逐步扭转以往过多依赖低端产业、依靠低成本劳动力的粗放型增长模式；以科技为支撑，以高端为导向，以生态环境为实践基础，生产科技含量、附加价值高的产品，例如移动互联网、3D 打印、云计算、生物工程、大数据、新能源、新材料这些处于微笑曲线右端的高附加价值的产品。

（四）生产环境生态化

生产环境生态化是立足循环经济，关注生产环境，同时注重生产内部关系，再生产环节以及制造业实践的可持续发展的生产方式。加快推进清洁生产和低碳发展模式，努力减少污染排放，走可持续、可循环发展之路，树立“绿色发展”理念；将生产制造全过程、厂房建设与周边环境融合起来，不破坏周围环境、居民生活，树立与周边生态环境、人文环境共同发展的理念。

二、绿色制造国内外背景与沿海地区发展绿色制造的意义

20 世纪 90 年代加拿大就已经开始实施环境保护的计划，日本在同年也推出了“绿色行业发展计划”。随后，美英国也推出类似计划。2007 年德国提出“生态工业政策”，德国经济之所以能保持在世界前列，是因其对创新的高度重视。德国政府在 2013 年提出“工业 4. 0”战略，将制造模式由集中式控制型转变为分散式增强型，同时着力构建高度灵活的个性化和信息化的产品与服务的制造模式，被定义为以智能制造为主导的第四次工业革命；由“工业 4. 0”战略衍生出的新兴工业体系正在德国逐步形成。次贷危机后，美国在面临国内经济低迷、失业率高的难题下，提出了“再工业化”的发展战略，目的是将经济中心重新拉回到实体经济上①；金融危机后，美国主导的“再工业化”以及美国政府对“制造业回归”的着力推进正在改写全球制造业的局面。形成新经济增长点，塑造全球经济竞争新优势。我国经济重点在制造业，难点在制造业，出路也在制造业。随着新型工业化、信息化、城镇化、农业现代化四化同步发展，内需潜力不断被释放，我国制造业得到了广阔的发展空间②。各行各业新的技术要求、老百姓新的消费需求、社会管理和公共服务新的民生要求、国防建设新的安全要求，都要求制造业在技术创新领域、消费品品质和安全、公共服务设施设备供给和国防装备保障等方面迅速提升能力和水平。资源和环境的约束，劳动力等生产要素成本的上升，投资和出口增速逐步放缓，使得重点依靠资源要素投入、高耗能低产出的粗放型发展模式难以继续进行，调整制造业结构转型升级、提升产品质量效益、发展绿色制造业已迫在眉睫。当前必须抓住“中国制造 2025”“互联网 +”等重大机遇，把企业作为发展为主体，以市场为导向、人才为支撑，按照调高、调轻、调优、调强、调绿的思路，依靠加快产业结构升级，瞄准细分市场做精做强实体经

① 柴忠东，刘厚俊．剖析美国回归制造业的新动向［J］．福建论坛：人文社会版，2015（7）．

② 国务院．国务院关于印发《中国制造 2025》的通知［R］．国发〔2015〕28 号．

济，努力创造制造业发展新优势，在新常态下实现保持中高速增长和迈向中高端水平“双目标”。

江苏沿海地区发展绿色制造业有特殊的意义。江苏沿海地区滩涂、湿地等土地后备资源、生物资源、水资源极其丰富，被称为“亚洲之肺”，特殊的地理环境更需要加强对环境的保护。加快江苏沿海地区制造业转型升级，加强绿色制造业发展，才能更好地适应国家和人民群众对生态文明发展的需求。

（一）江苏沿海地区发展绿色制造业的必要性

江苏沿海地区发展绿色制造业是参与国际绿色发展竞争的现实需要。全面推行绿色制造是参与国际竞争、提高竞争力的必然选择。2008 年国际金融危机后，为振兴经济，增加就业机会、解决污染问题，联合国环境署提出绿色经济发展议题，在 2009 年的 20 国集团会议上被各国广泛采纳。各主要国家把绿色经济作为经济的发展重点，抢占未来世界经济竞争的制高点，大力加强战略部署和政策资金扶持，绿色发展成为世界经济发展方向。欧盟各国实行绿色工业发展规划，投资千亿欧元支持欧盟地区的“绿色经济”。美国开始主动干预产业发展方向，再次将制造业确认为经济的核心，瞄准高端制造业、信息技术、循环经济，利用技术优势谋求新的发展模式①。同时，一些国家为了保持竞争优势，不断增加和提高绿色贸易壁垒，全球化面临新的挑战，绿色标准已经成为国际竞争的又一利器。在全球“绿色经济”的变革中，江苏沿海三市迫切需要加快制造业绿色化发展，大力发展绿色生产力，更加迅速地增强绿色综合实力，提升绿色竞争力。

江苏沿海地区发展绿色制造业是适应、引领经济新常态的必然选择。新常态之“新”，指与以往不同；新常态之“常”，意味着相对稳定，主要表现为经济增长速度适中、结构优化、社会和谐。经济新常态包含着经济增长速度转变、产业结构调整、经济增长动力转变、资源配置方式变化、

① 周冠杰，战永辉．汽车企业生态化评价指标体系与模型设计［J］．实用科技，216－217.

经济福祉包容共享等全面转型升级在内的丰富内涵和特征。2016年1月5日，习近平总书记提出绿色发展三大思路：绿色惠民、绿色富国、绿色承诺的发展思路，推动形成绿色发展方式和生活方式①。绿色制造业发展必须考虑从中华民族长远利益出发，走生态优先、绿色发展之路，使绿水青山产生巨大生态效益、经济效益、社会效益，使绿色山河永葆生机活力。新常态下制造业转型绿色升级态势明显：我国2016年第一季度高技术产业和装备制造业增加值同比分别增长9.2%和7.5%，增速分别比规模以上工业快3.4和1.7个百分点，占规模以上工业增加值比重分别为12.1%和32.4%，比上年同期提高1.1和1.7个百分点。江苏沿海三市要积极适应、引领经济新常态，大力促进制造业转型升级，促进绿色制造业发展。

江苏沿海地区发展绿色制造业是保护沿海地区特殊生态环境的有效途径。江苏沿海地区作为中国的心肺之地，更加应该重视环境保护。作为“东方湿地、鹤鹿故乡”的盐城，拥有582公里的海岸线及对应着的广阔海洋。连云港拥有6个国家4A级风景区，水资源丰富；南通“据江海之会、扼南北之喉”，被誉为“北上海”，集“黄金海岸”与“黄金水道”优势于一身，拥有长江岸线226公里。江苏沿海地区广袤的滩涂资源是我国东部地区最具潜力、最有价值的土地后备资源，重要生态功能区占国土面积的比重达到15%，拥有约占全国1/4的滩涂湿地，在开发过程中要尤其重视生态环境的保护，更加需要制造业加快转型升级。

（二）江苏沿海地区发展绿色制造业的紧迫性

江苏沿海地区制造业科技化含量低。连云港工业总量小，制造业规模不大，缺乏海洋工程、节能环保等重大的制造业载体。整体生产制造能力比较弱，装备水平比较低，缺乏智能化生产设备和厂房；产业整体研发能力比较低，缺乏专业的研发人员和高级技术人才；以船舶制造为主的南通发展中存在技术创新不足、高附加值配套产品不多、人力资源短缺等问题。而盐城制造业存在原创性技术较少、自主开发能力不强、高级技术工

① 杨月．习近平绿色发展三大思路［N］．中国青年网，2016－01－10.

人短缺和劳动力相对紧张等问题。

低端产业同构现象严重。就规模以上的工业行业结构相似性而言，连云港与南通的产业结构相似度较低，但盐城和连云港的产业结构相似度较高，存在低端产业同构现象。从地区优势产业结构的相似性来看，连云港、盐城与南通的化学原料及化学制品制造业存在产业结构趋同，盐城与南通的纺织业和通用设备制造业结构也较相似。这种产业同构在一定程度上导致了地区间的恶性竞争。

高新技术集群尚未形成。连云港的海洋、农业和港口资源非常丰富，却为何没有像其他地区的沿海城市一样得到长足发展，原因在于该市缺乏具有强大辐射力和带动力的高新技术产业；南通市的纺织业一直是该市的重点产业，但却仍然存在着纺织企业规模小、技术设备落后，自主创新能力偏低，品牌竞争力弱等问题，严重制约着该行业的发展，不能有效带动其他产业发展。目前江苏沿海地区强有力的高新技术产业集群尚未形成。

生态资源遭到破坏。为了片面追求经济的高速增长，沿海三市滩涂湿地资源受到严重破坏。2015 年，王资生、阮成江研究发现长期以来由于人类对滩涂的不合理开发，造成滩涂养殖业、种植业效益下降，生态环境不断恶化，严重影响滩涂资源的可持续利用。近年来，沿海三市水污染事件层出不穷，空气质量急剧下降，人类的活动已经给生态环境带来严重破坏。

综上所述，江苏沿海地区发展绿色制造业是参与国际绿色发展竞争的现实需要，是适应、引领经济新常态的必然选择，是保护沿海地区特殊生态环境的有效途径；江苏沿海地区发展制造业存在科技化含量低、低端产业同构现象严重、高新技术集群尚未形成、生态资源遭到破坏等问题，迫切需要江苏沿海地区制造业转型升级，大力发展绿色制造业。

三、江苏沿海地区绿色制造业评价指标体系构建与评价分析

根据发达国家经验，国家“十三五”规划中对于制造业转型升级以及“中国制造 2025”提出一系列的发展要求，并咨询了相关方面的专家，得出以下沿海地区绿色制造评价指标体系。

（一）制造业信息化

将现代信息技术、管理技术、自动化技术与制造技术相结合，以提高生产效率、产品质量和企业的创新能力，从而实现产品设计制造和企业管理的信息化、生产过程控制的智能化、制造装备的数控化以及咨询服务的网络化，全面提升制造业的竞争力。挑选了人均信息产业占有率、信息产业贡献率、信息产业从业人数占城市人口比例、计算机、通信和其他电子设备制造业产值四个指标作为制造业信息化的二级指标。

（二）绿色制造技术

以高新技术为基础，从事一种或多种高新技术及其产品的设计、开发、生产和技术服务的企业集合。挑选了高新技术制造业占 GDP 比重、新兴产业产值这两个指标作为高新技术产业的二级指标。

（三）制造业高端化指标

制造业高端化发展过程中将出现智能化、柔性化、服务化三大特征。具体表现在三个方面：生产的智能化，出现智能企业、智能产业、智能流水线；产品供给的个性化，针对市场需求规模小、品种个性化、生产侧提供独特有个性的产品；价值链高端，制造业向生产性服务业加速转变，更加注重研发设计和市场开拓，提高产品的附加值。本文选取了制造业全员劳动生产率增速、制造业质量竞争力指数、制造业增加值三个指标作为制造业高端化指标的二级指标。

（四）低碳能源指标指碳能源禀赋及其利用水平

包括经济体的能源结构、零碳排放能源，其中水利资源、风能、太阳能、生物质能等可再生能源和核能都属于零碳排放能源。本文选了工业固体废物综合利用量、工业三废处理指数、是否建立碳排放检测、统计和监管体系作为低碳能源指标的二级指标。

（五）环境治理投资

环境治理投资是指在人类社会发展过程中，对已经或可能对于土地、水资源、大气等一系列重大战略资源引起的污染破坏而采取相应的预防与治理措施。本文选了环境污染治理投资总额占国内生产总值比重、环境质量综合指数、工业污染治理完成投资三个指标。

其中，结合专家打分及发达国家发展经验赋予各指标权重：制造业信息化占30%，高新技术产业占30%，制造业高端化指标占20%，低碳能源指标占10%，环境治理投资占10%。借用江苏沿海地区的数据，通过上面建立的指标体系来评判所构建的指标体系对江苏沿海地区绿色制造业发展的影响。在一类指标中选取了四个具有代表性的二类指标，分别是通信、计算机和其他电子设备制造业产值，电子商务销售额，工业固体废物综合利用量，工业污染治理完成投资对制造业增加值的影响（见表4－9）。

表4－9　2009—2014年江苏沿海地区绿色指标核心数据

年份	制造业增加值（亿元）Y	通信、计算机和其他电子设备制造业产值（亿元）X1	电子商务销售额（亿元）X2	工业固体废物综合利用量（万吨）X3	工业污染治理完成投资（亿元）X4
2009	300.12	377.43	425.51	7 324.24	330.23
2010	352.79	430.65	509.1	8 760.59	396.97
2011	437.18	533.07	720.3	9 997.24	444.36
2012	492.47	650.87	850.75	9 341.57	500.46
2013	564.52	746.96	1 097	10 501.86	849.67
2014	628.78	896.2	1 255	10 577.77	997.65

通过表4－9的数据，用Eviews软件来分析沿海三市制造业增加值与通信、计算机和其他电子设备制业产值，电子商务销售额，工业固体废物综合利用量，工业污染治理完成投资之间的关系（见图4－5、图4－6）。

从线性图和散点图可以看出解释变量和被解释变量间存在一定的关系，通信、计算机和其他电子设备制造业产值，电子商务销售额，工业固体废物综合利用量，工业污染治理完成投资与制造业增加值均成正比。

可以设定如下模型：

$Y = \beta_0 + X1\beta_0 + X2\beta_0 + X3\beta_0 + X4\beta_0 + u$　（u 为随机扰动项）

根据上表收集的数据，利用最小二乘法进行分析，得出表4－10的结论。

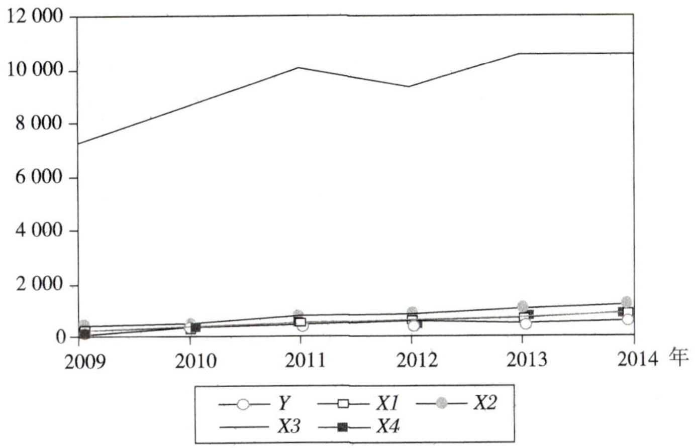

图 4－5　线性图

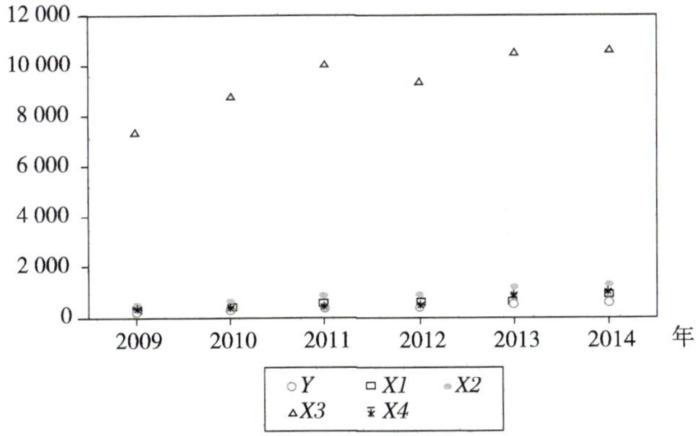

图 4－6　散点图

数据来源：根据江苏省统计局统计年鉴（2009—2014 年）数据整理而得。

表 4－10　绿色指标数据二乘法分析结论

Dependent Variable：*Y*				
Method：Least Squares				
Date：05/08/16　Time：14：44				
Sample：2009 2014				
Included observations：6				
Variable	Coefficient	Std. Error	t－Statistic	Prob.

续表

Dependent Variable: *Y*				
C	23.97823	47.87777	0.500822	0.7044
*X*1	0.288335	0.141240	2.041459	0.2900
*X*2	0.225307	0.110513	2.038745	0.2903
*X*3	0.013460	0.005508	2.443545	0.2473
*X*4	-0.077045	0.036710	-2.098743	0.2831
R-squared	0.999600	Mean dependent var	462.6433	
Adjusted R-squared	0.997999	S.D. dependent var	124.8998	
S.E. of regression	5.587087	Akaike info criterion	6.153700	
Sum squared resid	31.21554	Schwarz criterion	5.980167	
Log likelihood	-13.46110	Hannan-Quinn criter.	5.459030	
F-statistic	624.4376	Durbin-Watson stat	2.978178	
Prob (F-statistic)	0.030003			

通过 EVIEWS 分析，模型的估计结果为：

$Y=23.97823+0.288335X1+0.225307X2+0.013460X3-0.077045X4$

(47.87777)　(0.14124)　(0.110513)　(0.005508)　(0.036710)

$t=$ (0.500822)　(2.041459)　(2.038745)　(2.443545)　(-2.098743)

$R2=0.999600$　$R2=0.997999$　$F=624.4376$　$N=6$

模型估计结果说明，在其他变量不变的情况下，当年通信、计算机和其他电子设备制造业产值每增加 1 亿元，制造业增加 0.288335 亿元；在假定其他变量不变的情况下，电子商务销售额每增加 1 亿元，制造业增加 0.225307 亿元；在假定其他变量不变的情况下，工业固体废物综合利用量每增加 1 万吨，制造业增加 0.013460 亿元；在假定其他变量不变的情况下，工业污染治理完成投资每增加 1 亿元，制造业减少 0.077045 亿元。

拟合优度：据表中数据可以看出 $\beta_0=0.999600$，修正的可决系数为 $\beta_0=0.997999$，这说明模型对样本的拟合很好。

F 检验：提出假设 H0：$\beta_1=\beta_2=\beta_3=\beta_0=\beta_1=0$，给定显著性水平

$\alpha=0.05$,在F分布表中查出自由度 $k-1=4$ 和 $n-k=2$ 的临界值 $F\alpha(4, 2)=19.2$，由表1中得到 $F=624.4376$，由于 $F=624.4376>F\alpha(4, 2)=19.2$，应拒绝原假设 $H0: \beta_2=\beta_3=\beta_0=\beta_1=\beta_2=0$，接受备择假设，说明回归方程显著，即“通信、计算机和其他电子设备制造业产值”，“电子商务销售额”和“工业固体废物综合利用量”等变量联合起来确实对“制造业”有显著影响。

t检验：同样假设 $H0: \beta_3=\beta_0=\beta_1=\beta_2=\beta_3=0$，$H1: \beta_0\neq\beta_1\neq\beta_2\neq\beta_3\neq\beta_0\neq 0$，给定显著性水平 $\alpha=0.05$，查t分布表得自由度 $n-k=2$ 的临界 $t\alpha/2(n-k)=4.303$，β_1，β_2，β_3，β_3，β_4 估计值对应的t统计量均小于 $t\alpha/2(n-k)=4.303$，这说明在显著性水平 $\alpha=0.05$ 下，应该接受原假设 $H0: \beta_0=\beta_1=\beta_2=\beta_3=\beta_4=0$. 也就是说，在其他解释变量不变的情况下，解释变量“通信、计算机和其他电子设备制造业产值X1”“电子商务销售额X2”“工业固体废物综合利用量X3”和“工业污染治理完成投资X4”在该显著性水平下对被解释变量无明显的影响。

四、江苏沿海地区绿色制造业展望

绿色制造是综合考虑环保和资源利用的现代制造模式，力争在整个生产过程中不破坏环境、没有污染，并且能源等资源利用效率达到最高。在绿色发展的时代浪潮下，江苏沿海地区必须紧跟时代步伐，大力发展绿色制造业。

当前，以信息通信技术与制造业融合发展为主要特征的新一轮科技革命和产业变革正在全球范围内孕育兴起。研究发现，信息产业的发展对江苏沿海绿色制造业发展促进作用相对较大；电子商务等生产性服务业发展对于江苏沿海绿色制造业发展有积极的促进作用；工业固体废物综合利用量作为低碳能源指标，其利用程度对于制造业增长的促进作用相对较小。工业污染治理完成投资对沿海制造业发展促进作用尚不显著。针对信息产业对于江苏沿海地区绿色制造业发展的促进较大特征，江苏沿海地区应该加快发展现代互联网产业体系，用信息化提升改造传统产业，进一步促进沿海地区绿色制造业更好更快发展。

首先，要加大互联网技术研发引进力度。发展绿色制造要大力推进信息技术应用。要坚持把信息科技进步和创新作为加快绿色制造的重要支撑，着重提高自主创新能力、重点提高互联网信息技术对工业增长的贡献率。着力提升原始创新能力，大力增强集成创新和引进、消化、吸收、再创新能力，形成更多具有自主知识产权的信息创新成果，构建完整的创新体系，牢牢把握绿色制造转变的主动权。统筹推进信息平台建设、应用服务、产业支撑和技术研发等产业链各环节创新能力，加快形成以创新为主要引领和支撑的互联网产业体系和发展模式。将信息技术运用到加快提升优势制造业，积极拓展新兴制造业过程中，运用互联网技术和先进制造技术改造提升沿海地区制造业，努力形成名牌和规模效应。加快构建信息基础设施，开展网络提速降费行动，大幅度提升网络速率。加快构建制造业互联网、能源互联网，有序推进网络、数据中心等升级演进，形成沿海地区特有的制造业＋互联网的制造业模式。

其次，更好发挥市场在信息技术配置中的决定性作用。应健全相应的市场体系，更多使用市场手段，通过市场规律的作用，将信息技术资源配置到绿色制造业中。此外，充分发挥各行业协会、企业和公众等各类主体的积极性、创造性，形成推动绿色制造业发展的合力，让各个利益主体既有利可得又相互配合，以调动全社会参与绿色制造业的积极性。企业有履行社会的责任，不能光追求经济利润。当下发达国家企业非常重视绿色发展的问题，企业在注重绿色发展的同时，也取得了良好经济效益，江苏沿海地区企业要借鉴发达国家的经验，大力发展绿色经济，充分发挥企业在绿色发展方面的主体作用、技术创新作用和社会引领作用。

其三，大力促进制造业向生产性服务业方向发展。《2015年工业绿色发展专项行动实施方案》提出，要建立全国绿色数据中心，全国工业节能监测分析平台，利用信息促进工业绿色升级改造。推进绿色发展和增长方式转变，要大力发展生产性服务业，尤其是现代服务业。以服务业发展提速、比重增加、结构优化为重点，确保实现服务业投资增长高于全社会固定资产投资增长、服务业增速高于GDP增速、服务业发展速度高于平均发展速度“三个高于”的目标。推动形成以服务经济为主的制造业结构。重点发展研发设计、现代物流、现代金融、信息服务等面向生产的现代服务。引领企业围绕创新设计、供应链管理、网络化协同制造等新模式，延伸服务链条、供应服务增值，实现生产型制造向生产服务型制造转变。把推动服务业大发展作为制造业优化升级的战略重点，把发展绿色经济作为持续发展的战略导向，重点突破，合力推进，形成以服务业发展为重要支撑，以绿色增长为鲜明特色的制造业发展格局。

最后，加快发展新兴制造业，形成沿海制造业特色。立足现有制造业基础，增强自主创新能力，实施“六大引领性工程”。围绕绿色生产工艺、绿色车间、绿色工厂、绿色产业、绿色园区、节能环保六大绿色化工程，确定财政和金融支持的重点，定向加大资金投入力度。这样做有两点重要意义，一方面能够拉动经济增长。稳定经济增长是当前最重要的事情。绿色化工程的展开，对投资有大量的需求，为沿海地区扩张性财政政策和适度宽松货币政策提供新的投资领域；另外一方面，随着绿色制造业的崛起，会彻底改变沿海地区制造业落后的历史问题，也会解决沿海地区转移过多污染企业造成的环境损害问题，借绿色制造发展之机，提高江苏沿海地区制造业现代化水平，并构建绿色生态化工业走廊，实现经济走廊与生态走廊发展共赢趋势。

第五节　环境保护产业

自从20世纪60年代以来，在全球化经济增长和工业化发展的同时，世界各国都出现了环境污染以及生态恶化等问题，人类的产业活动与全球环境之间出现了复杂的矛盾。20世纪70年代，罗马俱乐部成员在《增长的极限》中创新性地提出零增长理论。这些学者预言，自然资源十分有限，而人口规模激增，人类在将来可能会面临严重的灾难。因此需要实现经济零增长模式，以保持生态平衡。人们开始不断地反思和检讨传统模式下的发展观与价值观，并逐渐意识到了保护环境的重要性。2008 年金融危机席卷全球，各国出现经济下行的危险，以美国为首的一些西方国家以环保产业为突破口，调整能源结构，优化产业水平，发展新兴产业，拉动环保领域新就业，于是经济出现了复苏的迹象。

我国改革开放以来，长期实行粗放型的经济发展方式，经济快速发展，开发强度不断增大，生态破坏严重，环境污染随处可见，调查数据显示，我国经流城市的河段 90% 受到严重污染，75% 的河流出现富营养化，工业三废不合理排放污染的土地面积高达 1.5 亿亩，占全国耕地 8.3%。我国每年环境污染造成的直接经济损失大约占国民生产总值的 5%。近年来，很多城市的居民饱受雾霾天气的折磨。十八大强调要重视生态转型，将产业结构升级与生态建设紧密联系在一起，始终要坚持绿色发展这一路线方针，使得国内各种产业朝着绿色化理念、环保化的方向发展。十八届五中全会将生态文明建设作为“十三五”规划的重要组成部分，要求国内企业从科技、经济、社会、资源、人口与环境等更广泛的高度去寻求新的发展模式，从而达到可持续发展这一目的。中国经济增长不能够沿袭以往的“高投入、高消耗、高污染”模式，而必须往“低投入、低消耗、低污染”方向改变，环保型产业逐渐地进入人们的视野之内。

一、环保和环保产业的内涵

环保主要指环境保护。福利经济学创始人庇古（1932）在其《福利经济学》一书中提出有关环保的理论，建立了庇古税，他认为政府应该通过庇古税，对环境造成污染的产业进行惩罚，从而弥补受害的人们，进而使社会经济福利最大化。美国经济学家曼柯·奥尔逊（1965）提出公共物品的搭便车理论，认为环境保护是一种典型的公共物品。公共物品既没有排他性也没有竞争性，于是环境保护成果由所有人共享却不愿意付出成本。政府就应该宏观调控，发展环保事业。

环保产业主要指将环保事业当作产业来做，企业在赚得利润的同时又促进了全社会环保水平的提高。不同时期、不同国家对环保产业的定义有所不同。1992年经济合作与发展组织认为环保产业涵盖很多种服务与货物，但在统计上还没有明确的分类，该产业数据十分有限。它把环保设备和相关服务细分成废水治理、废弃物管理、空气质量控制和其他四个类别，它的分类依据是终端使用情况。这类最原始的定义，显然存在严重的缺陷。随后，从1995年起，加拿大当局结合加拿大环保产业的发展趋势，明确指出加拿大的环保产业是指在加拿大专业或兼业从事环保产品和服务的提供以及环保相关建设活动的所有公司，这一概念包括环保产品和服务，也包括了一些先进的环保技术。总之，它简明了环保产品的关键。美国对环保产业也有系统的研究。美国将环保产业分为广义与狭义之分，从狭义的角度来说，环保产业是以环保活动为基础的，它主要限于美国当局管理范围内的污染物抑制和减少活动：从广义的角度来说，它是根据成本计算从而认定是否符合环保标准的产业。迄今为止，联合国在《综合环境经济核算2003》中，给出了环保产业最完整的阐述。环保产业是指环境货物和服务产业的结合，它预防并且遏制所生产的货物和服务对自然环境损害以及与废弃物、噪音和生态系统有关的问题。它由清洁技术、货物和服务和那些与资源管理、资源开采和自然灾害有关的活动组成。

张福利（2012）通过收集数据发现我国环保产业产值不断增大，我国环保产业年增长率为15%左右，2008年我国环保产业产值超过9 000亿元，2010年的产值为10 000亿元，预计2020年将达到2.8万亿元。人们的生活有了物质保障的同时，更加注重向环保要效益和向环保要质量。环保产业在崛起，逐渐渗透到各个经济领域。环保产业作为一种新兴产业与计算机、新能源等行业齐头并进，共同发展。胥树凡（2015）在《新常态下环保产业发展特点和思路》中，他对新常态下我国环保产业进行分析，认为从我国目前环保产业技术基础和供给能力来说，环保装备和产品供给能力显著增强，在烟气脱硫、除尘、城镇污水处理等领域已位于世界领先水平。

综上所述，环保产业是与环境保护相关产业的简称，它是指在国民经济中，以防治环境污染、改善生态环境、保护自然资源为目的而进行的技术产品开发、商业流通、资源利用、信息服务、工程承包等活动的总称。主要生产方法是清洁生产和循环经济。清洁生产，是指提高资源利用率，减少废物的排放量；循环经济是指在降低资源消耗的基础上遵循3R原则，即减量化（reduce）、再利用（reuse）和再循环（recycle）。不管怎样，提高资源利用率和降低废物产生量是环保产业核心思想。

二、环境污染与经济增长关系

环境污染和经济增长存在着一定的线性关系，西蒙·史密斯·库兹涅茨长期致力于各国统计资料的收集、整理、比较和分析。他通过研究发现，处在发展早期阶段的发展中国家比处于发展后期阶段的发达国家有更高的收入不平等，在发展中国家，经济增长扩大贫富差距，而在发达国家经济增长缩小贫富差距。表现在图形上为一条先向升后降的曲线，形似颠倒过来的U型，该曲线为库兹涅茨曲线。如图4－7所示，坐标X轴表示经济增长，Y轴表示收入分配差异。① 20世纪90年代初，格鲁斯曼等人分析了四十多个国家的数据，发现部分环境污染物排放总量与经济增长的长期关系也呈倒U型，就像反映经济增长与收入分配之间关系的库兹涅茨曲线一样。也就是说当一个国家发展水平较低，环境污染的程度较轻，但随着人均收入的增加，环境污染加剧，当经济发展到一定水平时，达到某个临界点以后，随着人均收入的增加，环境污染程度降低。这是环境库兹涅茨模型。

通过环境库兹涅茨模型，我们可以发现环境污染和经济增长存在密不可分的关系。从我国环境污染情况来看，没有经过处理的或不达标的工业三废的排放量一直呈上升趋势，总体判断，我国环境污染情况位于库兹涅茨线的左侧，此时不能实行市场放任政策，应该发挥政府的作用，致力于推进环境保护工作。

---

① 刘吉双．经济学选讲与当今中国［M］．北京：中国农业出版社，2013：186－202.

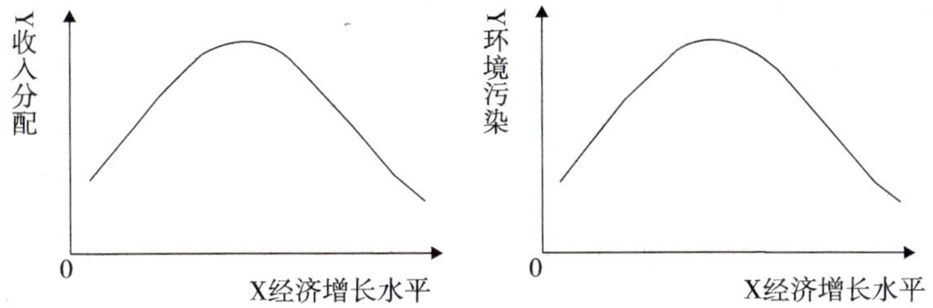

图4-7 库兹涅茨曲线与环境库兹涅茨曲线

三、环保产业与经济增长动力：理论分析

工业革命以来，人类的经济活动以工业化为主，经济增长是各国长期以来一直追求的目标，较高的经济增长水平成为国家综合实力的象征，各国不断推行工业化生产，以谋求世界大国的地位。经济增长动力的研究，是各国经济学家长此以往探究的主要问题。古典经济学的理论核心是通过资本积累和劳动分工这两者的结合，可以促进经济不断增长。也就是说加大产业的资本投入，进一步推动了生产专业化和劳动分工的发展，通过优化产业劳动分工反过来提高社会总产出，这使得社会可生产更多的资本，让资本流向最有效率的行业，这就会形成这种经济发展的良性循环。大卫·李嘉图是古典经济学派代表人物，在其比较优势理论中，一个国家应加大具有相对优势的产业的要素投入，才能从中获得较大的经济效应。由于资源的稀缺性，古典经济学对于经济增长的看法相对悲观，但是新古典经济学家对经济发展的前景要乐观许多。他们认为资源是相对稀缺的，可以将人力资本（劳动供给、教育、纪律、激励），自然资源（土地、矿产、燃料、环境质量），实物资本（机器、工厂、道路），技术（科学、工程、管理、企业家才能）这四种最基本的生产要素进行重新配置，激发经济增长潜力。正如英国著名经济学家阿尔弗雷德·马歇尔的研究表明：资源的相对稀缺将提高物品的价格，人口的增长将增加生产资料的压力，这种情况会抑制经济增长。但因为生产要素的重新组合有效缓解资源的稀缺，于是带动经济增长。通常情况下，可以用总生产函数来表明基本生产因素之

间的关系，它的数学表达式为：Q = A * F（K，L，R）其中，Q = 产出，A代表经济中的技术水平，F是生产函数，K、L、R分别代表资本对产出的贡献、投入的劳动和运用的自然资源。随着资本、劳动、资源等要素投入的增加，可以得出经济产出水平也会增加。随后全要素生产理论的提出，抛弃了传统生产要素中劳动和资本这两大要素，更多地考虑要素组合的创新。从经济学的角度来说，创新可以比作是一种生产函数，也就是一种从来没有过的关于生产要素和条件的新组合被引入原来的生产体系中。随着新经济模式的出现，人们发现环保产业蕴含着无穷的经济价值，开始注重环保产业的创新式发展，通过引入新的环保产品，新的技术和新的方法，开辟更加广阔的环保产品的市场，实现新的组织形式。环保生产可以节约生产成本，降低资源消耗，力争实现环境保护和经济发展的双赢。该产业需要使用相关要素进行配置，又是产业结构优化的一个重要部分，它理应成为经济增长的一个新的动力。

随着工业化生产强度的加大，资源环境受到不同程度的破坏，人类为此付出了惨重的代价，于是开始对环境保护问题有所思考。1962年蕾切尔·卡森发表了《寂静的春天》，揭示了污染环境对生态系统影响的深度和广度，提出了现代生态学所面临的生态污染问题。这对提高公众环保意识和发展理念的研讨具有重要意义。1987年，挪威首相布伦特夫人在《我们共同的未来》研究报告中，正式提出可持续发展的定义，她认为可持续发展不仅要满足当代人的需求，而且不能损害子孙后代的利益。由此可持续发展的理念应运而生。可持续发展协调社会、经济和生态三个方面之间的关系，这三者相辅相成，相互协调。在现代化的发展模式下，只追求社会可持续发展不能实现国家富强，仅重视经济可持续发展不能遏制生态退化，一味考虑生态可持续发展不能保障物质基础。在可持续发展中，社会发展是目的，经济发展是前提，生态发展是基础。环保产业作为我国新兴产业之一，是经济可持续发展的重要源泉。

从外部性理论的角度来说，环保产业具有正外部性，环保产业不仅改善了自然环境，而且还产生了一定的社会效益，促进了整个社会的经济发展。供求定理表明，任何一种物品的价格调整，都可以使产品的供给和需求达到平衡。如图 4－8 所示，需求曲线表明人们对产品的价格评价，供给曲线表明产品的成本，当价格评价大于产品成本，企业扩大生产；当价格评价小于成本，企业减少生产，最终的产量将在 Q1 点达到平衡。由于人们环保意识增强，更多地青睐环保产品，环保产品的需求增大，此时的需求曲线向右上方移动，而供给曲线不变，在社会最适产量 Q2 时出现了新的平衡。很明显 Q2 大于 Q1，产量增大，环保相关产业也随之发展，进而表现为经济的增长。

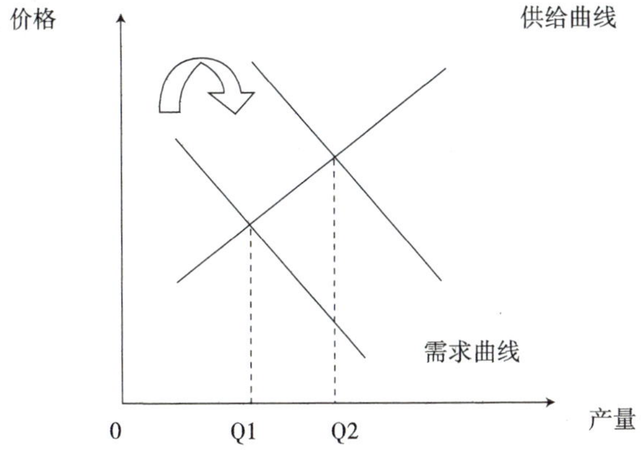

图 4－8　市场正外部性下的均衡

从产业发展理论的角度来说，产业发展要经历产业产生、成长和进化的过程，它既是单个产业的进化过程，又是产业总体即国民经济的进化过程。产业发展周期包括投入期、成长期、成熟期和衰退期。产业发展需要的一系列过程，对国民经济的增长具有一定的影响。在经济可持续发展中，产业发展不仅表现在各个经济指标的绝对值的增长，也体现在经济发展质量的提高和经济发展带来的环境的改善。环保产业的兴起，不只是促进经济增长，而且可以建立循环经济产业链，带动其他相关产业发展，形成多样化的产业结构。更重要的是为经济的发展提供良好的生态环境。环保产业作为一种朝阳产业，暂时对我国经济发展的贡献值偏低，但其存在着巨大的发展潜力。在环保产业方面，应该加大技术投入，研发新型商业模式，让其在经济可持续发展中发挥更大的作用。

四、环保产业与经济增长关系：来自江苏沿海地区的数据分析

随着江苏沿海地区工业化水平的不断提高，普遍存在生产活动对环境造成的不良影响，在环保科技战略带动下，江苏沿海地区越发注重环保产业的发展。

（一）政府积极作为，注重环保产业建设

江苏省政府出台了环保政策，发展环保产业，建设生态文明。2013 年全面部署环保产业建设工作。省委召开十二届五次全会，首次以全委会形式专题部署生态文明建设，出台了环保产业建设规划，明确以生态空间保护、经济绿色转型、环境质量改善、生态生活全民、生态文化传播、绿色科技支撑、生态制度创新“七大行动”为抓手，大力推进环保产业工程。2014 年 12 月在省委十二届九次全会中，罗志军书记明确提出，要采取有力措施，集中力量使生态文明建设向深处发展。与此同时，省长李学勇也强调，新形势下，生态文明建设如果要取得新的成效，必须坚持改善环境质量，坚持深化改革创新。2015 年十八届五中全会将绿色发展，建设生态文明写入“十三五”规划。江苏省委、省政府随后召开全省生态文明建设大会，认真学习生态文明建设思想，自觉坚持绿色发展理念，深入实施生态文明建设工程，力争将江苏沿海生态文明水平带向一个新的高度。

（二）发挥平台作用，推动环保产业可持续增长

环保产业是一种新兴产业。传统的生产模式，不符合环保产业的发展准则。江苏沿海地区出现了新的产业模式，大力发展环保产业园，提倡集约化生产。环保产业园的发展，对当地经济的发展有显著影响。盐城环保科技城是江苏沿海地区最典型的环保产业园。该产业园一直倡导环保优先的理念，在烟气治理、固废综合利用、水污染治理和新型材料等领域形成优势。在盐城环保科技城内，汇聚了国内外顶级研究所和行业龙头企业，

这使其呈现出产业集群发展的暴发性态势。环科城现有80多家环保企业、高端性研发平台众多，在绿色能源、清洁生产、区域治理、新材料等领域，拥有自己的知识产权，在提供环境整体解决方案能力上，拥有全国领先的技术。环科城主导环保产业，强调科技创新，鼓励对外合作，促进科技城内涵的提升与外延的扩展，推动服务水平的提高与创新体系的完善。在连云港有一个22平方公里的节能环保产业园，承接国内外先进节能环保技术转移，引进相关设备产品，到2020年年底，该园区节能环保产业产值将超过300亿元。

（三）加强传统产业环保改造，促进产业与生态协调发展

徐成彬（2015）通过借鉴美国环保产业先进的发展经验，强调大力发展节能环保技术，大力推进科技创新。让低碳化生产方式成为传统产业的新发展动力。王铁（2011）提倡以低碳化的方式推进江苏沿海地区的经济发展，顺应江苏沿海绿色发展的新要求。循环经济与环保产业的发展关系日益密切，王亮（2009）在厘清循环经济的内涵的同时，将循环经济和江苏沿海地区实际情况结合起来，从江苏沿海工业、农业和旅游业等多方面探索发展环保产业的新举措。随着可持续发展观念的深入发展，人们对民生环境的要求越来越高。大多数人十分排斥“高污染、高排放”型企业，因此传统企业必须转型，利用科技创新，发展环保产业，顺应人民新期待。

据江苏环保厅的数据显示，随着环保产业的发展，环境质量得以持续改善。2010年江苏省沿海地区可吸入颗粒平均浓度为103微克/立方米，2015年为63微克/立方米，两者相比下降了38.8%，其中2013—2014年这项指标下降幅度最为明显，2014年同比下降了21.43%，其余年份下降的幅度不是那么明显。关于空气中SO_2的浓度值来看，2013年的平均值最高，但在这之后连续两年这项指标都在下降，分别下降了25.18%、6.9%（见表4-11）。

表 4－11　2010—2015 年江苏省沿海地区空气质量各项指标平均值

单位：微克/立方米

年份	2010	2011	2012	2013	2014	2015
可吸入颗粒平均浓度	103	93.02	92	84	66	63
SO_2	33.64	35.015	34	38.76	29	27
NO_2	38	33	30	42.92	39	37
酸雨 pH 值	5.5	5	6	4.56	4.56	4.89
酸雨发生率（%）	32.70	32.90	24	27.80	27.80	23.4

资料来源：根据江苏省环保厅各年各地区统计数据整理而得。

五、环保产业与经济增长关系：江苏沿海地区的实证分析

选取江苏环保投资额、工业废物综合利用量和江苏沿海地区环保产业产值三个典型的变量来对江苏沿海的经济状况进行计量分析。通过整理《江苏统计年鉴》的相关数据，得出如下数据（见表 4－12）。

表 4－12　实证分析数据表

年份	环保投资额（亿元）X1	工业固体废物综合利用量（万吨）X2	环保产业产值（亿元）X3	GDP 总值（亿元）Y
2005	38.95	5 986.51	135	2 596.82
2006	28	6 966.17	272	3 062.49
2007	53.7	7 259.3	463	3 639.16
2008	39.71	7 743.42	320	4 296.63
2009	27.05	7 862.25	438	5 730.93
2010	18.6	8 760.59	540	6 991.74
2011	42.78	9 997.24	639	8 262.07
2012	55.87	9 341.57	660	9 282.09
2013	74.48	10 501.86	747	10 299.81
2014	207.44	10 577.77	875	11 454.2

资料来源：根据江苏省统计年鉴（2006—2015 年）整理而得。

通过上表的数据，我们来用 Eviews 软件来分析江苏沿海地区 GDP 值与变量环保投资额和工业废物综合利用量的关系（见图 4－9）。

从线性图和散点图可以看出解释变量和被解释变量间存在一定的关

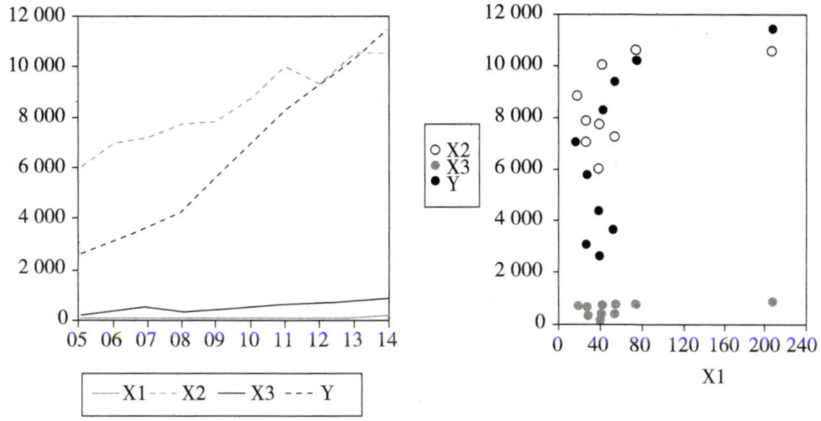

图 4－9　实证分析线性图和散点图

系，随着环保投资额、工业固体废物的处理量和环保产业产值的增长，江苏沿海地区 GDP 值也随之出现相应的变化，可以设定如下模型：

$Y = \beta_0 + X1\beta_0 + X2\beta_0 + X3\beta_0 + u$　（u 为随机扰动项）

根据上表收集的数据，利用最小二乘法进行分析，得出如下的结论（见表 4－13）。

表 4－13　江苏沿海地区 GDP 值二乘法分析数据

Dependent Variable: Y				
Method: Least Squares				
Date: 03/24/16　Time: 23: 42				
Sample: 2005 2014				
Included observations: 10				
Variable	Coefficient	Std. Error	t－Statistic	Prob.
C	－7257. 143	3305. 110	－2. 195734	0. 0705
X1	5. 543637	7. 205721	0. 769338	0. 4709
X2	1. 398358	0. 641326	2. 180417	0. 0720
X3	3. 159723	4. 915111	0. 642859	0. 5441
R－squared	0. 954553	Mean dependent var	6561. 594	
Adjusted R－squared	0. 931829	S. D. dependent var	3174. 787	
S. E. of regression	828. 9222	Akaike info criterion	16. 56730	

续表

Dependent Variable: Y				
Sum squared resid	4122672.	Schwarz criterion	16.68834	
Log likelihood	-78.83652	Hannan - Quinn criter.	16.43453	
F - statistic	42.00711	Durbin - Watson stat	2.003081	
Prob (F - statistic)	0.000202			

数据来源：EVIEWS 分析

通过 EVIEWS 分析，模型的估计结果为：

Y = -7257.143 + 5.5436X1 + 1.3984X2 + 3.1597X3

(3305.11)　(7.2057)　(0.6413)　(4.9151)

t = (-2.1957)　(0.7693)　(2.1804)　(0.6428)

R2 = 0.9546　R2 = 0.9318　F = 42.0071　N = 10

拟合优度：据表中数据可以看出 $\beta_0 = 0.9546$，修正的可决系数为 $\beta_0 = 0.9318$，这说明模型对样本的拟合很好。

F 检验：提出假设 H0：$\beta_0 = \beta_1 = \beta_2 = \beta_3 = 0$，给定显著性水平 $\alpha = 0.05$，在 F 分布表中查出自由度 k - 1 = 3 和 n - k = 6 的临界值 $F\alpha$（3，6）=4.76，由表 1 中得到 F = 42.0071，由于 F = 42.0071 > $F\alpha$（3，7）= 4.76，应拒绝原假设 H0：$\beta_0 = \beta_1 = \beta_2 = \beta_3 = 0$，接受备择假设，说明回归方程显著，即"环保投资额""工业固体废物综合利用量"和"江苏沿海地区环保产业产值"等变量联合起来确实对"江苏沿海地区 GDP 值"有显著影响。

t 检验：同样假设 H0：$\beta_0 = \beta_1 = \beta_2 = \beta_3 = 0$，H1：$\beta_0 \neq \beta_1 \neq \beta_2 \neq \beta_3 \neq 0$，给定显著性水平 $\alpha = 0.05$，查 t 分布表得自由度 n - k = 6 的临界 $t\alpha/2$（n - k）= 2.447，β_0，β_1，β_2，β_3 估计值对应的 t 统计量均小于 $t\alpha/2$（n - k）= 2.447，这说明在显著性水平 $\alpha = 0.05$ 下，应该接受原假设 H0：$\beta_0 = \beta_1 = \beta_2 = \beta_3 = 0$。也就是说，在其他解释变量不变的情况下，解释变量"环保投资额 X1""工业固体废物综合利用量 X2"和"环保产业产值 X3"在该显著性水平下对被解释变量无明显的影响。通过以上分析，从数据中可以看出，各个自变量的 p 分别为 0.0705，0.4709，0.0720，0.5441，都高于通常的

0.05，说明显著性较差，相关度不高，而且大部分变量没有通过检验。同时，我们注意到β_3 =0.9546，但是模型中大部分参数估计值不显著，意味着自变量之间可能存在多重共线性。对多重共线性的修正，将被解释变量Y对于每一解释变量建立一元回归模型，通过Eviews得出：

Y1 =4376.573 + 37.2501X1，R12 =0.4124

Y2 = -9960.918 + 1.9439X2，R22 =0.9386

Y3 = -212.9639 + 13.3121X3，R32 =0.9185

综上，R22 =0.9386 > R32 =0.9185 > R12 =0.4124，所以，X2的相关性最强，X1的相关性最弱，通过建立二元回归模型对多重共线性进行修正，得出回归方程为：

Y = -6528.006 + 1.2316X2 + 5.1511X3

模型估计结果说明，在其他变量不变的情况下，当年环保投资额每增长1亿元，平均来说，江苏沿海地区GDP值会增长5.5436亿元；在假定其他变量不变的情况下，当年工业固体废物综合利用量每上涨1万吨，平均来说，江苏沿海地区GDP值就会增长1.3984亿元；在假定其他变量不变的情况下，当年江苏沿海地区环保产业产值每增加1亿元，平均来说，江苏沿海地区GDP值就会增长3.1597亿元。

六、江苏沿海地区环保产业展望

环保产业是经济增长动力，也是经济可持续发展的重要源泉。从江苏沿海地区环保产业的发展情况看，环保产业可以有效地协调该地区经济、社会和生态的和谐，也有助于促进江苏沿海地区经济水平腾飞。因此，今后时期，一是要把环保产业当作发展江苏沿海地区战略性新兴产业，不断鼓励技术创新，加大资本、土地等各要素的投入，并且让全要素生产成为环保产业发展的活力。应该因地制宜，优化产业结构，发展新型的商业模式，形成优势产业集群①，让环保产业产生更大的经济效益。二是发展环

① 彭善枝．环保产业与可持续发展［D］．武汉：武汉大学，2004.

保产业需要政府的参与，江苏沿海地区应更多更好地发挥政府的作用，制定健全的法律法规，依法规范环保产业秩序，完善财政支撑体系，保障环保产业的投资额，给予发展环保产业的企业一定的税收政策优惠。总体上应坚持“政府引导，市场驱动”的原则，不断探索新思路，使环保产业在经济新常态下展现无限的活力。三是企业家应承担起更多的社会责任，主动将企业转化为环保型企业。发挥环保产业作用，节约能源，减少污染排放，改善民生环境，实现江苏沿海地区经济的可持续发展。四是全社会应该重视环保产业发展，加大宣传力度，将环境教育作为基础教育和素质教育的重要组成部分，使环保意识深入人心。在推进生态文明、建设美丽中国达成共识的今天，环保产业作为江苏沿海经济增长的新引擎。全社会也应形成绿色消费模式，向环保要质量，向环保要效益，给环保产业发展开辟更加广阔的空间。

第六节　现代服务业

在支撑经济发展的三大产业中，不同产业支撑的经济，有着不同的经济结构。当第三产业对经济增长的贡献率达到最大时，产业结构处于高级阶段。目前中国作为一个发展中的大国，面对就业压力以及经济社会和人的全面发展，为了实现全面建设小康社会的发展目标，经济结构由工业向服务业转变是必不可少的趋势。随着经济全球化的不断深入，服务业在全球范围内得到了长足发展，成为当今世界经济发展的主要趋势。党的十五大第一次提出现代服务业的概念，将加快现代服务业的发展作为我国国家发展的战略重点。近几年来，我国现代服务业的发展也确实取得了不小的成绩，对我国的经济发展更是起到了巨大的推动作用，是目前我国 GDP 增长的主要拉动力之一。江苏沿海地区有着独特的区位条件优势，吸引周围地区的资金和劳动力流入，形成强大的集聚效应。这种集聚效应的存在，为服务业的发展提供了可能。同时服务业能够在服务过程中实现知识增值，产生比制造业更强的规模效应，各种服务相互融合的聚积效应也更加明显，增添了经济发展新动力，从而带动了整个地区经济的发展。①

一、现代服务业内涵与特征

现代服务业又称第三产业，是由中国提出的，是指为生产者和生活者提供中间投入知识、技术和信息密集型服务部门，如金融、商务、政务服务等。具有无形性和中间性等特征。国家统计局1985年《关于第三产业统计的报告》，将第三产业划分为四个层次：第一个层次是流通部门，包括交通运输业、邮电通信、商业饮食、物质供销和仓储业；第二个层次为生产和生活服务的部门，包括金融业、保险业、公用事业、居民服务、旅游业、咨询信息服务业和各类技术服务业等；第三个层次是为提高科学文化水平和居民素质服务的部门，包括教育、文化、广播电视事业、科研事业、生活福利事业；第四个层次为社会公共服务需要的部门，包括国家机关、社会团体及军人和警察等。

二、江苏沿海地区现代服务业发展现状

江苏沿海地区现代服务业的发展，主要包括：邮电业、物流业、金融业、旅游业、保险业等。加快发展现代服务业已成为江苏沿海三市经济发展的重点，其对于转变经济发展方式，优化产业结构，缓解就业压力，具有重要的现实意义。

（一）现代服务业发展迅猛，发展势头良好

1. 服务业增值较快，呈稳步上升趋势

2010—2014年，江苏沿海地区通过政策调整，不断整合区域资源优势，进一步促进了现代服务业的快速发展。南通市作为带动江苏沿海地区经济发展的龙头，其第三产业增值在2013年首次突破2000亿，到2014年底，实现2411.8亿的增值，带动了144.3万人的就业，占从业

---

① 孙宏滨．沿海地区服务业发展的国际经验和启示［J］．经济问题，2012（05）：50－51.

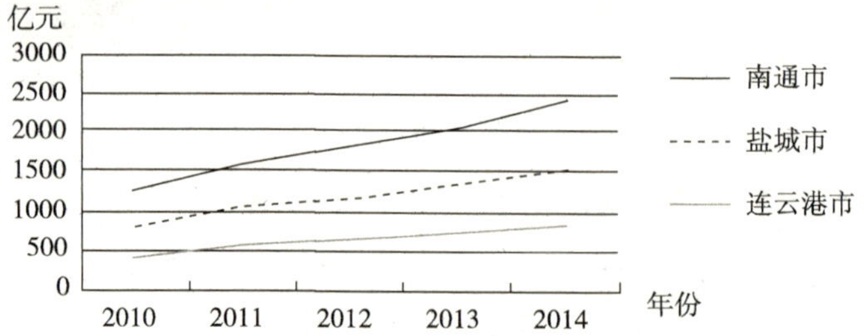

图4－10　2010—2014年江苏沿海三市第三产业增值

数据来源：根据2010—2014年《南通市 盐城市 连云港市统计年鉴》整理而得。

人口总数的31.2%。盐城市第三产业增值由2010年的806亿增长到2014年的1534.2亿，短短5年间，翻了将近2倍。而连云港市的服务业发展相较于南通、盐城而言，虽存在较大差距，但是近5年来，每年也保持100亿的增长。

2. 服务业占比提升，产业结构进一步优化

随着服务业转型升级步伐的加快，江苏沿海三市着力优化产业结构，不断调整服务业产值比重，到2014年底，南通、盐城、连云港三市第三产业比重都达到了40%以上，不断突出第三产业对各市经济的支撑和拉动作用，通过大力发展第三产业带动各市经济的平稳发展。

3. 现代服务业业态呈现多样化

国民经济高速增长，进一步带动产业结构和消费结构升级，服务业市场需求潜力巨大，以高技术性、知识性、新兴性为特点的新兴业态相继落成和引进。近年来，江苏沿海地区的一些现代服务业日趋多元化。

（1）邮电业业务规模增长，效益稳步提升。2014年江苏沿海三市邮政业务总量达到188.89亿元，比上年增长6.17%。邮政业务收入稳定。以南通市为例，2014年邮电业务收入93.5亿元，增长9.74%。其中，邮政业务收入28.2亿元，电信业务收入65.3亿元，分别增长27.3%和0.4%。年末互联网用户789.2万户，新增64.7万户，其中固定宽带互联网用户190.9万户，新增29.7万户，无线宽带互联网用户598.3万户，增加5.0

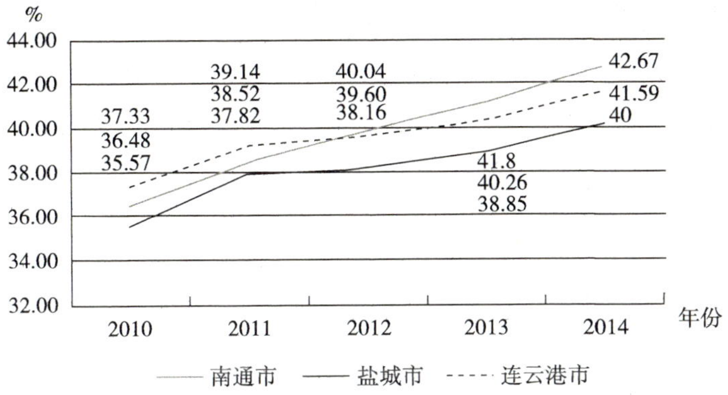

图 4－11　2010—2014 年江苏沿海三市第三产业占 GDP 的比重

数据来源：根据 2010—2014 年《南通市统计年鉴》《盐城市统计年鉴》《连云港市统计年鉴》相关数据整理而得。

万户。由表 4－14 可以看出，三市的邮电业务呈现稳步增长，通信业务的建设加快，增加了现代服务业的基础服务。

表 4－14　江苏沿海三市邮电业务收入　　单位：亿元

年份 指标	2011	2012	2013	2014
盐城	44.25	48.77	55.9	57.5
连云港	29.72	33.04	36.82	37.89
南通	66.23	71.3	85.2	93.5
平均值	46.73333	51.03667	59.30667	62.96333
总量	140.2	153.11	177.92	188.89

数据来源：根据 2010—2014 年《南通市统计年鉴》《盐城市统计年鉴》《连云港市统计年鉴》整理而得。

（2）现代物流服务功能持续增强。南通、盐城、连云港地处我国沿海、沿长江和沿陇海兰新线三大生产力布局主轴线交会区域，是长江三角洲的重要组成部分，得天独厚的地理区位优势使得三市的物流业发展一直保持良好的发展势头。在刚刚过去的 2015 年里，南通市物流总量实现 6.16 亿吨，同比增长 12.0% 左右。盐城市完成社会物流总额 1.25 万亿元，增长 16.2%，物流业增加值 350 亿元，增长 16.7%。连云港港口全年完成货物吞吐量 2.1 亿吨，同比增长 0.32%，物流行业的服务功能持续增强。

在新一轮的国家铁路发展总盘中，江苏列入国家计划的项目共有11个，苏北及沿海将新建8条线路。随着苏北铁路的"短板"拉长，整个江苏铁路线路走向将呈现"北进南下，西连东出"放射状脉络，为江苏，尤其是苏北和沿海发展创造更好的基础条件。沿海的运输网络将进一步得到优化，从而带动物流运输的进一步发展。

（3）金融信贷稳健运行。2014年末南通金融系统存款余额8508.3亿元，比上年末增长12.8%，其中，储蓄存款余额4623.9亿元，增长11.4%。全年金融机构新增贷款586.1亿元，下降12.0%。年末各项贷款余额5258.9亿元，比上年末增长12.5%。2015年，南通五县（市）全部进入全国百强县行列，对"一带一路"沿线和地区金融投资增长42.5%。沿海三市中南通的外币年末存储款总额最大，外资利用率大，其他三市金融业虽在稳健运行，但总体发展趋势不如南通好（见表4-15）。

表4-15　江苏沿海三市外币年末存储款余额　　单位：亿元

指标＼年份	2010	2011	2012	2013	2014
盐城	2 009.17	2 336.19	2 716.87	3 220	3 721
连云港	1 243.81	1 388.69	1 538.04	1 709.93	1 887.31
南通	4 957.83	5 614.56	6 477.8	7 542.1	8 508.3
平均值	2 736.937	3 113.147	3 577.57	4 157.343	4 705.537
总额	8 210.81	9 339.44	1 0 732.71	1 2 472.03	1 4 116.61

数据来源：根据2010—2014年《南通市统计年鉴》《盐城市统计年鉴》《连云港市统计年鉴》整理而得。

（4）旅游业发展态势良好。在沿海三市中，连云港的旅游资源相对来说优势较大，是举世瞩目的新亚欧大陆桥东桥头堡、新丝绸之路东方起点、首批沿海开放城市、中国水晶之都、《西游记》文化发源地和中国优秀旅游城市，拥有旅行社108家，星级旅游饭店60余家，全国工农业旅游示范点14处，整体呈现出"海、古、神、幽、奇、泉"六大特色。据统计，2014年连云港旅游产业全年实现旅游接待量2 370万人次，旅游总收入296亿元，分别为2013年增长11%和13%；旅游年票发行量突破25万张，全市旅游经济保持良好发展态势，港城旅游服务水平和城市知名度进一步提升。但由于自身的经济发展水平的不足，连云港独特的资源优势没有得到充分的发挥。同样的问题也出现在沿海其他二市中。近几年江苏沿海三市在旅游方面，无论从接待游客人次还是旅游总收入都是呈上升趋势。江苏沿海三市接待游客的人次由 2010 年的 4 300.69 万人次增长到 2014 年的 7 455.2 万人次，增长了近两倍。

表 4－16　2010—2014 年江苏沿海三市旅游接待人次　　单位：万人次

指标＼年份	2010	2011	2012	2013	2014
盐城	1 105.39	1 136	1 544.81	1 757	2 018.9
连云港	1 393	1 669.16	1 919.53	2 138	2 370
南通	1 802.3	2 108.97	2 407.5	2 737.3	3 066.3
总额	4 300.69	4 914.13	5 871.84	6 632.3	7 455.2

而江苏沿海地区的旅游总收入，也由 2010 年的 488.01 亿元增长到了 2014 年的 897.7 亿元，在这 5 年之间，旅游业营业总额也增长了近两倍。

表 4－17　2010—2014 年江苏沿海三市旅游总收入　　单位：亿元

指标＼年份	2010	2011	2012	2013	2014
盐城	103.82	124	150.08	171	201.1
连云港	154	200.06	235	262	296
南通	230.19	282.44	331.5	360.6	400.6
总额	488.01	606.5	716.58	793.6	897.7

数据来源：根据 2010—2014 年《南通市统计年鉴》《盐城市统计年鉴》《连云港市统计年鉴》整理而得。

（5）保险业正在加强。江苏保险业区域发展不平衡正成为保险业减速发展特别是可持续发展的主要矛盾和制约。受区域经济梯度发展的影响，江苏保险业苏南、苏中、苏北发展并不平衡，这正制约着江苏保险业的持续、健康、快速发展，人们越来越意识到，保险业在今后阶段的发展中，必须加强建设落后区域的保险市场，使区域保险走向协调发展。

表 4-18　2010—2014 年江苏沿海三市保费总收入　　单位：亿元

年份 指标	2010	2011	2012	2013	2014
盐城	64.35	71.22	64.42	69	94.4
连云港	33.42	35.17	38.99	44.06	49.52
南通	134.45	133.62	129.4	139.9	154
平均值	77.40667	80.00333	77.60333	84.32	99.30667

数据来源：根据 2010—2014 年《南通市统计年鉴》《盐城市统计年鉴》《连云港市统计年鉴》整理而得。

4. 服务业空间布局优化，产业集聚发展格局渐趋成熟

服务业集聚区是承载和集聚服务业发展的重要载体，是促进二、三产业联动发展和产业结构优化升级的必要支撑。建设发展集聚区，获取集群、集聚效应，是加快现代服务业发展的突破口和主抓手。江苏沿海三市服务业集聚区从有到无，发展迅猛，集约发展水平明显提高，集聚发展效应逐渐凸显。以南通市为例，2007 年，南通市服务业集聚区初创，经过 7 年的发展，截止到 2014 年底，全市市级以上服务业集聚区已达 50 家，实现营业收入 2 634.7 亿元，同比增长 21.1%，吸纳就业人员 41.7 万人，年实现税收 57.5 亿元，年均增长 34%，占全市服务业税收比重达到 14.4%，集聚效应十分明显。

三、江苏沿海地区现代服务业发展的经验

（一）现代服务业的发展必须以城市发展为主要载体

从世界范围看，当社会经济处于工业化初期发展阶段时，某些具有区位优势的中心城市，处于优先发展的地位，吸引周围地区的资金和劳动力流入，导致区域间的差异增大，即激发极化效应，进一步发展将会产生更大的集聚。通过发达国家的发展经验表明，沿海地区特别是沿海城市是产生极化效应的原发地①。

① 孙宏滨．沿海地区服务业发展的国际经验和启示［J］．经济问题，2012（05）：50-51.

早在工业时期，由于交通的便利性，沿海城市已经成为工业发展的聚集地，工业在沿海港口城市的发展，使得财富、人员聚集，同时带动了金融、国际贸易、保险等一系列相关产业的发展。沿海城市成为世界各大机构的首选之地。此外，不仅仅是重大的沿海港口城市，不同层级沿海城市，都是该地区服务业聚集之地。与此同时，世界上最具有影响力的服务业城市，多分布在沿海地区。

（二）现代服务业的发展必须以知识密集型服务业为龙头

随着知识经济和信息技术的快速发展，知识密集型服务业代表的是一个时代的内涵，其依赖于知识、创新、信息、管理等无形资产得以发展，相较于传统服务业而言，知识型服务业具有高增值性和高乘数效应，利润空间大、产生的经济附加值高。据不完全统计，对知识型服务业进行一个单位的投入，可以形成五个单位以上的相关产出[①]。因此，发达国家的沿海城市纷纷将知识密集型服务业作为产业重点进行鼓励和支持，通过创新要素的投入打造具有竞争优势的服务业，形成城市竞争优势，并通过新知识、新技术的运用改造餐饮、运输等传统服务业。

（三）现代服务业的发展必须以培养和引进服务业人才为主抓手

现代服务业是以“人”为本的行业，加快现代服务业发展，核心在于加强现代服务业人才的培养和引进。各国都高度重视人才的培养和引进，尤其是一些经济发展水平较发达的国家，往往会通过建立国际化的人才教育基地，提供适宜人才生活和工作的环境，吸引国外高素质的服务型人才，提高现代服务业的国际化水平，增强国际竞争力，进一步提高现代服务业的对外开放水平。

四、江苏沿海现代服务业发展的制约因素

近几年以来，江苏沿海地区服务业的发展成效显著，但由于区位层次

① 孙宏滨．沿海地区服务业发展的国际经验和启示［J］．经济问题，2012（05）：50－51.

较低，发展阶段落后等多方面因素的限制，江苏沿海服务业仍面临着诸多的问题。

表4－19　江苏沿海三市服务业经济总量表　　单位：亿元

	地区生产总值	服务业经济总量
2010	6 991.7	2 482.53
2015	12 521.5	5 505.7

（一）服务业总量小，与苏南发达地区和发达国家相比差异明显

由表4－19可知，2010—2015年，江苏沿海三市服务业年均增长11.5%，但直至2015年，服务业经济总量仅有5 505.7亿元，总量甚至不及苏南一市，服务业总量小。相对比之下，2014年，南京市实现服务业增加值4 925亿元，比上年增长11.5%，成为经济增速领跑苏南的有力推手；服务业增加值占GDP的比重这一指标为55.8%，较上年大幅提升1.6个百分点，是全省唯一一个占比超过50%的省辖市。苏州市实现服务业增加值6 305亿元，总量全省第一，按可比价计算比上年增长9.0%，占地区生产总值的比重达46.7%，同比提高1个百分点。无锡市服务业增加值占地区生产总值比重达47%，同比提高1个百分点。常州市服务业增加值占地区生产总值的比重达46.5%，同比提高1.3个百分点。镇江市服务业增加值占GDP比重为45%，同比提高1.2个百分点；全年服务业增加值增长快于GDP0.6个百分点（达11.5%），对经济增长的贡献率比上年提高1.2个百分点。总体看，苏南五市2014年服务业增加值增幅和占GDP的比重，保持全省领先水平。

表4－20　江苏沿海三市2015年三产变化表

	增加值（亿元）	同比增长（%）	较2014比重（%）
第一产业	1 156.12	3.4	－0.91
第二产业	5 860	10.2	－1.65
第三产业	5 505.42	11.5	+2.56

由表4－20可以看出，与2014年相比，三市服务业结构虽有优化，三

次产业增加值比重为 9.23∶46.8∶43.97，但三市总和却低于南京市的 57.3%和苏州市的 49.5%，服务业结构不够优化，二、三产业有较大的发展空间。①

而早在 21 世纪初，服务业增加值占 GDP 的比重，发达国家已达 70%～80%，中等发达国家也达 60%，一些国际型大都市的服务业 增加值更是超过了 80%。以纽约市为例，早在 2000 年，该市的服务业增加值就已经占到 GDP 的 84%，制造业仅为 10%。②

（二）开发层次与全省差距较大，产业优势不明显

江苏是制造业大省，以信息化、产业化、高端化为主要特征的先进制造业和新型工业目前正处在扩张阶段。而三产比重与此是此消彼长的关系，制造业 GDP 占比的增加，势必会“挤压”现代服务业的 GDP 占比。江苏沿海三市，附加值高的知识密集型、技术密集型的服务产业、产品所占比重较低，反而运输、零售等传统服务业占据主导。与蓬勃发展的第二产业相比同时，第三产业却没有强有力的竞争优势。

2013 年，沿海三市产业结构转型步伐加快，但与全省仍有较大差距。盐城、南通和连云港三市三次产业比重由 2012 年的 10.9∶49.8∶39.3 调整为 10.6∶49.2∶40.2，2013 年二、三产业比重提升 0.3 个百分点，但仍低于全省平均水平 4.4 个百分点，2013 年全省三次产业结构为 6.1∶49.2∶44.7。分地区看，南通产业结构明显优于盐城、连云港，较为接近全省，三次产业结构为 6.9∶52.1∶41.1。盐城略好于连云港，二、三产业比重为 85.9%，比连云港高 0.4 个百分点。

（三）生产性服务业实力相对薄弱

按照服务活动的主要功能属性，服务业可划分为生产性服务业、消费性服务业和公共服务业三大类。其中的生产性服务业，一般是指以提供市场化的中间投入服务为主导的行业，这些行业提供的服务具有经营性和可

① http：//xh. xhby. net/mp2/html/2016－02/15/content_ 1375027. htm

② 蔡柏良．江苏沿海地区服务业发展的战略思考［J］．江苏商论，2010（06）：98.

贸易性的特点，但它们并不是直接提供给消费者用来满足中间需求，发挥着中间功能。①

根据《江苏省“十二五”服务业发展规划》，“到2015年生产服务业增加值占全省服务业增加值的比重达到40%以上，力争达到43%”。而目前，江苏沿海制造业停留在OEM阶段，尚未全面进入ODM、OBM阶段，处于“微笑曲线”底端“制造”层面，离“设计”“创造”与“自创品牌”层面还有一定距离，存在着占比不高、结构不优、科技创新不够、与制造业发展不协调等问题。而生产性服务业需求多集中于“微笑曲线”左端的研究开发、设计与右端的品牌运作、市场营销、后期服务等。②

五、江苏沿海现代服务业的展望

2015年服务业就业占全球就业总量的比例已经从1991年的34%上升至46%。根据大卫·道尔的麦格里团队的报告指出，在过去25年时间里，全球创造的10亿个就业新岗位中有75%来自于服务业。产出数据也表现出了同样的状况，在过去的40年里，发达国家和新兴市场的服务业所贡献的GDP也出现了增长。服务业的重要性急剧上升，并在塑造全球经济的增长前景上日益占据主导地位。一场全球经济衰退之所以可以避免，主要是由于服务业所做的对冲。服务业增长在经济增长中的影响越来越大，成为衡量经济状况的一个很好的测量指标。江苏沿海的三个城市发展水平很大程度上低于苏南地区，导致现代服务业发展缓慢。现代服务业的发展竞争力不强，结构不合理，门槛比较高，没有对经济的发展起到应有的作用。但是，随着现代经济快速发展，技术的不断创新和政府政策的不断支持，现代服务业的发达已经成为经济发展方式转变的重要标志，是一个地区产业结构优化升级的关键环节，现代服务业的发展有了新的态势。

---

① 杨凤华．江苏沿海地区生产性服务业发展与中心城市功能提升［J］．科学经济社会，2014（01）：141－142.

② 江苏现代服务业发展难点与对策研究．新华社江苏频道．http：//www. js. xinhuanet. com.

（一）现代服务业在江苏沿海经济中有着越来越重要的作用

一方面，现代服务模式不断创新。进入21世纪以来，互联网、物联网、云计算等创新应用技术已经成为国际竞争的新热点，推动新兴服务业态和新模式的不断涌现。模式创新已经成为现代服务业的核心，为现代服务业的发展提供了更大的空间。以江苏沿海三市为例。盐城市打造的便民服务品牌盐城创新“互联网+消防”模式，利用新兴的网络技术搭建App交流平台，开通官方微信等服务平台，加强数据库共享的使用管理，利用多种电子信息化的手段为百姓提供便捷、安全、满意的服务。此外，早在2012年，盐城市集合各方资源开通“580”服务网创新远教惠民新模式，突出互动能力及时解决群众问题，并且开展网下活动延伸服务触角。南通市开展的工商创新融资模式服务企业，引导企业利用机械设备、产品半成品、成品等资源让企业最大限度盘活用活资金。市工商局建立网上服务平台，为企业查询提供便利途径。2015年连云港出台的《连云港市服务业发展规划纲要（2015—2020）》，指出积极吸纳海外投资和消费，着力推动服务理念创新、服务模式创新、技术手段创新，依靠创新驱动促进服务业结构优化。江苏沿海三市不断探索服务模式创新的方法和领域，努力实现现代服务业的快速发展，打造具有自身特色的服务业。

另一方面，知识密集型服务业的不断发展。现代服务业包含若干以新兴科技为支撑的重点领域，其中，知识密集型服务业将会成为这些服务业中最具有竞争力的一个现代服务业类型。江苏沿海地区的三个市，知识密集型服务业的发展处在较低的阶段，面对这一现象，三市积极进行知识密集型服务业方面的发展。其中，以盐城为例，在“十二五”期间，盐城建立多层次金融服务体系，引进和设立风险投资、产业投资基金和私募股权基金，为科技金融、供应链金融、融资租赁等金融业务提供了广阔的空间。知识密集型服务业有着高知识性、高技术性、高创新性的特征，知识密集型服务业的发展需要大量的专业人才和专业技术。盐城市在引进专业人才方面制订了“515”即制订盐城市“515”人才引进三年（2015—2017年）行动计划。人才培养方面有盐城师范学院、盐城工学院以及其他各所职业学校，在新兴产业的快速发展下，盐城师范学院商学院在2016年秋学期新开一门电子商务专业培养方面的专业人才。在政府政策的不断支持下，知识密集型服务业的发展得到了大力的支持，知识密集型服务业有更好的创新性、前瞻性，在国民经济中的作用日益剧增。知识密集型服务业的大力发展将是一个势不可当的趋势。

现代服务业以“新技术、新服务、新业态”三大服务方式，创造需求，引领消费。相比传统服务业来说，现代服务业具有“两新四高”的时代特征，即新服务领域；新服务模式；高文化品位和高技术含量；高增值服务；高素质、高智力的人力资源；高感情体验、高精神享受的消费服务质量。现代服务业是全面建设小康社会时期国民经济持续发展的主要增长点，在城市的发展中作用不断显现，成为城市发展的客观要求和城市发展的重要依托。

（二）生产性服务业将成为沿海现代服务业的主要部分

生产性服务业指为保持工业生产过程的连续性，促进工业技术进步、产业升级和提高生产效率提供保障服务的服务行业，它与制造业直接相关的配套服务业，是从制造业内部生产服务部门而独立发展起来的新兴产业。生产性服务业已经成为西方发达国家经济结构中增长最快的部门，然而现在江苏沿海地区则处于发展阶段。加快发展生产性服务业，提高在服务业中的比重，是推进产业优化升级和经济发展方式转变的重要环节，也是提高江苏沿海经济发展竞争力的有效途径。国务院高度重视服务业的发展，最新的《国务院关于加快发展生产性服务业促进产业结构调整升级的指导意见》中提出生产性服务业是全球产业竞争战略的制高点。加快发展生产性服务业，是结构调整的重要动力、促进经济稳定增长的重大措施，既可以有效激发内需潜力、带动扩大社会就业、持续改善人民生活，也有利于引领产业向价值链高端提升。沿海生产性服务业大致包括现代物流业、科技服务业、金融保险业、信息服务业 、商务服务业，依附于制造业而存在，贯穿企业生产的上游、中游、下游诸环节，是二、三产业加速融合的关键环节。连云港为贯彻落实《江苏沿海地区发展规划》，将生产性服务业作为工作的重点，着力将连云港打造成为区域性的国际物流中心和现代物流枢纽城市、区域性的中心城市、区域性总部和商务会展中心。而盐城则依托国家物联网研究院平台优势，大力发展物联网产业。2014 年上半年，盐城完成生产性服务业增加值达 280 亿元，占服务业增加值比重超过 1/3。同时，盐城依托汽车、机械、纺织等传统优势产业和新能源、高端装备等战略性的新兴产业大力发展研发设计、信息服务、金融商务等高端生产性服务业，努力形成以生产性服务业引领制造业转型升级、以制造业促进生产性服务业发展的良性格局。近日，《南通市国民经济和社会发展第十三个五年规划纲要》明确将快递业列入现代物流类重点发展的生产性服务行业。由此可见，生产性服务业在沿海现代服务业中的作用越来越重要，为了推进现代服务业的快速发展，生产性服务业将占据现代服务业的主要部分。

（三）服务业集聚发展态势明显

随着信息技术的不断提高，分工的不断细化，服务业的空间集聚现象日趋明显。服务业集聚区就是在一定的地理范围内同类或者相关的服务业企业组成一个经济群体，企业共享公共服务平台和公共基础设施，具有较强资源整合作用，并且因此可以带来规模经济，各个企业之间可以相互学习与竞争，能够不断地促进新技术的创新，推动服务业的发展。盐城市是江苏省内面积最大的沿海城市，近年来政府高度重视服务业集聚区的建设工作，把集聚区作为实现服务业发展的主阵地、推动产业升级的突破口、服务沿海开发的重要平台。2013 年，新招引的亿元以上生产性服务业项目 90% 以上都应用在服务业集聚区的建设上。盐城坚持以港口为核心，在沿海重点发展 10 个市级服务业集聚区，为沿海开发也提供了有力的支撑。而与其相毗邻的南通市在 2015 年也着重提出针对服务业运行特点和问题，以集聚区的建设发展为突破口，全力推动现代服务业的发展。2015 年 4 月，连云港市出台的《连云港市产业发展规划纲要》指出，连云港市服务业将以现代服务业集聚区为主阵地，通过两个中心、16 个重点服务业集聚区完成服务业的建设任务。服务业集聚区具有产业关联度强、资源利用率高、配套服务好、商务成本低等优点，是现代服务业更好更快高端化发展的必然趋势。

第七节　高新技术产业

国家高新区和产业化基地已成为推动区域经济发展的重要增长极，将为“十三五”期间战略性新兴产业的培育和发展提供强大支撑。高新技术产业作为地方经济发展中具有技术和创造性的产业，对地方经济的发展有着重要的推动作用。江苏沿海地区应当大力发展高新技术产业，将其视作未来几年甚至几十年的发展重点，构建以高新技术产业为主导，先进制造业为支撑，现代农业为基础的产业体系。

一、高新技术产业内涵与特征

高新技术的概念是由高技术的概念延伸而来的。高新技术一词，在英文中为“High Technology”，简称为“High - Tech”，该词于 20 世纪 70 年代起源于美国。中国辞海对高新技术的定义是：新型技术、创新的成熟技术以及专利技术、专业技术和本国本地区没有的技术。经济发展与合作组织（OECD）将航空航天制造业、计算机与办公设备制造业、电子与通信设备制造业、医药制品制造业等确定为高新技术产业。2002 年 7 月，我国《高技术产业统计分类目录的通知》统计范围包括航天航空、电子及通信设备制造业、电子计算机及办公设备、医药制造业和仪器仪表制造业。

佩雷斯（Perez，2010）致力于研究技术经济范式对社会经济制度的影响，认为技术经济范式在社会经济中具有渗透效应，并对社会制度和社会变化产生影响，认为技术经济范式演变的过程是主导产业或战略产业选择和演变的过程。蔡玉胜、邹德文和余海燕（2011）等学者都指出了发展高新技术产业是转变经济增长方式，实现经济稳定持续发展的重要选择。邹俊煜（2011）在此基础上做了进一步的分析，认为高新技术产业能够优化产业结构，引导产业向高端化方向转型，强化自主创新，调整要素结构，增强经济内生动力，从而转变一国经济发展方式，实现经济增长。陈月生（2011）认为，高新技术产业对经济社会发展具有较强关联性，能够带动经济的发展，是推动社会生产方式深刻变革的重要力量，另外，高新技术产业能够提升一个国家的国际竞争优势。因此，发展高新技术产业既可以推动经济结构调整，也有助于经济发展方式转变，是我国今后重要的经济增长点。邓龙安（2011）的研究认为高新技术产业要实现技术自主创新，首先要解决的问题是核心技术的自主创新。戴子刚（2012）认为高新技术产业是通过提升高新技术研发与应用能力，推动传统产业技术改造和产品升级，促进节能减排这三种方式来调整经济结构，促进现代经济的转型，实现经济快速发展。刘彦文（2013）认为应启动国家发展战略，重视科技发展，加大科研投入力度，促进科研在核心技术上取得突破性进展。姜江（2014）综述了历次产业革命的产生背景和影响因素，及世界新技术革命的发展趋势，认为高新技术会对经济和社会的发展带来革命性变革，全球科技与产业革命进入到一个新的历史性突破阶段，中国应积极应对新一轮产业革命和技术革命，抓住机遇，迎接挑战。

综上，高新技术产业是指技术有重大突破，具有全局性和战略性影响的产业。主要包括信息技术、生物技术和新材料技术产业。

二、高新技术产业对区域经济增长的重要推动作用：理论分析

（一）高新技术是推动经济增长重要动力

高新技术能从各个方面影响着经济的发展，从经济学理论的角度出发，高新技术能促进经济的增长主要体现在对生产要素的影响上，生产要素包括技术、资本、劳动力等，高新技术作为生产要素的一部分，有可能是以相同的比例影响着劳动、资本等生产要素的边际生产率，但在实际应用中由于各方面的限制是不太可能以相同比例进行的。在市场机制中，高新技术的发展离不开资源，资源的稀缺程度影响着高新技术的发展，因此高新技术对生产要素边际生产率的影响是不平衡的。由于这种不平衡性，生产要素和生产要素之间会出现不同程度的替代和重组，这种替代与重组又分为两种情况：一种是生产要素自身内部素质结构的替代与重组，另一种是不同生产要素之间的替代与重组，并且这两种情况的发生不是独立的，而是同时进行

的。此外，科学技术是第一生产力，高新技术是一般的社会生产力或潜在的生产力，一旦高新技术投入到生产过程中，就会转化为现实的直接的生产力。通过高新技术的运用，不断改善劳动力的文化素养、教育层次。高新技术已经融合、渗透、扩散到生产力诸要素中，并综合起来对生产力的量变和质变产生深刻影响，使生产力发生了质的飞跃，从而影响经济增长。

（二）高新技术促进产业结构升级

当高新技术对生产要素产生影响的同时，在另一个层面上，也会对产业结构产生影响，促进产业之间的相互融合，从而促进区域经济的发展。当高新技术发生作用时，会引起生产要素之间的转移和相互替代，生产要素就会向效益更好、科技含量更高的产业部门聚集，从而调整了产业结构。高新技术的出现不仅会改变生产要素原先的配置组合，还会促使生产要素之间产生更多新的配置组合，使这些组合往高价值、高效率的趋向发展，如果这时有个生产部门吸收这些高效率的组合，这个部门中就会首先出现高新技术。如果这些部门中的高新技术与传统产业融合起来又会衍生出新的产业领域，从而牵引产业结构的变动，高新技术的更进一步发展还能够使产业部门的产品生产成本大幅度降低，产业部门从而进入了规模化生产，高速增长的阶段。最后高新技术部门利用自身产业结构的关联和辐射效应，能够拉动传统产业部门转型升级，在传统产业部门中注入新的技术，最终促进整个经济的快速增长。

（三）高新技术是实现区域经济跨越式发展的有效途径

随着科学的不断进步，传统产业很难维持经济的高效发展，培育和发展高新技术产业成为各地区实现经济跨越式发展的必然选择。高新技术产业因其产品收入需求有很大的弹性，对其他产业有很强的带动作用，能够逐渐成为一个地区经济发展中最具快速扩张能力的新兴产业。高新技术产业的快速发展使其能够很快成为一个地区的主导产业。当高新技术产业成为一个地区的主导产业时，就必然会调整该区域产业结构，重新确立各产业之间的发展关系，促进经济结构的转型升级。目前，发展高新技术产业，调整产业结构，成为各区域提升经济实力，实现跨越式发展的重要选择。高新技术是实现区域经济跨越式发展的有效途径还在于推动传统产业技术进步，通过提供新的技术，改造传统技术，更新传统产业的外部发展条件，使举步维艰的传统产业获得了新生。由此可见，高新技术产业的发展为我国各地区发展新的产业提供了方向。同时，又促进了区域传统产业结构转型升级，实现了区域经济跨越式发展。

三、高新技术产业对区域经济增长的重要推动作用：来自江苏沿海地区数据

2015 年，盐城、连云港、南通高新区获国务院批准升级为国家高新技术产业开发区。近年来，江苏沿海城市的高新技术产业发展迅速，规模不断扩大，产业基地建设成效突出。形成了以高新技术特色产业基地与高新技术产业开发园区为主要载体，以高新技术企业为主题的高新技术产业发展格局①。

（一）盐城高新技术发展概况

盐城的高新技术产业发展迅速，云计算、大数据产业发展较为显著。在一带一路的政策引领下，作为“一带一路”、长江经济带连接点、江苏沿海中心枢纽城市、国家创新型试点城市和国家智慧城市建设首批示范区，盐城市抢抓大数据、云计算等新一代信息技术和“互联网+”等重大机遇。充分利用盐城资源禀赋和区位优势，以绿色发展为引领，以智慧盐城建设为支撑，以部、省、市合作共建大数据产业园为契机，以数据资源整合开放共享为关键，以“一中心（云计算绿色数据中心）、一平台（华东大数据交易集散平台）、五基地（大数据基础研发基地、应用试点示范基地、数据挖掘增值服务基地、优势特色行业大数据应用基地和大数据创新创业孵化基地）”为重点，敏锐把握智慧产业和互联网经济的发展潮流，率先构建全省大数据产业集聚中心，大力发展云计算、大数据、电子商务

① 赵楠．高新技术产业对区域经济的作用分析［J］．经济研究参考，2014（41）：51－52.

等新业态新模式，抢占战略性新兴产业制高点。在政府的支持下，近年来，盐城市数据产业“腾云”而起，位于城南新区的盐城大数据产业园已有软通动力、中润普达、南京邮电大学大数据研究院等一批大数据龙头企业、配套企业及相关科研机构落户。大数据产业园累计招引大数据项目123个，总投资近145亿元，行业龙头加快集聚，目前已落户世界500强、行业100强、国内前10强企业26家，园区项目集聚成效明显，“载体—平台—应用”的产业功能体系初步形成。还引进倪光南、顾国彪、何积丰等“两院”及外籍院士6名、国家“千人计划”专家和双创领军人才80多名。除此之外，盐城作为国家发展新能源汽车行业的响应者和先行者，立足实际，审时度势，抢抓江苏沿海地区发展战略和长江三角洲区域一体化发展战略的历史机遇。依托盐城在获取清洁能源方面得天独厚的自然禀赋优势和雄厚的传统汽车产业基础，致力推动新能源汽车产业的发展，把新能源汽车产业作为战略性新兴产业进行重点培育和扶持。并在盐城经济技术开发区建设盐城新能源汽车产业园。为抢占技术制高点，园区建有集新能源汽车整车及核心零部件研发、试验、检测、孵化、中试和教育培训等于一体的公共平台，已有东南大学盐城新能源汽车研究院、盐城师范学院动力电源研究中心、SGS检测中心、江苏省新能源汽车检测中心和李尔新能源汽车技术支持中心等机构入驻。

（二）连云港高新技术产业发展概况

江苏沿海开发规划、东陇海线产业带规划、国家沿海铁路规划等，将连云港推向新的历史前沿。近几年来连云港市高新技术产业实现了较快的发展，建有国家级出口加工区、高新产业区、大浦工业园和新医药产业基地的等功能园区。新医药、新材料、新能源、新型装备制造、新兴海洋等重点产业经过几年的集聚发展，形成了鲜明的产业特色，竞争优势显著增强，呈现快速发展态势，发展形成了一批国内外知名的产业、基地和企业。工业总产值、销售收入、利税年增长率都连续保持在35%以上。为了进一步促进高新区经济的快速发展，做强、做优高新区的产业，延长产业链，形成集聚效应，还大力发展园中园建设：复合材料园、硅材料产业园、民营经济园（要投资领域有电子信息、机电一体化、生物工程及新材料等领域）。近年来，科技创新取得较大进展。创新能力提升，全社会R&D投入占GDP的比重为1.7%左右，科技进步贡献率达到53%，获评“全国科技进步先进市”。连云港高新区升格为国家级高新区；新获批建设国家级农业科技园区、省级东海高新区；重点产业领域突破一批关键核心技术，荣获国家科技进步一等奖1项、二等奖6项；荣获中国专利奖金奖3项；恒瑞医药成功向美国市场转让创新药品，康缘药业智能制造经验全国推广，正大天晴、豪森药业等4家企业跻身全国医药企业创新力20强。

（三）南通高新技术发展概况

近年来，在相关政策的扶持下，南通市高新技术产业发展加快，产业规模不断扩大，企业迅速成长，产业基地建设成效突出。形成以高新技术为引领的创新型经济和以生产性服务业为支撑的服务型经济并举发展的现代产业体系。主要集中在新一代的信息电子、汽车零部件、智能装备制造、船舶海工及现代纺织业。其中，现代纺织业重点引入模块化、信息化、绿色化高新技术，引入产品设计、研发、物流营销等高附加值业态，推动纺织家纺企业向数字化纺织加工技术、功能性产品等方向发展。汽车零部件业整合现有汽车零部件特色板块，延伸汽车、特种专用车及关键零部件配套研发设计制造等产业链，积极发展牵引力控制系统、数字化仪表、电控单元、先进传感器和执行器等具有核心技术的高附加值产品，铝压铸向精密模具、压铸机械等方向延伸配套，努力打造长三角重要的汽车零部件基地和全国知名的汽车精密压铸基地。高新技术产业已成为南通经济发展的支柱和引擎。由表4-21可见，高新技术产业产值占工业总产值比重逐年上升，2015年已达到44.675%。高新技术的发展对工业总产值的影响显著，拉动了南通的经济发展水平。

表 4 – 21　2010—2015 年南通高新技术产业产值、工业总产值及其所占比重

单位：亿元

年份 指标	2010	2011	2012	2013	2014	2015
高新技术产值	2 136. 3	2 968. 3	3 576. 7	4 395. 81	5 142. 46	5 260. 05
工业总产值	7 046. 4	8 096. 6	9 233. 2	10 427. 18	11 611. 91	11 773. 85
比重（%）	30. 317	36. 661	38. 737	42. 157	44. 286	44. 675

数据来源：根据江苏统计年鉴整理而得。

（四）江苏沿海地区高新技术产业发展还有较大潜力

从表 4 – 22 可以看到，江苏沿海各市高新技术产业的产值逐年增加，且增长速度很快。但从表 4 – 23 可以看到，对比整个江苏省的高新技术产业产值，依旧维持较低的比重，与苏南发达地区相比仍旧相距甚远，处于落后地位。突出表现在自主创新能力差，高新产业数量少，规模小。不少企业和产品还处于产业链低端，存在高端产业，低端制造的问题。许多沿海高新技术企业没有自己的核心技术，关键技术只能依赖于进口且主要靠外部引进，自主研发能力薄弱，人才队伍的培养力度不够大。2014 年，盐城、南通、连云港三市的工程技术人员和科学研究人员总数是 2. 26 万人，仅占全省的 24. 1%。江苏沿海地区科研人才培养不足，技术人员欠缺，以至于无法研究出核心技术。① 正是由于核心技术的缺乏，高新技术企业无法成为产业集聚的中心。以致高新产业集聚度不高，对工业的带动作用有限。核心竞争力的缺乏直接影响了整体竞争优势的形成，不利于沿海高新技术产业的可持续发展。②

① 蔡元成，赵敏，康丹玉．低碳经济背景下江苏沿海的高新技术产业选择研究，2010.

② 陈皓．江苏沿海高新技术产业发展的 SWOT 分析 [J]，2011 (5)：8 – 9.

表 4－22　2009—2014 年江苏沿海各市高新技术产业产值及江苏高新技术产值

单位：亿元

年份 城市	2009	2010	2011	2012	2013	2014
盐城	485.31	687.54	908.46	1 302.54	1 830.27	2 044.97
南通	1 847.78	2 599.99	3 250.83	3 822.80	5 115.92	5 404.03
连云港	381.05	646.28	868.70	1 144.58	1 426.58	1 669.25
江苏	21 987.23	30 354.84	38 377.76	45 041.48	51 899.10	57 277.28

数据来源：根据江苏统计年鉴整理而得。

表 4－23　2009—2014 年江苏沿海各市高新技术产业产值占江苏高新技术产值比重

年份 城市	2009	2010	2011	2012	2013	2014
盐城	0.0220	0.0226	0.0236	0.0289	0.0352	0.0357
南通	0.0840	0.0856	0.0847	0.0848	0.0985	0.0943
连云港	0.0173	0.0212	0.0226	0.0254	0.0274	0.0291

数据来源：根据江苏统计年鉴整理而得。

四、高新技术产业对区域经济增长的重要推动作用：建湖县发展航空装备案例分析

江苏省建湖县素有“鱼米之乡”美称，位于盐城市中西部，江苏省东北部，面积 1 155 平方公里，县辖 11 个镇、3 个街道和建湖经济开发区（省级）、城南新区、高新技术经济区和九龙口旅游度假区，总人口 80.3 万人。建湖县快人一步，抢先发展航空装备产业，航空产业属于投入产出比值、产品附加值双高的产业，能够极大地推动国家和区域经济发展。2013 年 5 月，建湖蓝天航空产业园，全额收购在全球销售排行前十的波兰艾雷奥特公司，成为国内首家以全资收购国外飞机制造公司的民营企业；2014 年 4 月，首架艾雷奥特轻型通用飞机在建湖产生，这也是江苏省首架制造飞机整机；2015 年 1 月，江苏省省政府批准建湖县在苏北地区率先建设通用机场。引进和培育航空设备产业，努力打造出一流航空产业基地。目前已

落户航空产业项目15个，被认定为全省小型飞机先进制造基地。2013年年底首架飞机已下线，一期工程已具备了生产一百多架轻型通用飞机的能力。天一机场、源达线缆2家企业，全年开票销售均超5 000万元。计划通过3年时间，引进实施航空产业项目40个以上，完成投入50亿人民币，总产值100亿以上。围绕航空重点产品，充分利用国家给予的政策支持，着力对产业集群展开发展，形成新的经济增长点，最终实现区域经济快速发展。

航空产业涉及多种门类产业，是高新技术最集中的领域，能够同时作用于国民经济三次产业的行业。航空设备产业发展直接或间接带动其他关联产业发展，吸引资本的大量投入，扩大劳动力积累的蓄水量，同时促进资本、劳动力在产业间的合理流动，提高人力资本的利用率，加快资本在产业间的流动，增加国民收入，优化产业结构。一方面，促进了相关产业的发展。航空设备产业作为建湖县新兴产业，经济部门中的众多产业都有或多或少的相关性，图4－12中列举了其中的一些行业典型。飞机生产需要一系列完整的制造和专业的检测设备，并要设计制造配备一系列专业的仪表、照明、计量等设备。这些设备的购买和制作，涉及很多相关企业。由于航空产业能直接或间接带动众多高相关行业的发展，所以在一些发达国家被当作发展经济的重要支柱产业之一。

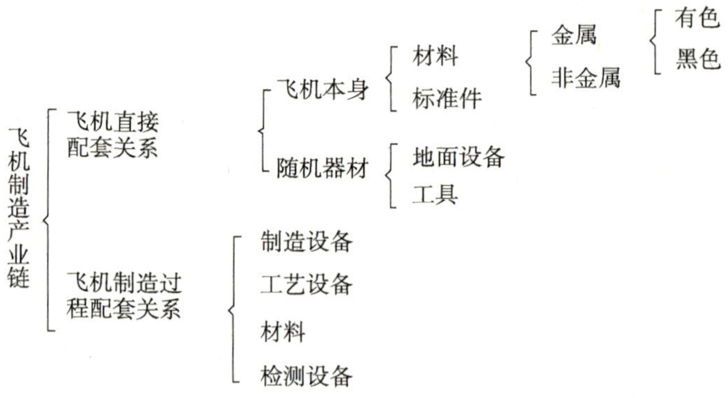

图4－12 航空制造业产业链

目前，建湖县依靠航空装备这一新兴产业，建成全国唯一的航空产业园，通过产业集群促进了县域经济的发展，第二产业经济总量较以前有了较大幅度的提升。2014 年，建湖县实现 GDP 392 亿元，第二产业增加值 175. 34 亿元，比上年增长 12. 3%，其中，工业增加值达 149. 41 亿元，较去年增长 11. 5%。2015 年以来，建湖县天一机场专用设备有限公司研发的航空产品全部被国家民航总局审定通过，先后获得了 20 张使用许可证，斩获近 10 项国家专利，积极参加国家航空食品车行业标准制定，提升了企业核心竞争力。拓展国内外市场，不断提升市场占有率，做大做强企业，是天一机场公司发展的重中之重。目前已生产销售 60 多件航空产品，销售额近 4 000 万元。

促进了产业结构升级。航空装备产业作为建湖县发展的新兴产业，依靠自身产业集群效应拉动建湖县相关产业的发展。航空产业是高新技术最集中的领域，能够同时对国民经济三次产业产生作用，在发展到一定阶段后必然会形成产业集聚，拉动产业走向高端化。由前面研究所知，建湖县产业结构和布局趋于合理化，但占全省经济发展显著地位的第二产业，是以传统产业为主导的行业，亟须实现结构调整和优化。近年来，建湖航空装备产业的发展拉动县域经济效果越来越明显。我们用产值来衡量产业结构变化和产业的发展速度，从表 4 - 24 中可以看出，三大产业中，第一产业的产业结构比重和增长速度都在逐年下降，第二产业对全县经济发展的贡献最大，尽管每年增长比例具有一定的波动性，但产业结构比重仍然是最多的。第三产业结构比重日益增加，远远超过第一产业，并逐步接近第二产业。其增速甚至超过第二产业。因此，建湖县产业结构调整中，第二产业发展平稳，第三产业发展显著提高，第一产业比重逐年降低，内部结构逐步得到优化。

表 4 - 24　2010—2014 年建湖县产业结构变化情况　　单位：%

年份	产业结构比重			各产业增速		
	第一产业	第二产业	第三产业	第一产业	第二产业	第三产业
2010	14. 55	47. 24	38. 21	13. 2	19. 7	20. 8
2011	13. 34	47. 79	38. 87	7. 5	19. 0	19. 1
2012	12. 98	47. 57	39. 45	9. 4	15. 0	14. 0

续表

年份	产业结构比重			各产业增速		
	第一产业	第二产业	第三产业	第一产业	第二产业	第三产业
2013	12.49	46.51	41.00	6.9	10.7	15.5
2014	11.53	44.73	43.74	3.3	12.3	16.0

数据来源：根据2015年盐城市统计年鉴整理而得。

目前，建湖县第二产业和第三产业发展实力相对较强，增加值分别居全市第4位和第3位［全省参评的县（市、区）共12个］。全县除了许多大大小小的航空制造企业，与之相应的基础配套设施，天一机场专用设备、海鑫电气源、达线缆等8家企业产量不断提高，运行效率稳步提升。这些企业的出现大大促进了建湖县内工业的发展，加速工业化进程。除此之外，为了促进航空产品的销售，借助电视、网络、平面等多种媒体宣传介绍建湖县航空装备产业，吸引各地游客观光，大力发展农业工业化，这些项目都将极大地推进建湖服务业的发展。2014年，建湖县实现旅游收入28.7亿元，同比增长23.4%。所以这些有关航空产业的进一步发展都将极大地促进建湖县域经济的工业化进程，加快产业结构升级，优化产业结构。

五、高新技术产业发展的国内外趋势与江苏沿海地区展望

高新技术产业是世界产业发展的趋向。从泛太平洋西岸经济弧的发展历程看，日本、中国香港、中国台湾等发达国家和地区已完成了产业结构的多次升级换代，日本在20世纪50—60年代初，韩国从60年代初到70年代后期，分别用10年和15~20年的周期完成了从轻型劳动密集型产业向高新技术产业的转换；新加坡70年代末把高科技作为产业的发展方向，80年代初成为有名的“智能岛”。日本进入80年代中期以来，经济更向以高技术化为特征的内需主导型过渡。

从全国范围看，自北而南，各大城市在竞争发展中都倡导高新技术产业的开发和研究。从辽中南——京津唐——长三角——珠三角，形成一条国内的经济发展弧。北京市2015年高新技术产业开发区技工贸收入407

亿元，比去年增长 128%，成为新的经济增长点。上海浦东新区六大支柱产业中高科技产业占 1/3（电子通信和生物医药），工业逐步实现向技术和资金密集型产业过渡。南京市高新技术产业已形成“一区多园”格局，2014 年技工贸收入 2 702 亿元。广州周边环境高势能经济弧产业转换的历程显示，世界科技的浪潮将广州推向发展高科技产业的战略前沿。国家高新区和产业化基地已成为推动区域经济发展的重要增长极，为“十二五”期间战略性新兴产业的培育和发展提供强大支撑。目前，我国启动了北京中关村、上海张江、武汉东湖等三个国家自主创新示范区建设，国家高新区总数达到 83 家，国家高新技术产业化基地 172 家，国家现代服务业产业化基地 48 家，火炬计划特色产业基地 259 家，火炬计划软件产业基地 35 家，国家科技兴贸创新基地 58 家，一批市场占有率高、竞争力强的产业集群不断发展壮大，已初步形成了布局较为合理的高新技术产业体系。在中关村，高新技术企业、技术先进型服务企业税收优惠，国家大学科技园和国家级科技企业孵化器税收减免，企业研发费用加计扣除等政策全面实施。股权激励、鼓励企业创新创业的财税支持、技术转让税收激励、科技金融、非上市公司股权代办等政策在中关村科技园区先行先试。创业板正式启动，高新技术企业成为支持的重点。“十二五”以来，我国高新技术产业化成果显著。《2013—2017 年中国高新技术产业园市场前瞻与投资战略规划分析报告》显示，在信息与空间、新材料、先进制造、能源、先进交通等领域涌现出一批重大技术创新成果，自主创新能力进一步提高；高速铁路、无线宽带通信、高性能计算机、新能源汽车等技术已步入世界先进行列；若干高新技术重大成套装备及其关键零部件实现了自主设计制造；以信息网络等高新技术为主要支撑的电子商务、数字媒体等现代服务业新兴业态层出不穷。

从江苏沿海高新技术产业未来发展分析看，沿海高新技术产业的发展面临较大的机遇。国家把江苏沿海纳入长三角地区，“一带一路”建设等战略，为该地区高新技术产业发展提供更加有利的政策环境。国际资本向苏北转移，苏南地区的资本在寻找新的投资机会，为江苏沿海高新技术发展提供了新的机遇。但不容忽视的是，沿海高新技术产业发展面临挑战，主要表现是创新人才匮乏。江苏沿海的科研教育较苏南发达地区落后，科教资源不足，人才的缺失，985 及 211 院校均没有，滩涂资源充足可从事滩涂开发的科研人员数量却是特别的少，同时产、学、研合作不紧密；市场竞争力弱 。区域内企业规模普遍偏小，在市场竞争中处于被动地位，大多数企业缺乏创新的活力，新产品在国际市场上无竞争力，加之科研经费投入不足，技术成果运用于市场的技巧也不娴熟；经济外向度低。沿海高新技术产业吸收外国人才和资本的能力明显不足，FDI 在本省内的比重低，实行“走出去”能力较差，出口的创汇水平不高，对沿海高新技术产业的发展产生了不利影响。同样是国家开发战略，江苏沿海邻居山东省沿海地区在海岸线，港口条件等方面与江苏沿海地区不相上下，但是在产业基础，综合实力等方面却遥遥领先，自 1992 年开始实施开发战略以来，山东沿海高新技术得到了较大的发展，高新技术产业成为山东地方经济发展中具有技术和创造性的产业。高新技术产业将对江苏沿海地区经济发展起着重要的推动作用，主要体现在以下几个方面。

（一）降低企业生产成本

在高新技术产业园区产业布局内，大量的高新技术企业聚集在同一地理空间，形成了联系紧密而运作灵活的专业化分工协作体系。南通、盐城、连云港分别于 1992 年、2012 年、2015 年设立国家级别高新技术产业开发区，体系内企业明显获得了运输成本、信息成本、劳动力成本等生产成本优势。高新技术产业得以集聚，地理空间的临近性降低了高新技术产业园区产业内企业的运输成本。同时，同一地理空间使得信息传播更快更便捷，共同繁荣社会文化价值观念和相似的经营模式也减少了企业之间信息交流的障碍。另一方面，可以节约交易成本。在高新技术园区内一个企业出现了不良的交易行为时，其不良交易信息会迅速扩展到整个集聚区，这将给这个企业的信用和以后的经营造成巨大的负面影响。因此，企业只有遵守交易道德，才不会被园区内的社会网络抛弃。所以，这使得即使没有第三方担保机构的存在，也能保证交易的公平与安全，从而节约了大量的交易成本。最后，高新技术产业园区产业集聚可以降低融资成本，沿海三个城市均具有良好的投资环境，包括港口区位优势，基础功能配套和研发优势，同时各园区均推出了投资高新技术的优惠政策，促进高新技术产业园区企业的快速发展。

（二）推动区域经济增长

经济增长，一靠劳动，二靠资本，三靠科技。在不同经济形态和不同经济发展阶段，这三个方面所起的作用是不同的，当今时代追求经济增长主要靠科技。随着现代高新技术的高速发展，高新技术和技术创新俨然已经成为经济增长和发展的“主发动机”。高新技术产业实现了科技与经济的紧密结合，打破了科学研究与产品上产相互分离的状态，提高产品竞争优势。根据江苏省统计年鉴可知，南通市高新技术产值由 2010 年的 2 599.99亿元上升至 2014 年的 5 404.03 亿元，占南通市 2014 年生产总值 95.6%；盐城市高新技术产值由 2010 年的 687.54 亿元上升至 2014 年的 2 044.97亿元，占盐城市 2014 年生产总值 53.32%；连云港市高新技术产值由 2010 年的 646.28 亿元上升至 2014 年的 1 669.25 亿元，占连云港市 2014 年生产总值 84.91%，这些数据说明高新技术产业对生产总值的贡献越来越大，是推动经济发展的重要影响因素。

（三）优化区域产业结构

高新技术产业推动产业结构合理化发展主要表现在高技术产业促进供给结构和需求结构的合理协调发展。从供给角度来说，高新技术能够创造新产品、新行业，形成“朝阳产业”，一方面使得现有行业的劳动生产率和资金利润率不断提高，另一方面也会是一些落后的、不经济的产品和行业成为“夕阳产业”，走向消亡。从需求角度来说，高新技术会产生新的生产和生活需求，从而推动能够满足这些新需求的行业的发展，一些过时陈旧的生产和生活需求消亡，相应的行业被淘汰。高新技术产业推动产业结构高度化发展主要表现在可以促进产业结构从低层次向较高层次的演进，可以推动区域主导产业的演进和发展，可以通过创新机制对产业结构高度化产生直接和间接影响。高新技术产业本身具有产品收入需求弹性大，产品关联性及波及效应强，技术、管理、创新优势明显的特征，对区域经济有整体推动作用，将逐步成为区域主导产业，促进区域产业结构调整，促进主导产业演化更替。① 从盐城市区到东台、大丰、盐都等区县，从风电设备、节能环保等新兴产业到石油机械、纺织机械、盐化工等特色产业，一批依托科技创新平台发展壮大的产业，正在推动着盐城优势产业规模化、集约化、专业化发展。大数据产业被认为是一个对未来影响至深的产业。2015 年 4 月 23 日，江苏省经信委和盐城市签订合作协议，决定合作共建江苏省大数据产业园，这也是江苏唯一部省市合作共建的大数据产业园。获批省级大数据产业园和省级软件园，正在积极申报国家级大数据产业园。自此，该区已初步形成部省市合作共建大数据产业园的良好发展模式。近年来，南通高新技术产业开发区秉承“鼓励创新、宽容失败”的精神，通过“以升促建”，坚持改革开放和自主创新，积极推进科技与经济结合，自主创新能力不断提高，创新资源迅速聚集，创新成果大量涌现，出现了汽车零部件、船舶海工和现代纺织等一系列特色产业。瑞典宜家、美国德尔福等世界 500 强企业成功落户，中国供销集团、中国华电热电、中国航空工业集团、中广核等“中字号”企业入驻高新区。2015 年，南通高新区新签约项目已达 16 个，总投资规模 9.59 亿美元；在建重大项目 25 个，总投资规模 207 亿元；拟建项目 13 个，总投资规模 56 亿元。连云港市大力推进高新技术产业“双提升”计划，重点突破关键共性技术，推进科技成果转化，开发高新技术产品，组织实施国家火炬计划产业化示范项目 11 项、省重大科技成果转化项目 4 项；研发国家重点新产品 5 个，市级以上高新技术产品 283 个，其中 188 个产品获批为省级高新技术产品。2014 年，连云港市高新技术产业实现产值 1 904.28 亿元，占规模以上工业总产值的比重达到 39.5%。高

---

① 雷鹏．高新技术产业对我国区域经济发展的影响［J］．中国高新技术企业，2010（28）：2－3.

新技术产业快速发展，积极探索了创新驱动发展的路径，在调整经济结构、转变经济增长方式中充分发挥引领示范作用。

第八节　对外贸易新优势

改革开放以来，江苏沿海地区依托良好的区位优势，大力发展对外贸易活动并取得了突出的成绩。对外贸易对当地经济的快速发展起到了重要的推动作用。但随着我国经济进入三期叠加的“新常态”，江苏沿海地区的外贸发展也同步进入“新常态”。其主要表现为江苏沿海地区对外贸易发展的增速开始减缓；劳动力和土地等生产要成本不断上升，传统的比较优势正逐渐减弱；外来投资正面临回流到发达国家或被周边国家分流的双重压力。因此，如何正确认识新常态、适应新常态和引领新常态是当下和今后一段时期江苏沿海地区对外贸易发展中的“大逻辑”。

一、江苏沿海地区对外贸易发展现状

（一）对外贸易规模稳步增加，但增幅开始减缓

沿海开发战略的实施给江苏沿海地区经济的发展带来了重大机遇，其对外贸易规模相比沿海开发前得到了较大幅度的提升。2014 年江苏沿海地区的进出口总额为 471. 9 亿美元，相当于 2009 年进出口总额 299. 8 亿美元的 1. 6 倍，如图 4 – 13 所示。与此同时，江苏沿海地区的进出口结构比例合理，基本上连续保持较高的贸易顺差。江苏沿海地区对外贸易的良性发展主要得益于当地政府对现代基础设施支撑体系构建的高度重视。便捷的海陆空的立体交通运输体系不仅有利于货物的大进大出，而且能够进一步强化自身的区位优势，优化投资环境，提高国外跨国公司的进驻数量。但随着外贸发展进入新常态，江苏沿海地区外贸规模的逐年增长幅度将呈现出边际递减的趋势，未来一段时间在国际经济格局调整尚未结束的大背景下若要保持较高的增长速度压力较大。

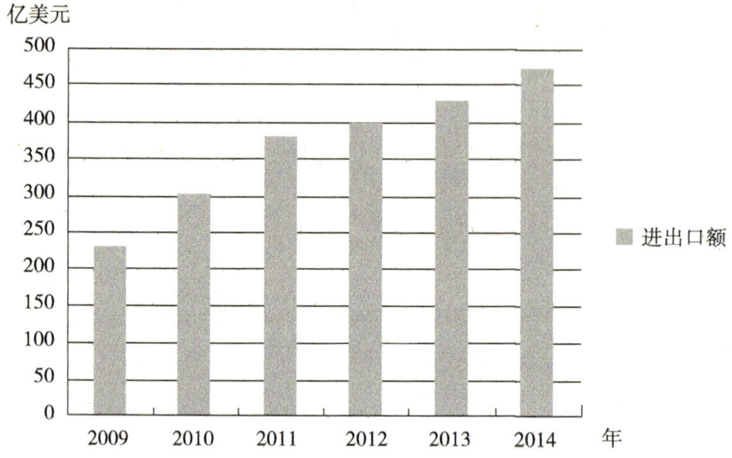

图 4-13　2009—2014 年江苏沿海地区进出口总额

数据来源：根据《盐城统计年鉴》《连云港统计年鉴》《南通统计年鉴》整理而得。

表 4-25　2009—2014 年江苏沿海地区进出口结构　　单位：亿美元

指标 \ 年份	2009	2010	2011	2012	2013	2014
进出口总额	229.81	301.27	379.89	400.58	429.85	471.97
进口额	79.83	110.99	132.45	142.05	141.43	159.68
出口额	149.98	190.27	247.44	258.53	288.41	312.29

数据来源：根据《盐城市统计年鉴》《连云港市统计年鉴》《南通市统计年鉴》整理而得。

（二）出口产品结构仍以劳动密集型产品为主

目前，江苏沿海地区的出口商品中主要仍以轻纺制品、橡胶和塑料制品等为代表的传统劳动密集型产品为主。但随着当地政府通过采取引导企业培育本土品牌和自主研发核心技术等措施，其出口商品结构得到不断优化，以化学品及相关产品、机械及运输设备为代表的资本技术密集型产品出口的比重逐年上升，其中以机电产品为代表的成熟制成品出口额增长最为明显。2010 年与 2014 年江苏沿海地区的机电产品出口额分别为 73.7 亿美元和 116.5 亿美元，出口额增幅接近 60%，占全省的出口额比重由 3.9% 升到 5.3%（见图 4-14）。2010 年与 2014 年江苏沿海地区的加工贸易出口额分别为63.8亿美元和87.3亿美元，占全省出口额的比重由4%上升到5.8%。高新技术产品的出口额的比重仅由2010年的2.4%涨到2014年的2.5%，涨幅并不明显（见图4－15）。

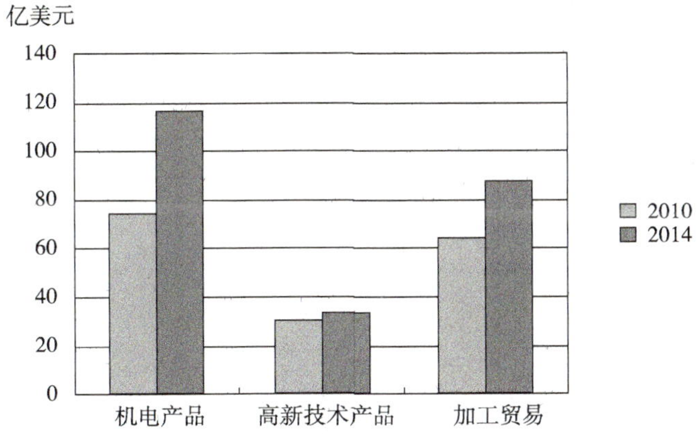

图4－14　2010年与2014年江苏沿海地区机电产品、高新技术产品、加工贸易出口额

数据来源：根据江苏省商务厅（http：//www.jsdoftec.gov.cn/DataSearch1.asp）数据整理而得。

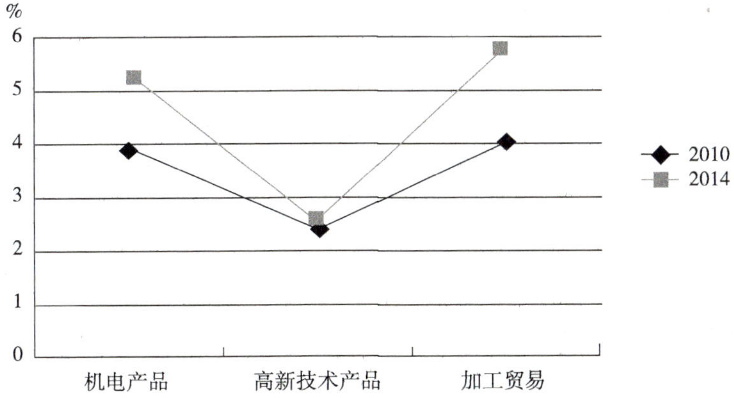

图4－15　2010年与2014年江苏沿海地区机电产品、高新技术产品和加工贸易出口额占全省比重

数据来源：根据江苏省商务厅（http：//www.jsdoftec.gov.cn/DataSearch1.asp）数据整理而得。

（三）沿海三市对外贸易发展差异较为显著

在江苏沿海的三个城市中，盐城与连云港同属于苏北地区，而南通则属于苏中地区。长期以来，淮海经济区尽管与苏北地区地域范围重合，但是苏北地区并不是淮海经济区重点发展的地区。同时，以上海为中心的长三角经济区的快速发展辐射带动了周边地区的经济发展，但是经济辐射半径中包括苏北地区。因此，在对外贸易发展中，江苏沿海地区的三个城市各自的外贸结构呈现出较为明显的差异。南通实际利用外资水平相比较

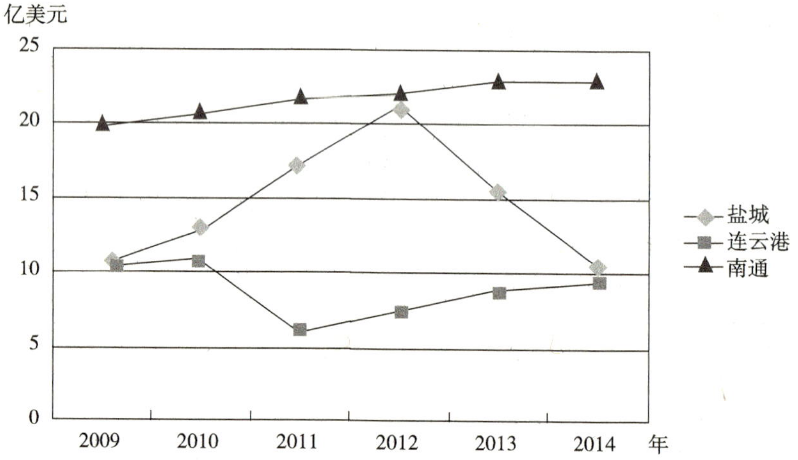

图 4－16　2009—2014 年江苏沿海三市实际利用外资情况

数据来源：根据《盐城统计年鉴》《连云港统计年鉴》《南通统计年鉴》整理而得。

高，由于南通市相比其他两市具备更加良好的区位优势和工业基础，其利用外资水平不仅相对较高，而且呈现出逐年上升的趋势。盐城市在 2009—2012 年期间实际利用外资规模增幅较大，但由于当前企业缺乏对先进技术较好地吸收和消化能力，其规模从 2012 年开始呈逐年下滑态势。作为以港口物流为主导产业的连云港市，由于自身产业基础较为薄弱，结构较为单一，其实际利用外资的水平相比较差。但通过当地政府不断加大招商引资的宣传力度和出台更为优惠的投资政策，其实际利用外资水平在 2011 年达到历史地位后逐年呈小幅增长趋势。但随着外贸进入新常态，江苏沿海地

区的外资会面临回流到发达国家或被周边国家分流的双重压力。因此，在未来，江苏沿海地区的外资利用规模较难保持快速的增长。连云港市进出口贸易以初级产品为主。连云港市由于自身加工贸易发展相对缓慢且水平较低，缺乏对相关产品的深度加工能力，因此其进出口贸易产品较为单一，以传统的初级产品为主。据海关数据显示，连云港进口的货种主要有金属矿石、煤炭及制品、木材、粮食、钢铁、矿物性建筑材料、水泥、有色金属、化学肥料及农药、石油及制品、化工原料及制品等为代表的初级产品。出口货物主要有煤炭及制品、木材、钢铁和矿物性建筑材料为主的初级商品。

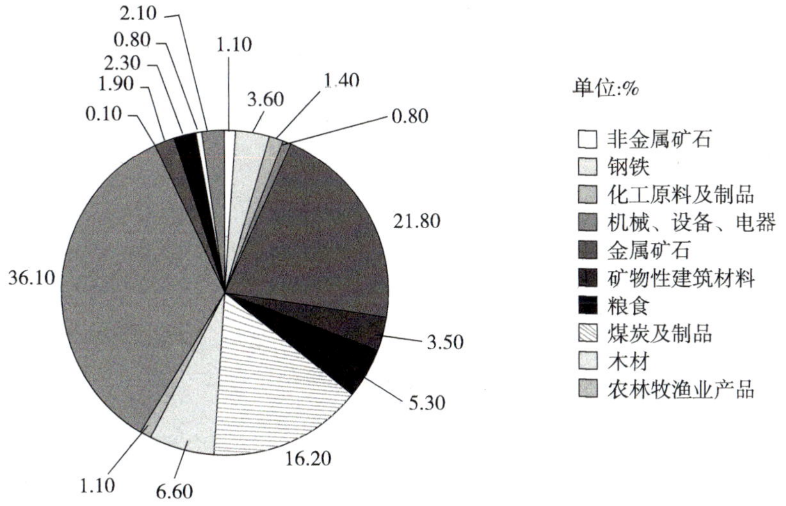

图 4－17 2014 年连云港进出口种类比重

数据来源：根据海关信息网（http：//www. haiguan. info/）相关数据整理而得。

盐城和南通产品出口市场呈现多元化。在江苏沿海地区中，盐城和南通两市依托当地综合保税区平台，加工贸易得到了快速发展，其产品出口市场呈现出多元化的趋势。2014 年盐城加工贸易出口增幅达到 20% 以上，超过一般贸易出口增幅的 10%，同时产品出口市场进一步多元化。目前盐城市主要以韩国、美国和日本为主，同时对拉美、中东和独联体等新兴市场国家的出口份额近年来也得到快速增长。2014 年南通市出口市场主要为东盟、日本、欧盟和美国，同时其对非洲和拉丁美洲的出口比例近年来却有所降低。

二、江苏沿海地区对外贸易发展存在的问题

（一）江苏沿海地区加工贸易发展水平较低

目前，江苏沿海地区的加工贸易大多以贴牌代工为主，缺乏自主品牌和核心技术，出口产品主要以劳动密集型为主的中低端产品。在江苏沿海地区中，由于南通市工业基础较好，其加工贸易水平发展较高。据有关数据显示，2014 年南通市高新技术产品的出口比重为出口总额的 24%，但仍低于国内其他发达地区的平均水平。加工贸易产品的技术含量不高和附加值偏低，一方面降低了国际贸易的获利空间，另一方面也限制了企业在全球产业价值链条中的高位提升。江苏沿海地区加工贸易的较低水平主要根源在于当地企业缺乏品牌和自主创新能力。

（二）外贸出口产业竞争力不强

江苏沿海地区对外贸易的出口仍以劳动密集型的产业为主，而技术密集型和资本密集型的产业尚处于发展的初级阶段。从表 4 – 26 可见，2014 年江苏沿海地区的机电产品，高新技术产品和加工贸易出口额占全省的比重来看，沿海三个城市的比重都普遍偏低。出口产品技术含量较低的状况将导致出口产品竞争力低下，不利于该地区对外贸易的持续快速发展。随着未来劳动力和土地生产要素成本的上升，江苏沿海地区的劳动密集型行业的比较优势将逐步减弱，从而只有通过产业升级和技术创新来大力发展技术密集型行业才能保持较高的市场竞争力。

表 4 – 26　2014 年江苏沿海三市机电产品、高新技术产品、加工贸易出口占全省的比重

指标 城市	机电产品（亿美元）	占全省比重（%）	高新技术产品（亿美元）	占全省比重（%）	加工贸易（亿美元）	占全省比重（%）
江苏省	2 216.4	100	1 288.82	100	1 492.18	100
盐城	16.79	0.8	5.63	0.4	9.28	0.6

续表

城市＼指标	机电产品（亿美元）	占全省比重（%）	高新技术产品（亿美元）	占全省比重（%）	加工贸易（亿美元）	占全省比重（%）
连云港	7.61	0.3	2.90	0.2	6.15	0.4
南通	92.07	4.2	24.26	1.9	73.05	4.9

数据来源：根据江苏省商务厅（http://www.jsdoftec.gov.cn/DataSearch1.asp）相关数据整理而得。

（三）主导产业趋同且优势不明显

主导产业是培育一国或地区产品国际竞争优势的重要因素。趋同的主导产业将不利于发挥产业的聚集效应，更不能最大限度地发挥比较优势从而促进当地经济的发展。目前，江苏沿海地区三个城市的主导产业不仅缺乏合理规划和定位，而且在一定程度上存在重叠的盲目低水平发展。例如纺织行业在南通和盐城的趋同，新能源在盐城和连云港的趋同。在上述趋同的地区主导产业发展过程中，产业优势非但不能通过叠加效应得以放大，反而由于重复建设导致资源浪费而稀释了比较优势。产业趋同现象产生的主要根源在于沿海地区之间在主导产业的选择中缺乏统筹合理规划，是一种基于自我利益考虑而盲目发展经济的功利体现。

（四）江苏沿海地区对外贸易出口依存度水平较低

对外贸易出口依存度是由对外贸易依存度概念发展而来，具体指一个国家或地区的国民经济对出口贸易的依赖程度，是用本国或地区的出口贸易额占国内生产总值的比重来加以体现。目前江苏沿海地区的对外贸易出口依存度水平相对较低，出口贸易对该地区经济发展的带动作用还有待于进一步的提升。如表4－27所示，作为江苏沿海地区三市的外贸出口依存度长期普遍低于江苏省平均水平，其中2014年盐城市对外贸易出口依存度仅为全省水平的21%。低水平的出口依存度现状与沿海开放城市的经济发展要求极不相符。该地区外贸依存度较低的原因主要在于未能充分利用自身区位优势，是该地区企业和产品长期缺乏国际竞争力的表现。

表 4－27　2009—2014 年江苏沿海地区出口依存度与全省的比较　单位：%

城市＼年份	2009	2010	2011	2012	2013	2014
江苏省	38.05	43.24	42.08	37.98	33.69	32.16
盐城	6.63	6.78	7.10	6.94	6.59	7.02
连云港	14.16	14.43	17.51	14.04	12.84	13.57
南通	26.54	26.95	29.21	25.76	25.59	24.35

数据来源：根据《江苏省统计年鉴》整理而得。

三、外贸转型升级因素的理论分析

江苏沿海地区外贸发展已经进入新常态。新常态之“新”，意味着与过去有所不同；新常态之“常”，意味着要保持相对稳定。因此，外贸新常态需要新机制，而新机制就是要倒逼外贸行业进行转型升级。外贸转型升级是江苏沿海地区今后对外贸易持续稳定发展的关键。因此，研究影响江苏沿海地区的外贸转型升级的决定因素具有重要的理论与现实意义。

外贸转型升级是经济发展到一定阶段的产物，也是人们通过对外贸易活动加快本国经济发展的客观要求。由于外贸的转型升级涉及内容较为广泛，因此，学术界目前对外贸转型的内涵还尚未形成统一的认识。参考我国学者赵小琼在《基于协同创新视角外贸转型升级路径与对策研究——以浙江省为例》一文中关于对外贸转型升级的定义：以外贸转型方式由密集边际为主向扩展边际为主的根本性转化，进一步优化外贸产品结构，最终达到提升外贸产品竞争实力的根本目标。外贸转型升级是项复杂的系统工程，其包括外贸商品结构的优化、外贸方式的改变、外贸主体的更换或者集中以及外贸模式的变革等相关内容。

对外贸转型升级的影响因素实证研究必须基于特定的宏观环境背景下才具有科学性和可行性。由于国外的文献因为是基于不同的政治体制和经济制度下的实证分析，所以在对我国外贸转型升级影响因素的实证研究中并不具有参考性。随着我国社会经济的发展变革，近年来我国学者在外贸转型升级影响因素的实证研究中积累了大量的理论基础。其中，陈恩、刘青（2007）在《广东加工外贸转型升级影响因素的实证分析》一文中，通过实证分析发现，外贸转型升级主要受技术进步、外商直接投资、产业结构、劳动力供给、资本投入和政策环境等因素的影响。因此，我们认为目前影响外贸产业转型升级的影响因素如下。

（一）技术进步

技术进步与外贸转型升级呈正相关关系，即在相关领域内，其技术进步水平越高，则外贸转型就越彻底、越成功。从理论角度分析，高新技术能帮助外贸产业链由低端、粗放的加工装配转变为附加值较高的产品，是推动外贸转型升级的重要力量。目前，江苏沿海地区外贸出口产品中主要以加工贸易为主，劳动力密集型的出口产品，由于缺乏较高的附加值，因此在国际市场中其难以与国外的技术密集型产品进行竞争。

（二）外商直接投资

外商直接投资是指外商以资本及技术向国内企业注资入股或者单独注册。通过外商资本及技术的流入可以有效地改变东道国企业的资本结构和提高企业生产的技术水平。杨慧力（2010）通过实证分析表明，外商直接投资可以有效地扩大技术的外溢效应，技术的外溢效应越显著则越能优化外贸结构，即外商直接投资对于外贸转型升级呈现出正相关关系。

（三）产业结构

产业结构是决定外贸结构的决定因素，产业结构的合理和协调发展在某种程度上将直接影响外贸转型升级的可能性和效果。如某一地区形成产业集群的情况下，某一产业的相关产业在技术开发、制造、分销、营销和服务上与本产业形成合理化分工，可以促进本产业的创新和升级。

（四）资本投入和劳动力投入

资本投入是外贸企业转型升级的必备条件，外贸转型升级首先需要大量的资本用于产品研发、技术改造和宣传推广等领域。而劳动力投入，尤其是高层次人才的引进是决定外贸转型升级成功与否的关键因素。

四、外贸转型升级的实证分析

前文已述，外贸转型升级影响因素与技术进步、劳动力投入、资本投入、外商直接投资及产业结构有重要关系。明洁（2012）以镇江 2001—2011 年外贸数据为研究样本，采用 Eview3.1 做回归分析发现：第二产业占 GDP 的比重每提高 1 个百分点，外贸对 GDP 的贡献率就增加 9.12 个百分点；劳动力投入每增长 1 个百分点外贸对 GDP 的贡献率就增加 3.36 个百分点。然而，劳动力与外贸对 GDP 的贡献率呈现正相关关系是因为技术进步水平不高所导致的，在理想情况下，随着技术水平的提高，劳动力单位投入量会逐渐减少。故提出假设一：

第二产业占 GDP 的比重与外贸对 GDP 贡献率之间呈现正相关关系；劳动力投入与外贸对 GDP 贡献率之间呈现负相关关系。

陈恩、刘青（2007）以广东省外贸数据为统计样本，通过实证分析得出：技术进步、资本投入和外商直接投资均对外贸转型升级有一定正相关影响，但是在各个地级市中，其影响程度不同。江苏与广东同属于我国外贸重点省份，且江苏的经济发展模式中主要以大中型企业为主，在技术进步、资本投入和外商直接投资上更具有优势。故提出假设二：

技术进步、资本投入和外商直接投资与外贸转型之间呈现正相关关系。

为了分析技术进步、资本投入、外商直接投资、产业结构和劳动力投入对江苏外贸转型升级的影响，基于前人理论研究的基础上，构建了外贸转型升级模型，模型如下：

$$Y_t = \partial_0 + \beta_1 E_t + \beta_2 C_t + \beta_3 F_t + \beta_4 S_t + \beta_5 L_t + \mu_t$$

其中：

Y 表示外贸转型升级量化指标，目前学术界对外贸转型升级的量化指标主要有两种计算方式，一种是外贸对 GDP 的贡献率，另一种是外贸结构指数。本文考虑数据的可行性和模型的可操作性，选择外贸对 GDP 的贡献率作为外贸转型升级量化指标；

E 表示技术进步。本文以技术进步对经济增长的贡献率反映技术进步水平，采用“索洛余值”计算该指标，具体公式如下：

$$A = y - a * C - b * L \quad (4-1)$$

$$E = (A/y) * 100\% \quad (4-2)$$

在公式（4－1）中，A 表示技术进步速度，y 表示 GDP 增长率，C 表示表示资本存量增长率，L 表示劳动力投入增长率，a 表示资本产出弹性，b 表示劳动力产出弹性。资本产出弹性和劳动力产出弹性的取值采用世界银行对中国的计算结果：a＝0.6，b＝0.4。

在历史文献中，对资本存量的计算方式一般都是以历年生产过程中使用的固定资产和存货增加值的年末量之和反映，是一个复杂的计算过程。本文采用“永续盘存法”计算资本存量，计算公式如下：

$$K_0 = I_0/(y_0 + \delta_0) \ (3)$$

$$K_t = 0.9K_{t-1} + I_t \quad (4-3)$$

其中，K 表示资本存量，y 表示 GDP 增长率，δ_0 表示折旧率，一般为 10%，I 表示固定资产投资额。

F 表示外商直接投资，本文用外商直接投资增长率表示外商投资水平；S 表示产业结构，本文选用第二产业出口总额占全省总出口额比重表示外贸结构情况；L 表示劳动力投入水平，选用历年江苏江海地区劳动就业人数增长率表示该值。

上文已述，影响外贸转型升级的因素主要有技术进步水平、资本投入水平、劳动力投入水平、外商直接投资和外贸结构，本文各原始数据来自于江苏沿海地区历年国民经济和社会发展统计公报，对各指标的定义见表 4－28。

表 4－28　指标定义表

指标名称	代码	定义	计算公式	备注
技术进步	E	外贸产品核心竞争力	A＝y－0.6＊C－0.4＊L E＝（A/y）＊100%	y 表示 GDP 增长率 C 表示资本存量增长率 L 表示劳动力投入增长率

续表

指标名称	代码	定义	计算公式	备注
资本投入	C	资本存量增长率	$K_0 = I_0 / (y_0 + 0.1)$ $K_t = 0.9K_{t-1} + I_t$ $C = (K_t - K_{t-1}) / K_{t-2}$	K 表示资本存量 y 表示 GDP 增长率 I 表示固定资产投资额
劳动力投入	L	就业人数增长率	$L = (LE_t - LT_{t-1}) / LT_{t-1}$	表示 t 年的就业人数
外商直接投资	F	外商投资增长率	$F = (FD_t - FD_{t-1}) / FD_{t-1}$	表示 t 年外商直接投资额
外贸结构	S	第二产业出口额占外贸总出口比重	$S = SI_t / TE_t$	表示 t 年第二产业出口额 表示 t 年总出口额

把 2004—2014 年原始数据进行整理，通过计算得到各指标的具体值（见表 4－29）。

表 4－29　各指标计算值　　单位：%

年份＼指标	Y	E	C	L	F	S
2004	4. 75	－72. 27	38. 60	0. 24	26. 70	54. 46
2005	5. 64	－13. 58	28	0. 31	17. 10	56. 53
2006	6. 73	－17. 56	28	0. 62	18. 50	56. 60
2007	7. 44	15. 00	20	1. 21	15. 60	56. 55
2008	7. 97	8. 46	21. 80	1. 17	12. 40	49. 22
2009	8. 28	－11. 09	22. 70	0. 67	14. 70	49. 02
2010	5. 85	－20. 33	24. 50	0. 55	7. 40	54. 07
2011	6. 61	－10. 80	22. 40	1. 30	12. 50	53. 18
2012	6. 43	－18. 72	21. 50	0. 40	12. 80	51. 48
2013	6. 08	－23. 31	20. 50	0. 11	11. 30	50. 17
2014	5. 56	－22. 50	19. 60	0. 00	10. 00	49. 17

2004—2014 年，江苏沿海地区在外商直接投资上一直保持着稳定的增长率，平均增长率在 10% 左右，但是技术进步水平对经济的增长率却是负值，表示江苏沿海地区在外商直接投资技术外溢水平上还是停留在较低水

平。而劳动力投入增长率在近几年基本保持稳定，说明目前江苏沿海地区劳动力投入方面已经达到饱和水平，上下波动幅度不大；而外贸结构自2011年开始，第二产业出口额占总出口额比重呈现下降趋势，表明江苏优化外贸结构的战略效果开始显现。

将表4－30中整理后的数据外贸转型升级统计模型中，运用SPSS. 17.0统计软件，进行回归分析，得出统计回归分析表（见表4－30、表4－31）。

表4－30　拟合度（Model Summary）

Model	R Square	Adjusted R Square	F	Sig.	Durbin－Watson
1	.902	.926	178.4	.000	1.046

表4－31　回归分析结果

	Model	B	Std. Error	t	Sig.
1	(Constant)	−.901	.901	−9.867	.026
	E	−.083	.116	−8.947	.047
	C	−2.393	.129	−8.824	.049
	L	2.257	.057	22.875	.000
	F	−.552	.137	−8.638	.051
	S	9.244	0.044	27.265	.000

从表4－33中，外贸转型升级模型拟合度较好，修正后的拟合度为0.926。从表4－34看，各指标均通过了显著性检验，但是技术进步、资本存量和外商直接投资与外贸对GDP贡献率之间呈现的是负相关关系，相关系数分别为－0.083、－2.393和－0.552，且分别在5%、5%和10%内通过显著性检验，与假设不一致，表明目前江苏沿海地区对外商直接投资引导不够，大量资本投入到非技术改造中，对技术外溢效果不大；另外劳动力投入与外贸对GDP贡献率之间呈现正相关关系，其中劳动力投入每增长1个百分点，外贸对GDP贡献率就增长2.257个百分点，且在1%内通过显著性检验，可能原因有：①目前江苏沿海地区外贸主要以劳动密集型外贸加工产品为主，整体技术附加值不高；②目前江苏沿海地区在劳动力投

入上比较注重引入高端人才，对企业在外贸转型升级上有决定性作用。在近5年的努力下，目前江苏沿海地区在外贸转型上还是取得了一定的成绩，在外贸结构上得到了一定的优化，其中以2004—2014年的统计数据显示，外贸结构每增长1个百分点，外贸对GDP贡献率就增加9.244个百分点，效果相当显著。

五、江苏沿海地区对外贸易发展展望

（一）占领人才高地，提升沿海地区劳动力综合能力

从回归分析结论来看，劳动力投入能有效促进江苏沿海地区外贸转型升级的速度和质量。以南通纺织业为例，目前南通纺织业主要面临着用工成本增加、专业性人才匮乏的困境，无论是在劳动力总量上抑或是在高层次人才上都面临供不应求的局面。比如在春节前后时期，大部分纺织服装企业用工量不足五成，熟练工人就更稀缺，有的时候不得不减少订单量或者停工。同时在服装设计上也缺乏具有一定经验和创造性的设计师，有一定经验的设计师基本都在一线城市工作，南通作为三线城市缺乏人才吸引力。

人才是企业发展的核心软资源，是企业改善工艺流程、提高产品技术附加值的重要力量，特别是高层次人才更是整个行业技术改造的重要推动力量。因此，建议政府和企业要加强人才培养方案的推动，推进与专业对口院校的人才共建机制，建立长期有效地高层次人才培养和引进方案及配套措施，抢占人才高地，提升江苏沿海地区劳动力的综合能力。为此，政府应建立企业与科研院校的合作共赢交流平台，通过该平台的合作研究、项目委托和联合攻关等多种形式，进一步加快最新科技成果的产业化进程，使其能迅速地转化为现实生产力。与此同时，当地政府和企业在大力引进国内外高端技术人才，组建技术研发团队的同时，还应不断建立和完善企业内部的技术人才培养机制，加大投入力度，增强企业的自主创新能力。

（二）创新驱动，加快加工贸易的转型升级

加工贸易的转型升级最显著的特征是实现产品从低附加值向高附加值的转变。附加值的实现能直接反映出企业在全球价值链分工当中所处的地位，即附加值越高，则企业获取的贸易利益就越多。这就要求江苏沿海地区的外贸加工企业要增强创新意识，通过创新驱动来实现加工贸易的转型升级。

江苏沿海地区由于具备较好的发展加工贸易的区位优势，大力发展加工贸易有利于促进当地经济的快速发展、扩大就业和提升当地企业的国际竞争力，对于江苏沿海大开发战略的实施起到了积极的推动作用。但是通过实地调研，我们发现江苏沿海地区的加工贸易企业大多以贴牌为主，缺乏自主品牌，加工产品的附加值偏低，基本处于产业链的中低端水平。因此，在江苏外贸进入新常态的客观条件下，通过创新驱动来实现加工贸易的转型升级已经成为当地政府和企业的当务之急。

为此，当地政府应采取以下措施来加以推进加工贸易的转型升级。第一，政府要鼓励和帮助加工贸易企业实现产业链条延伸，从下游的加工组装环节向上游的设计研发和主体核心部件环节发展，从而取得定价的话语权和实现产品价值的提升。第二，政府要对部分具有自主品牌的加工贸易企业进行宣传和扶持，通过设立自主品牌产品建设和推广专项基金予以相应支持。第三，政府要引导加工企业和下游的仓储物流服务企业实现资源的共享和整合，进一步放大加工贸易的技术外溢和带动效应，从而促进相关配套产业的联动发展。第四，当地中小型加工贸易企业要依托“盐城中韩产业园”这一平台，进一步加大与韩国企业的合作力度，共同开拓高附加值产业领域，不断优化加工贸易结构从而实现转型升级。

（三）高水平承接产业转移，主动对接上海自贸区

由于经济较为发达的苏南地区日益受到资源环境的约束和产业结构调整的需要，江苏沿海地区迎来了承接苏南地区产业北移的历史发展机遇。江苏沿海地区在积极承接苏南地区的技术密集型和资本密集型产业的同

时，还应继续结合加工贸易的“两头在外”优势，努力发挥自身在劳动力资源、土地资源以及能源等资源的比较优势，实现高水平迁移产业的承接。首先，劳动密集型产业在接受迁移产业的过程中，鼓励企业参与高新技术企业中间产品的配套生产，提高产品的附加值，促进产业从劳动密集型向资本和技术密集型产业的优化升级。其次，鼓励加工贸易中间产品的本地化，延长加工贸易的生产链条，从而带动江苏沿海地区的产业结构升级。最后，应将技术密集型产业作为调整贸易结构和产业结构的中心，提高高新技术产品在出口中的比重，资源和政策要适当向新兴产业和高新技术产业倾斜，大力发展诸如生物医药、新材料和环保节能型产业，从而促进产业结构的调整和优化。

上海自贸区的建立，无疑为与之毗邻的江苏沿海地区带来了更多的发展机遇。作为我国进一步扩大开放和推动完善开放型经济体制机制的“前沿阵地”，上海自贸区内的企业利用便利的贸易政策，能够在最短的时间内用最低的成本实现差异化产品从采购到终端消费的流动，从而实现贸易链条的增值。这种多元化现代服务模式仅依靠自贸区内的企业是难以完成的，其必须要依托更多的外部企业的共同参与才能够实现。江苏沿海地区企业可以通过构建与自贸区内跨国公司的战略合作伙伴关系，积极参与全球战略布局，利用双方在资金、设备和技术上的互补优势，共同重塑产品在研发设计、采购、加工生产和销售服务等各环节的产业价值链条，从而带动自身对外贸易的转型升级和产品国际竞争力的提升。

（四）大力发展跨境电商，充分发挥海关特殊监管区优势

跨境电子商务是近年来兴起的贸易新形态。它是指分属不同关境的交易主体，通过电子商务平台达成交易、进行支付结算，并通过跨境物流送达商品并完成交易的一种国际商业活动。大力发展跨境电子商务已经成为江苏沿海地区外贸转型的重要途径。一方面，企业通过跨境电子商务平台能够直接与客户进行交易，减少中间流通环节，及时掌握各节点信息并降低物流成本，最终实现贸易利润最大化。据有关机构测算，通过开展跨境电子商务可以分别压缩国内渠道、国外渠道和国外零售渠道所发生成本的

12%、50%和25%，最终将外贸利润率由原来的5%提升到近50%。另一方面，跨境电子商务的开展可以帮助外贸企业能够更好地适应目前外贸订单所呈现出的小额化和多频次的特点，通过向国外消费者提供定制化、个性化的产品和服务，将自身在产品价格、质量和售后服务方面的优势与消费者的良好体验度进行完美对接，对提升产品的国际竞争力和外贸产业的转型升级都将起到积极的促进作用。

跨境电子商务与传统贸易的不同之处还在于其特殊的海关监管模式。因此在大力开展跨境电子商务的同时，政府和企业还应注重充分发挥和利用该区域内海关特殊监管区的优势。目前，江苏沿海地区具有南通综合保税区、盐城综合保税区和连云港保税物流园区（B型）三个海关特殊监管区域。作为加快跨境电子商务发展和促进加工贸易转型升级的重要平台，当地政府应进一步加强园区的载体建设，引导区内加工贸易的集约化发展，不断提升产业聚集水平。为此，一方面应加快整合并拓展三个保税区域的功能，实现优势互补；另一方面应争取和试行更为开放、更为便利化的保税政策，例如跨境电子商务的进出口试点城市的申请。保税优惠政策的范围覆盖范围应逐步向园区内的维修、服务、研发和贸易等环节延伸，从而为该地区加工贸易的转型升级创造良好的外部环境。

（五）鼓励内资企业开展加工贸易，三市错位发展优势产业

目前江苏沿海地区的内资企业参与加工贸易的水平较低，加工贸易仍以外资企业为主。为此，政府应进一步引导和扶持内资企业开展加工贸易，不断提高内资企业开展加工贸易的规模和配套能力，从而优化加工贸易的经营主体结构。在提升加工贸易现有产业技术水平的基础之上，政府可以通过搭建公共信息服务平台的途径，给予内资企业尤其是民营企业更多的发展加工贸易的优惠政策和技术服务，使其能够更好地成为跨国公司全球产业链条当中的节点。我们认为，内资企业发展加工贸易这一新竞争优势的培育，不仅可以提升江苏沿海地区外贸转型升级的速度和质量，而且还可以降低地区对外资的依赖程度，不断提高抵御外部市场风险的能力。

实现江苏沿海地区外贸转型升级的任务根本上应从三个地市宏观产业的布局出发，通过调整各自优势产业布局，实现资源的优化配置。江苏沿海三市应建立并强化协作和联动机制，合理统筹，因地制宜，最大限度地发挥三市的比较优势，从而实现产业错位发展优势，避免产业结构的同质化。在充分考虑三市各自资源禀赋优势的基础上，连云港市应大力发展新医药和新材料产业，充分发挥自身“一带一路”交会点的区位优势；盐城市应以汽车制造为基础，重点发展新能源汽车与风电产业；南通市应大力发展海洋工程装备产业。此外，江苏沿海地区还应充分发挥其地处我国沿海、长江和陇海兰新线三大生产力布局的主轴线交会处的独特优势，抓住国家建设海洋强国战略的历史发展机遇，科学规划和发展海洋战略性新兴产业，从而带动当地外贸产业的转型升级。

第九节　“一带一路”为江苏沿海地区发展开拓了新空间

“一带一路”战略是中央立足全局以举国之力实施的重大战略决策，将强有力地推动我国与沿线国家打造命运共同体，实现互利共赢，并将推进我国陆海统筹、江海联动、南北融合，一方面助力振兴东北地区老工业基地、中部崛起、沿边开发开放等国家战略，实现中西部地区与东部沿海地区全面对接；另一方面，将继续支持东部沿海地区引领全国发展，推动沪宁杭经济圈一体化，促进广深港城市群合作发展，强化京津冀地区一体化，引导各地区产业协调发展，协调推进新型工业化、城镇化与农业现代化。国家“一带一路”战略规划出台后，江苏省制订了江苏省对接“一带一路”实施方案。提出要积极参与新亚欧大陆桥经济走廊建设，加快沿东陇海线地区经济发展，充分发挥沿海地区在“一带一路”建设中的先导作用、江海联动发展的示范作用和扩大东西双向开放的门户作用，陆海统筹、江海联动、南北融合，共同推进“一带一路”建设。“一带一路”规划有助于推动江苏沿海地区发展，并为江苏经济新一轮增长提供新动力源泉，为加快实现“两个率先”光荣使命准备新条件。

一、江苏沿海地区在“一带一路”战略中的地位

（一）江苏沿海地区是新亚欧大陆桥东桥头堡区域

江苏沿海地区依托其独特地缘优势作为新亚欧大陆桥东桥头堡区域。近年来，江苏沿海地区与陇海兰新沿线地区签订了一揽子跨区域合作协议，推动与中西部地区开展系列多层次、多渠道、多领域的合作。主要负责腹地内集装箱运输，同时也是集装箱联运重要的中转港口。其中连云港港经过多年建设，建设了以大宗散货和集装箱运输为主，兼顾客运和散、杂货运输的综合性国际沿海大港，港口开通了30多条内外贸易航线、月航班近200个，拥有连云港至仁川、平泽两条国际客运航线。并初步形成了以港口为中心的铁路、公路、航空，综合交通体系。盐城大丰港正在建设连接上海港与连云港港口的中心港，成为苏中出海主通道，已开通至韩国釜山、仁川港与日本门司港的三条国际航线。交通运输便捷，集疏运条件优越，紧靠沿海高速公路，距盐城南洋机场仅45千米，沿海铁路江苏段正在建设中，新长铁路大丰港疏港线也已列入国家规划，现代化立体交通格局正在形成。南通港历经多年艰辛创业，已经成为国家一类开放口岸，东部沿海主要港口，上海国际航运中心北翼重要组合港，其海、江、河交汇贯通，正在打造江海联运重要港口。天然的优势与后期的大力发展使得江苏沿海地区在新亚欧大陆桥建设中起着举足轻重的作用。

（二）江苏沿海地区是江海联运的重要北翼

江苏沿海港口群是中国综合交通运输体系中的关键节点，也是上海国际航运中心北翼重要组成部分。受制于长江主航道水深以及南京长江大桥净空高，内陆省市外贸运输严重依赖鲁沪浙等省市的出海通道。统计资料表明，来自江苏沿江港口的集装箱约占洋山港全年集装箱出口量的一半。利用江苏沿海地区优良的岸线资源，建设国际一流海港群，构建新的出海大通道，将有力推动江苏等沿江省市在新一轮国际竞争中站稳脚跟。充分发挥江苏沿海港口群沟通江海的重要区位优势，全力推进江海联运，加强

与长江沿线尤其是中上游港口的合作，增强对长江中上游地区的带动效应与服务能力，有助于与长江沿线港口协同发展，将有力地推进沿海经济与沿江经济、沿运河经济的对接，拉动和催化航道沿线地区经济的发展。同时，也能助力江苏沿海港口群的辐射功能和整体竞争力，进一步增强连江苏沿海港口群区域性、国际性枢纽港的地位和作用。

（三）江苏沿海地区是对外开放重要门户

江苏沿海地区与东亚三国凭海相望，并通过新亚欧大陆桥从广袤的我国中西部一直延伸到中亚与西亚。既是中西部地区沟通日韩的重要门户，也是东部地区沟通中西部乃至中亚与西亚的重要门户。江苏沿海地区作为新一轮对外开放的重要战略支点，承担着重要的双向沟通作用。长时间以来，连云港与日本保持亲密的合作关系，众多日企在连云港开展合作项目，也承担着日本与中西部地区的桥梁作用。而盐城与韩国的经济合作十分紧密，中韩产业园落户盐城，进一步拉近了盐城与韩国的距离。南通与日本的经济合作也十分密切，已经成为知名日资高地。江苏沿海区域与沿线国家的合作，也为内陆城市开展对外合作拓宽路径。江苏沿海地区利用自身优势开展对外合作，不仅加快自身发展，也为内陆城市对外合作提供了便利。其对外开放门户作用极其明显。

（四）江苏沿海地区是“一带一路”的交会节点

自中央提出“一带一路”战略以来，国内各省市积极响应“一带一路”建设。江苏沿海地区作为“一带一路”交会节点，在对接沿线国家、沟通内陆地区与沿海地区上发挥着极其重要的作用。江苏沿海三大城市与亚欧大陆桥沿线国家和“一带一路”沿线国家有着广泛合作，江苏沿海港口群正吸引着沿线地区，通过江苏沿海港口群这个支点，加强与沿线地区合作，沟通沿线地区。通过“一带一路”交会节点作用的发挥，实现沿线地区优势互补与整合，实现资源共享。借助沿线产业梯度、资源差别和市场差异，加速整合国际国内两个市场，加快区域经济国际化、一体化进程。促进沿线地区合作，全面深化区域合作平台与机制建设，共享发展成果，逐步构建起“优势互补、资源共享、多方合作、互利互惠”的协调发展新格局。

二、江苏沿海地区融入“一带一路”战略的瓶颈障碍

（一）江苏沿海地区东西双向开放门户作用欠佳

江苏沿海地区作为新亚欧大陆桥东桥头堡，且是“一带一路”的交会节点，通过新亚欧大陆桥联系沟通着沿线地区，作为对外开放的门户拥有着先天优势。然而就目前来看，江苏沿海地区与沿线地区合作有限，未体现东西双向门户的地位。当然，造成这种现象的主要还是客观因素。处于东部发达地区和中亚、西亚国家之间的我国中西部地区发展较慢，经济薄弱，限制了江苏沿海地区进一步沟通中亚、西亚。有鉴于此，中央从全局出发，在连云港设立东中西区域合作示范区，希望以此为支点，进一步促进东部地区拉动中部崛起、西部开发，但示范区的作用需要时间来体现。此外，自中国（上海）自由贸易试验区设立以来，江苏省委、省政府全力支持连云港申报自由贸易港区，但受诸多因素影响，并未获批复。自由贸易港区申报的失利对连云港乃至整个江苏沿海地区进一步沟通日韩，连接中亚与西亚显然产生了不利影响，限制了江苏沿海地区东西双向开放门户作用的发挥。

（二）江苏沿海港口群发展层次有待提高

连云港港口泊位最大等级是30万吨，生产性万吨级泊位已有44个，在江苏沿海港口中处于前列，港口目前最大靠泊位等级是30万吨，但是在实际操作停靠的都不会到30万吨只能到达20万吨甚至只有20万吨。大丰港泊位最大等级7.5万吨，生产性万吨级泊位16个。南通港港口泊位最大等级17.5万吨，生产性万吨级泊位73个。作为“一带一路”的交会节点、新亚欧大陆桥东方桥头堡，江苏沿海港口群现有港口等级明显偏低，离国际综合性大港的目标有较大落差，接下来就港口基础设施方面江苏沿海港口群与天津港进行比较（见表4－32）。

表 4－32　连云港港、大丰港、南通港和青岛港基本状况对比

	连云港港口	大丰港	南通港	青岛港
生产性泊位（个）	64	19	239	84
万吨级泊位（个）	53	19	77	68
码头货物通过能力（万吨）	14 000	6 000	25 000	32 000

资料来源：根据国家统计局（http：//www. stats. gov. cn/）数据整理而得。

另外就货物吞吐量来看，江苏沿海港口群与青岛港的差距也是巨大的，综合表 4－32 与表 4－33，我们可以得出一个明确的结论：就当前而言，江苏沿海港口群与国内沿海大港的差距是明显的，距离国际性综合大港的目标仍有很大落差。跟国内沿海大港相比较，江苏沿海港口群竞争力不足，这对于江苏沿海地区融入“一带一路”极为不利。

表 4－33　2011—2015 年连云港港、大丰港、南通港和青岛港货物吞吐量

单位：万吨

港口 年份	连云港港	大丰港	南通港	青岛港
2011	16 612	1237	17 393	37 157
2012	18 538	2021	18 535	40 687
2013	18 898	3250	20 500	45 003
2014	19 638	5103	22 017	46 802
2015	21 073	7113	22 373	46 990

资料来源：根据国家统计局（http：//www. stats. gov. cn/）数据整理而得。

（三）江苏沿海地区经济相对落后

就全国而言，江苏沿海地区经济社会发展还是相对靠前的。但由于紧靠中国经济中心上海与正在向基本实现现代化迈进的苏南，导致江苏沿海地区成为紧靠发展高地的经济洼地。其中以本该是江苏沿海地区发展龙头的连云港经济最为滞后，作为我国首批 14 个沿海开放城市之一，本该是江苏沿海地区乃至全省和全国发展的排头兵，但事实却是相反的，无论是经济总量还是人均经济指标，距离苏南的昆山、江阴这些县级市都有一定差距（见表 4－34）。

表4-34　2015年连云港、盐城、南通、无锡、昆山主要经济指标对比

指标＼城市	连云港	盐城	南通	无锡	昆山
GDP（亿元）	2 160.64	4 180	6 148.4	8 518.62	3 080
人均GDP（万元）	4.84	5.83	8.42	13.10	18.66
公共财政预算收入（亿元）	291.77	595.9	625.6	830	284.76
公共财政预算支出（亿元）	429.78	652.2	748.4	820.85	224.7

资料来源：根据江苏省统计局（http://www.jssb.gov.cn/）数据整理而得。

由于发展的相对滞后，使江苏沿海区域对优质资源的吸引力大减，始终不能跟上苏南地区的发展步伐，形成了恶性循环。当前正处于“一带一路”建设战略机遇期，江苏沿海地区的经济滞后情况如果不能得到有效改善和解决，势必影响其融入“一带一路”建设和其在“一带一路”战略中的地位。

三、江苏沿海地区融入“一带一路”战略的展望

（一）积极争取中国（连云港）自由贸易试验区

2013年以来，国务院已相继批准设立包括中国（上海）自由贸易试验区在内共四个自贸试验区。自贸试验区的作用是巨大的。以上海自贸试验区为例（见表4-35）。其最大优势便在于制度创新，其制度创新先发优势极为突出。作为全面深化社会主义市场经济体制的“试验区”，核心是制度创新。主要集中于投资管理制度、贸易监管制度、金融创新制度和事中事后监管制度创新。对推进我国经济领域治理体系和治理能力现代化做出了有益探索。目前，以TPP和TTIP为代表的国际贸易投资新规则初露峥嵘，上海自贸试验区加快制度创新将有助于我国应对全球新一轮贸易投资制度建设的挑战。

表4-35　2012—2014年中国（上海）自由贸易试验区主要经济指标

指标	单位	2012	2013	2014
经营总收入	亿元	12 849.72	14 424.44	16 094.55

续表

指标	单位	2012	2013	2014
总部经济	亿元	6 497.29	7 129.86	7 794.71
进出口总额	亿美元	1 130.52	1 134.33	1 241.00
税务部门税收	亿元	428.96	508.27	576.39
海关部门税收	亿元	988.78	937.73	982.55
港区集装箱吞吐量	万标箱	2 951.3	3 058.5	3 236.6
新设企业	家	788	4 416	11 440
外商直接投资实际到位金额	亿美元	5.40	6.95	6.21
内地企业注册资本	亿元	56.26	853.62	3 328.87

资料来源：根据上海市统计局（http：//www.stats－sh.gov.cn/）整理而得。

显然，中国（连云港）自由贸易试验区的设立不仅能提高我国自贸区制度建设水平，也能加快江苏沿海地区融入“一带一路”国家战略，自贸试验区示范作用和带动效应突出，影响深远，即使现阶段申报失利，也必须继续争取自贸区落户江苏沿海地区。在成功申报自贸试验区前，包括连云港在内，江苏沿海地区也可以推动贸易金融便利化。在重点口岸加快复制推广自贸试验区政策与经验。巩固扩大“三互”（信息互换、监管互认、执法互助）和“三个一”（一次申报、一次查验、一次放行）试点成果，进一步发挥启运港退税政策作用，推动与“一带一路”沿线口岸“三互”工作，形成一批可复制、可推广的通关便利化措施。加快跨境人民币创新业务试点。鼓励本地区金融机构与沿线金融机构合作，合作开展金融业务。力争设立江苏沿海开发银行、争取国家开发银行分支机构在本地区落地。

（二）建立与沿线国家企业合作运行机制

经过多年奋斗，江苏沿海地区形成了一批以悦达集团、南通一建以及连云港港口集团为代表的具有较强竞争力的大型骨干企业。必须立足融入“一带一路”国家战略，鼓励和促进企业合作。第一，丰富有竞争力的企业与沿线国家企业合作的方式和途径，充分发挥政府服务职能，降低企业间沟通、交流与合作的成本。鼓励有竞争力的骨干企业通过多种途径包括兼并、收购、参股等方式参与对沿线国家重要领域的投资，提升企业跨国经营能力和水平。第二，促进企业与沿线国家骨干企业产业链合作，提升本土企业在国际分工体系和价值链中的地位，进一步增强本土骨干企业国际竞争力。第三，调动中小企业对沿线国家投资的积极性，包括积极的政策支持和适当的财政支持。第四，帮助企业搭建多样的境外投融资平台，鼓励企业通过多种方式在境外设立专门投资公司，利用这些平台实现境外融资多元化，有效降低融资成本，实现在沿线国家的投资扩大化。第五，确定产业重点发展方向。积极引进先进制造业和高端服务业，合理发展重化工产业，加快淘汰低附加值、低技术性产业。加快发展新医药、新材料、新能源、新信息技术、节能环保、新兴海洋产业等江苏沿海地区具有比较优势的重点产业，持续提升重点产业的技术、产业和市场竞争力。

（三）推动江苏沿海地区体制机制创新

共建产业合作平台。按照“园区运作统管、产业统筹规划、基础设施共建、优惠政策共用、发展成果共享”原则，推动各方在国家东中西示范区、中韩（盐城）产业园以及南通滨海园区等开展合作，共建进口资源加工基地、出口产品生产加工基地，共同发展临港产业、电子商务和物流运输。推动与省内外、东中西等地区合作共建上合组织国际物流园、跨境贸易电子商务园区、物流和信息基础设施，吸引东中西地区在江苏沿海地区共同建设面向中亚、俄罗斯、西亚、南亚等地的中转仓、配送仓等物流设施，拓展跨境电子商务、邮政快递、国际货运代理、供应链增值服务等业务。加快建立内部合作机制，统筹江苏沿海地区参与“一带一路”建设，确定重点突破项目，科学合理分工，协调解决重点问题。确保心往一块想，智往一起聚，力往一处使，绝不将有限的资源浪费在内耗上。参与区域标准化建设，助力构建统一市场。上海市委市政府提出要以自贸试验区为支点引领国内与“一带一路”区域标准化建设，消除区域间标准和规则壁垒，建成统一市场。江苏沿海地区应发挥自身优势，积极响应。第一，积极推动海洋生物、港口物流等行业标准一致化。第二，积极推动建立统一的进出口检验检疫和海关报关出关标准。第三，响应上海提出的建立区域间统一标准执行、监督与追责机制。第四，积极参与区域专业培训机制，将被各方认可和接受的标准推广到所有相关国家和地区，推动国家从国际标准追随者向制定者转变，为“一带一路”建设做出应有贡献，江苏沿海地区也将从中受益。

（四）加快重点产业发展，支持优势企业走出去

随着“一带一路”战略全面实施，我国与相关国家和地区的产业结构将进一步调整和优化，江苏沿海地区迎来了实现跨越式发展的重大机遇。江苏沿海地区必须尽快启动“一带一路”沿线国家和地区市场需求和产业布局的基础性研究，立足比较优势，确定产业重点发展方向。如连云港可以加快推动《连云港石化产业基地总体发展规划》落地，建成我国主要石化产业基地。通过做大做强优势产业，放大江苏沿海地区走出去优势，扩大国际经济合作，增强参与“一带一路”建设的影响力。放大区域合作优势，探索与长江中上游、中西部重点城市建立有效合作机制，促进产业协作、要素流动和共同发展。三市政府应大力支持优势企业走出去，进行资本输出，消耗国内过剩产能，推动国内发展。

第十节　新型城镇化

新型城镇化是我国发展的一大战略，它不是简单的城市人口比例增加和面积扩张，而是产业支撑、人居环境、社会保障、生活方式等方面等方面实现由“乡”到“城”的转变。推进新型城镇化是扩大内需的战略选择，城镇化进程不断提高居民收入，带动一个国家、一个地区的全方位需求，是保持经济平稳较快发展的持久动力。推进新型城镇化是加快工业化的重要载体，城镇化和工业化是现代化的两个车轮，缺少工业化，城镇化就没有动力，缺少城镇化，工业化就失去发展载体。推进新型城镇化可以做大做强中心城市和县城，更好地发挥带动作用，培育和壮大优势产业和特色产业。推进新型城镇化是解决“三农”问题的重要途径，只有加快推进新型城镇化进程，才能破解用地刚性需求与保护耕地硬性约束难题，只

有拓宽工业发展与城镇建设空间，才能减少农村人口、推动农业规模化生产和组织化经营，才能提高农业劳动生产力和综合生产能力，尤其是把新型农村社区建设作为重要节点，这既能够促进农村扩大投资、增加消费，又能够促进农村公共服务水平提升，成为经济发展的一个新的重要增长点。

一、新型城镇化的内涵

英国帕乔内（Pacione）将城镇化定义为包含三个方面：首先是城镇化（urbanization），即城市人口占总人口比重的增加；其次为城市增长（urban growth），指城市和镇的人口增加；其三是城市生活方式（urbanism），即城市生活的社会和行为特征在整个社会的扩展。埃尔德里奇（Eldridge H. T.）认为：人口不断向城市集中，城市就不断发展；人口停止向城市集中，城镇化亦随即停止。《日本百科全书》定义城镇化是一个社会城市人口与农村人相比数量绝对增大的过程。《大英百科全书》定义的城镇化，是指人口向城镇或城市地带集中的过程。这个集中的过程体现在两种形式：一是城镇数目的增多，二是各个城市内人口规模不断扩充。城镇化影响人口的社会结构、就业结构、人们的生活方式，等等。《中华人民共和国国家标准城市规划术语》定义的城镇化是人类生产与生活方式由农村型向城市型转化的历史过程，主要表现为农村人口转化为城市人口及城市不断发展完善的过程。日本森川洋认为，城镇化是指农村居民向城市生活方式转化过程，反映在城市人口增加、城市建成区扩展、景观和社会以及生活方式的城市环境形成。

综上，新型城镇化，是由农业为主的传统乡村社会向以工业和服务业为主的现代城市社会逐渐转变的历史过程，具体包括人口职业的转变、产业结构的转变、土地及地域空间的变化，等等。具体讲，是指以城乡统筹、城乡一体、产城互动、节约集约、生态宜居、和谐发展为基本特征的“以人为本的”城镇化，是大中小城市、小城镇、新型农村社区协调发展、互促共进的城镇化。它是一种生活方式，是一个社会过程。城镇化是一个涉及全球性的经济社会演变过程。

二、新型城镇化对江苏沿海地区的影响分析

（一）城镇化促进沿海地区人民生活水平提高

城镇化的加速发展相应地带来城镇交通、供水、供电、通信、文化娱乐等公用基础设施建设，并通过基础设施建设带动多个相关产业的发展，而这些产业的发展会给农民工提供很多新的就业机会。同时，加速的城镇化、城乡一体化以及新型农村社区的建设会给建筑和房地产市场带来巨大需求，这些需求同样会给农民工提供很多就业机会。在城镇化的发展促进相关产业发展的过程中，就业市场会出现新的需求，比如熟练技工，而在市场为导向的市场经济环境下，这些需求必然会催生很多的培训机构以改变目前农民工文化素质不高、技能水平低下的情况，适应市场的需要。这就给了农民工就业提供新的机会，有利于农民工的顺利就业。城镇化的加速发展，取消了我国原有的户籍障碍，这就使农民工在就业的时候可以享受到与城市职工同等的民主权利，改善农民工不被重视，不能行使正常的民主管理权利的局面。有利于保障农民工的人身权利，增强农民工就业的稳定性。近几年沿海地区城镇化提高了人民收入水平，极大改善了生活质量。

表 4-36　2006—2015 年江苏省及盐城、南通、连云港三市城镇居民收入发展情况表

时间	江苏省人均城镇居民可支配收入		盐城市城镇居民人均可支配收入		南通市城镇居民人均可支配收入		连云港城镇居民可支配收入	
	绝对值（元）	同比增幅（%）	绝对值（元）	同比增幅（%）	绝对值（元）	同比增幅（%）	绝对值（元）	同比增幅（%）
2006	14 084	14.3	12 052	13.9	14 058	13.5	11 475	14.7
2007	16 378	16.3	13 857	15	16 451	17	13 254	15.5
2008	18 680	14.1	15 862	14.5	18 903	14.9	15 255	15.1
2009	20 552	10	14 891	-6.1	19 469	3	13 885	-9
2010	22 944	11.6	16 935	13.7	21 825	12.1	15 790	13.7

续表

时间	江苏省人均城镇居民可支配收入		盐城市城镇居民人均可支配收入		南通市城镇居民人均可支配收入		连云港城镇居民可支配收入	
	绝对值（元）	同比增幅（%）	绝对值（元）	同比增幅（%）	绝对值（元）	同比增幅（%）	绝对值（元）	同比增幅（%）
2011	26 341	14.8	19 414	14.6	25 094	15	18 483	17.1
2012	29 677	12.7	21 941	13	28 192	12.7	20 816	12.6
2013	32 538	9.6	24 119	9.9	31 059	9.8	22 958	10.4
2014	34 346	8.7	25 854	9.2	33 374	8.9	23 595	9.9
2015	37 173	8.2	28 200	9.1	36 291	8.7	25 728	9.1

资料来源：根据中国统计年鉴、江苏省国民经济和社会发展统计公报、盐城市国民经济和社会发展统计公报、南通市国民经济和社会发展统计公报、连云港市国民经济和社会发展统计公报整理而得。

（二）城镇化促进产业结构的转变

经济学认为，新型城镇化是各种非农产品发展的经济要素向城市聚集的过程，它不仅包括农村劳动力向城市第二、第三产业的转移，还包括非农产业投资及其技术、生产能力在城市的积聚。科林－克拉克（Colin Clark）认为，新型城镇化是第一产业人口不断减少，第二、第三产业人口逐渐增加的过程。经济学所论述的新型城镇化的实质是由生产力变革引起的人口和其他经济要素从农村向城市转变的过程。如果从新制度经济学的视角来对新型城镇化的含义进一步界定和分析的话，新型城镇化进程中城市是由农村演变而来有不同于农村的人口聚居及其活动方式的制度安排，因此新型城镇化可以理解为使一个农业人口转化为非农业人口，农村地域转化为城市地域，农业活动转化为非农业活动，农村价值观念转化为城市价值观念，农村生活方式转化为城市生活方式的多景观层面的综合转变过程（见图4－18）。

城市经济理论研究表明，新型城镇化受农业发展、工业化发展和第三产业繁荣三大力量的推动与吸引。新型城镇化首先是一种产业结构由第一产业为主逐步转变为以第二产业和第三产业为主的过程，第二第、三产业在整个国民经济构成中所占的比例越高，则新型城镇化水平越高。

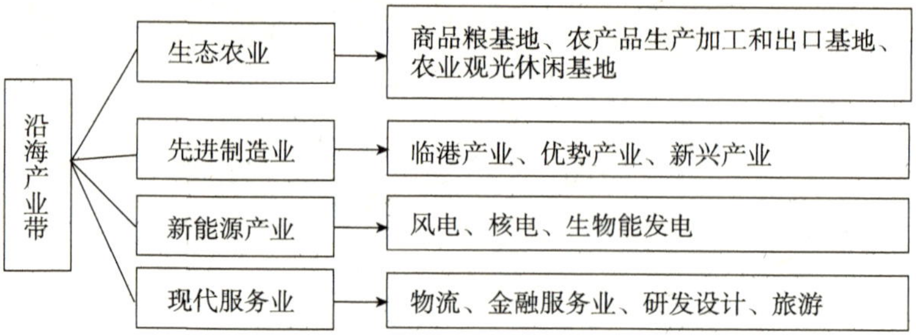

图 4－18　新型城镇化产业

2006—2015 年三市的第二产业、第三产业都得到了大幅度的提升，城镇化的到来使得产业结构发生了变化，第二第三产业得到发展，经济也得到了飞速发展（见表 4－37、表 4－38）。

表 4－37　2006—2015 年江苏省及盐城、南通、连云港三市第二产业发展情况表

时间	江苏省第二产业		盐城市第二产业		连云港第二产业		南通市第二产业	
	绝对值（亿元）	同比增长（%）	绝对值（亿元）	同比增长（%）	绝对值（亿元）	同比增长（%）	绝对值（亿元）	同比增长（%）
2006	12 282. 89	16	552. 64	19. 6	265. 82	18. 8	992. 10	17. 8
2007	14 471. 26	15. 5	668. 49	19. 1	318. 71	18. 3	1 209. 98	18. 3
2008	16 993. 34	13. 2	608. 37	16. 0	378. 49	14. 8	1 451. 63	13. 7
2009	18 566. 37	12. 5	923. 74	15. 8	425. 61	15. 9	1 607. 50	15. 4
2010	21 753. 93	13. 1	1 096. 55	16. 8	545. 07	19. 9	1 905. 56	13. 7
2011	25 203. 28	11. 7	1 306. 26	14. 8	654. 28	15. 6	2 221. 48	12. 4
2012	27 121. 95	11. 1	1 472. 67	15. 2	736. 14	14. 3	2 414. 11	12. 4
2013	29 094. 03	10	1 635. 98	14. 0	807. 42	13. 0	2 623. 50	12. 0
2014	31 057. 50	8. 8	1 784. 50	11. 8	890. 55	10. 3	2 873. 80	10. 3
2015	32 043. 60	8. 4	1 925. 50	10. 5	959. 32	8. 0	2 977. 50	9. 7

表 4－38　2006—2015 年江苏省及盐城、南通、连云港三市第三产业发展情况表

时间	江苏省第三产业		盐城市第三产业		连云港第三产业		南通市第三产业	
	绝对值（亿元）	同比增长（%）	绝对值（亿元）	同比增长（%）	绝对值（亿元）	同比增长（%）	绝对值（亿元）	同比增长（%）
2006	7 914. 11	15. 5	409. 93	15. 9	216. 43	14. 8	620. 00	15. 7

续表

时间	江苏省第三产业		盐城市第三产业		连云港第三产业		南通市第三产业	
	绝对值（亿元）	同比增长（%）	绝对值（亿元）	同比增长（%）	绝对值（亿元）	同比增长（%）	绝对值（亿元）	同比增长（%）
2007	9 730. 91	16. 4	454. 61	16. 6	255. 19	15. 1	766. 93	16. 2
2008	11 888. 53	13. 4	573. 61	14. 4	305. 04	14. 7	922. 20	15. 0
2009	13 629. 07	13. 6	662. 66	15. 2	351. 06	15. 2	1 028. 84	14. 3
2010	17 131. 45	13. 3	862. 00	13. 6	465. 64	13. 3	1 290. 69	13. 6
2011	20 842. 21	11. 1	1 048. 24	14. 0	552. 13	13. 4	1 571. 53	13. 2
2012	23 517. 98	9. 7	1 191. 00	12. 9	634. 88	13. 3	1 825. 47	12. 3
2013	26 421. 64	9. 8	1 350. 34	12. 4	718. 83	13. 1	2 069. 98	12. 9
2014	30 396. 50	9. 3	1 534. 20	12. 1	798. 15	11. 1	2 411. 80	11. 9
2015	34 084. 80	9. 3	1 770. 50	12. 5	918. 27	15. 0	2 816. 00	10. 5

资料来源：根据中国统计年鉴、江苏省国民经济和社会发展统计公报、盐城市国民经济和社会发展统计公报、南通市国民经济和社会发展统计公报、连云港市国民经济和社会发展统计公报整理而得。

（三）城镇化促进土地及地域空间的变化

城镇化是经济社会发展的必然趋势，是实现农业现代化和规模化经营的必然选择，是全面实现小康社会的一项重要指标。目前城镇化已经进入快速发展阶段，城镇化的快速发展要求我们对土地利用结构进行调整，土地及地域空间也因此发生了变化。一个城市的发展要以本地区所用的土地总量、土地种类及土地结构为依据，合理规划城市发展方向，合理布局城市用地与功能分区。在进行城市建设时，对于城市规模扩展要充分考虑到不占或者少占耕地。一个城市生态环境与城市选定土地的环境是分不开的。在进行城镇化建设对土地进行利用时，对土地周边环境进行一定的分析，像利用土地的周边是否存在污染企业，土地的地势、气势以及所处的风向，为打造宜居城市做好铺垫。在新型城镇化下，土地的结构也发生了千丝万缕的变化，随着大量农村人口涌入城市，铁路运输等交通运输业发生了变化，还有耕地面积也发生了天翻地覆的变化。

三、江苏沿海地区新型城镇化存在的问题分析

“十二五”以来，江苏沿海地区城镇化进入全面发展阶段，城镇数量迅速增加。各地积极整合资源，对人口规模较小、区位优势不明显的乡镇进行撤并。2000 年，沿海地区城镇人口 983.01 万，城镇人口比重为 31.18%。2012 年，沿海地区城镇人口就达到 1 629 万，城镇人口比重达到 54.7%，沿海地区的城镇化趋势越来越明显，表 4 - 39 是盐城南通连云港三市 2006—2015 年的城镇化率，我们可以清晰地看出，这三个城市的城镇化得到了很大的提高，与此同时，我们又可以发现这三个城市的城镇化率都低于江苏省的城镇化率，这说明沿海地区的城镇化率还没有赶上苏南，我们应该清醒地认识到与苏南地区存在的差距，城镇化发展过程中还是存在着一些问题。

表 4 - 39　2006—2015 年江苏省及盐城、南通、连云港三市城镇化发展情况表

时间	江苏省城镇化率		盐城市城镇化率		南通市城镇化率		连云港城镇化率	
	绝对值（%）	比上年增减百分点（%）	绝对值（%）	比上年增减百分点（%）	绝对值（%）	比上年增减百分点（%）	绝对值（%）	比上年增减百分点（%）
2006	51.9	1.4	42.5	1.3	46.9	2.3	29	1.8
2007	53.2	1.3	43.7	1.2	48.6	1.7	40.5	1.5
2008	54.3	1.1	44.5	1.2	50.3	1.7	42	1.5
2009	55.6	1.3	46.3	1.5	52.7	2.5	43.5	1.5
2010	60.6	5	52.5	6.2	56	3.3	51.6	3.3
2011	61.9	1.3	54	1.5	57.6	1.6	53.2	1.5
2012	63	1.1	55.8	1.8	55.7	1.1	54.4	1.2
2013	64.1	1.1	57.2	1.4	59.9	1.2	55.7	1.3
2014	65.2	1.1	58.5	1.3	61.1	1.2	57.13	1.4
2015	66.52	1.3	62.76	4.3	62.8	1.7	60.1	2.9

资料来源：根据江苏省国民经济和社会发展统计公报、盐城市国民经济和社会发展统计公报、南通市国民经济和社会发展统计公报、连云港市国民经济和社会发展统计公报整理而得。

（一）城市规模偏小，城镇化率偏低

截止到2015年，南通的城镇化率是62.8%，连云港的城镇化率是60.1%，盐城的城镇化率是62.76%，全省的城镇化率是66.52%，全国的城镇化率为57.73%，虽然这三所城市的城镇化率普遍高于全国的水平，但比起江苏省的平均水平还有一定的差距。至今，这三座城市都属于中等规模，没有特大城市。城市规模较小，导致城市的聚集效益难以发挥，城市农村地区的辐射带动能力有限，最终影响了当地整体的经济进步。

（二）城镇结构不合理

首先，城镇作为农村与大中城市联结的纽带，其在江苏沿海地区的空间布局很散乱，这显然不能满足城市化的要求。相比之下，苏南地区已经形成小城镇聚集区，而苏北尚未形成一个良好的城镇体系；其次，城镇规模小，基础设施不完善，直接影响了城镇的服务功能和经济功能。现代系统理论认为，系统的结构决定系统的功能，系统结构的变化决定系统功能的变化；合理的结构促进系统功能的优化，不合理的结构造成系统功能的内耗。沿海地区城镇结构不够合理，直接影响了其城镇发展的可持续性。

（三）相关体制和政策弊端

首先表现为行政体制束缚和行政区划壁垒。地区生产总值的主要来源依靠以首席产业即制造业为龙头的产业链，沿海要形成这条产业链首先会遇到各自为政的体制壁垒。此外，基础设施的重复建设、各地在招商引资中的恶性竞争以及环保问题等都会制约产业链条的形成；其次是用地政策不尽合理。不少地方用土地换取经济增长，这种竭泽而渔的做法已经危及沿海地区经济社会的可持续发展；再次，现有的征地制度存在很大弊端。根据第十届全国人民代表大会常务委员会第十一次会议于2004年8月28日通过的《土地管理法》第47条规定，征收土地的，按照被征收土地的原用途给予补偿；征收耕地的补偿费用包括土地补偿费、安置补助费以及地上附着物和青苗的补偿费。征收耕地的土地补偿费，为该耕地被征收前三年平均年产值的六至十倍；土地补偿费和安置补助费的总和不得超过土

地被征收前三年平均年产值的三十倍。根据经济学原理，现行补偿标准和补偿计算办法没有完全反映土地供求关系和市场价格，这些很容易激发社会矛盾，不利于城镇化的健康发展。

四、江苏沿海地区城镇化的展望

（一）城乡一体化，形成科学合理的城镇体系

诺瑟姆（1979）研究了城市化的发展阶段问题。他将城市化进程分为三个阶段：分别是城市化起步阶段、城市化加速阶段和城市化成熟阶段。在起步阶段，城市化发展速度慢，城市化水平不高，占据主要地位的是农业；在加速阶段，城市化水平超过30%，人口大规模地快速向城市聚集，城市市区开始出现住房困难、环境恶化、交通拥挤等问题；第三个阶段，城市化水平在70%以上，城市发展趋势合理。目前，沿海地区乡镇数量多、规模小，村庄布局零散，中心城区、县城和城镇辐射带动力不强，制约了城乡经济社会的快速发展。需要加快构建科学合理的城镇体系，改变以往铺摊子、增数量的粗放发展方式，构建以市区为核心，城关镇、中心镇为骨干，40～50个小城镇为基础的城镇体系。优化调整中心城区格局。国内外城市建设的一般规律表明，人口规模不大、资源缺乏整合，是制约中心城区发挥辐射带动作用的主要瓶颈。目前南通、连云港、盐城面积仅2万平方公里，无法支撑区域性中心城市的发展。要按照建设现代化国际海港中心城市的总体定位，加快推进撤县设区步伐，进一步扩大中心城区规模。着力提升城镇建设层次。江苏沿海地区城镇化率在60%左右，县域小城镇发展滞后已成为制约城镇化进程的重要因素。要大力拓展县城发展空间，对人口偏少、资源匮乏、经济薄弱的乡镇实行强弱联合，整合成立中心镇，支持它们增强产业发展、公共服务、吸纳就业、人口聚集功能。

（二）融合统一，完善“区镇合一”管理体制

张占仓（2012）研究认为，相对于传统城镇化来说，新型城镇化主要在于政府在宏观层面将更多资源从城镇调配到农村，实现城乡协调发展，

打破传统的二元结构，真正实现农民居民化和城市生态化，促进农村居民有序转移到城镇。实施“区镇合一”，对于探索完善园区管理体制、促进产城融合发展、推进新型城镇化建设等具有一定的借鉴意义。坚持融合统一。“区镇合一”的精髓在于“融合统一”。首先，规划要统一。要加强对区域发展空间、定位、重点等的规划研究，真正实现区镇“一体化思考”“一张图规划”。其次，基础设施配套建设要统一。完善园区的路网、供电、供水、供热、污水处理等重要基础设施配套，提升产业平台的承载力；同时，推进城镇管网、消防、交通、垃圾处理等基础设施的建设，带动城镇的基础设施配套。最后，功能布局要统一。科学合理布局区镇的生产、生活区域，统筹区镇社区建设，全面提升生产生活配套功能；同时，将乡镇的社会管理、公共服务功能延伸到园区，推进基本公共服务均等化。加大在用地保障、税费返还、投融资等方面的政策扶持力度，突破区镇发展的资源瓶颈。探索建立农民积累财富、进入城镇的制度和机制，制定城乡社保制度转换、接续办法，促进农民向镇区集中、向园区产业工人转化。

（三）“以人为本”，提高城镇化质量

韩瑾（2013）运用面板数据分析方法，以霍尔消费函数为基础构建模型，选取浙江省27县市数据，分析城镇化水平、城乡收入变化对县域经济消费增长的影响，提出提高城镇化率可以增加消费水平，促进经济发展。应从农民的意愿和需求出发推进城镇化，核心是人的城镇化，关键是提高城镇化质量，目的是造福百姓和富裕农民。城镇化的真正主体农民参与的程度远远不够。政府对于农民意愿、需求的考虑不足，因政府利益导向的偏失而产生了土地城镇化快于人口城镇化、农民被上楼、农民不支持城镇化等诸多问题。在城镇化进程中，政府和社会应转变工作思路，更多地考虑农民的需求，以人口城镇化为核心，在制定各项政策前，应广泛、深入地征求当地农民的意见，真正实现“人”的职业从农业到非农业、地域从农村到城镇、身份从农民到市民的转换。这需要政府着重做好两方面的工作，一方面是按照城乡统筹要求，结合当地区位优势、资源禀赋发展特色

农业、农产品加工、低碳环保产业等，建立有利于农民就业的产业平台，为农民就近提供多且稳定的就业岗位；另一方面是为进城农民提供和市民同样的社会福利和社会保障。

（四）加强公共基础设施建设，重点应加强对中小城市尤其是小城镇公共设施、基础设施的投入

世界经济论坛高级总监 Alex Wong（2013）在中国城镇化高层国际论坛上提出，随着中国城镇化的逐步推进，城市建设的投融资问题将会凸显，有必要让国内和国际私有资本参与城镇化建设。公共设施、基础设施是促进城镇化的有效抓手，建立起市区、城镇完备、便捷的公共设施、基础设施配套体系，将有效推进城乡统筹发展。调研数据表明，农民自发意愿进城、选择居住地，都与该城市、城镇的公共设施、基础设施的完备程度相关，因此，加强对中小城市尤其是小城镇公共设施、基础设施的投入，将有效促进农民主动的城镇化，而农民的主动进城，又将促进土地的集约利用、城镇的开发建设等，提高城镇各项公共资源的利用效率，为城镇带来巨大的投资和消费需求，城镇进而更加具有吸引力，形成城乡统筹的良性循环，这是解决城镇化问题中的关键举措。但中小城市尤其小城镇通常政府的财政能力较弱，很难在初期阶段投入大量资金用于建设几乎无任何收益的公共设施和基础设施，必须借助外力来推动方能循环起来。因此，建议政府在推进新型城镇化的过程中，注重加强对中小城市尤其是小城镇公共设施、基础设施的投入。

第十一节　制度供给创新

当前，我国经济面临下行压力，江苏沿海区域的经济发展也面临巨大的挑战。从现代经济增长动力来看，制度因素是经济增长的重要动力，在经济增长中起到至关重要的作用。就江苏沿海地区而言，制度制约因素在一定程度上制约了区域经济的增长，如政府审批制度，人才发展制度，企业创新制度，等等。特别是政府审批制度，过去政府当局过度依赖于使用行政审批的手段来对经济社会的运行进行管理，结果却导致市场资源配置失效，社会公平效益失衡，政府监管失范，严重地阻碍市场经济发展。当前行政审批改革已步入攻坚期，政府越位、监管缺位、法律规范不到位的现象依然突出。要走出审批改革的困境，必须深化政府行政体制改革，实施简政放权，完善商事制度，从根本上推动政府职能的转变、加强监管体制建设是实现沿海经济腾飞的前提和基础。

一、制度因素是经济增长动力的重要源泉之一，在现代经济增长中推动作用越来越突出

制度是人类生存和发展的动力，可以说，在经济活动和社会活动中，最关键的影响因素并非价格，也不是技术，而是制度。过去经济学家更多的是利用资本投入和技术创新来解释经济增长，随着经济社会的发展，经济学家们注意到了国家制度、产权制度以及意识形态等因素都会影响经济增长，人类社会的经济增长和社会进步可以从制度变迁和创新的角度来进行解释。制度创新是对现行制度的整合、优化和变迁，以追求更多的营利为目的而对现有社会体系进行选择和完善的过程。制度变迁就是制度创新的过程，是不断扬弃旧的制度，催生新的制度，是一个演进的过程，制度创新对于推动经济增长具有重要现实意义。

首先制度因素是经济增长动力的主要组成部分之一。过去流行的经济增长理论，只是简单地将制度视为已知的、既定不变的。考察在既定的制度环境下，一国经济是如何通过物质生产要素投入的变化或生产率的变化来实现增长的，古典经济增长模型仅仅把经济增长视为资本积累的函数。马克思较早地意识到了制度因素在经济发展方面的作用。在对经济发展进行研究的过程中，马克思从经济运行的内在矛盾入手，引入了新古典主义经济学所忽视的制度要素，揭示了经济发展过程中制度变迁的规律，确立了制度变革和经济发展、社会进步之间的内在联系。马克思主义认为制度是可变的，制度变迁或变革的是生产力的发展和变化的根本原因，同时生产力的发展和变化也是诱导制度变迁的根本动力。在现代社会中，技术进

步对经济增长的贡献越来越大。然而，技术创新在相当大程度上依赖于制度投资和制度创新，对经济增长起决定作用的是制度因素而非技术性因素。杨瑞龙（1993）认为经济发展的源泉是制度创新，制度的变化既可以改变收入分配，又可以改变经济中使用资源的效率，由此得出对经济发展起决定性作用的是制度因素，而不是技术性因素。他通过实证分析得出结论：制度供给短缺是制约我国经济发展的主要瓶颈的结论。王小鲁（2000）在研究了经济发展的整体状况的基础上，认为资本形成的加速对过去经济的高速发展固然功不可没，但制度变革带来的资源重新配置对经济的腾飞具有更大的贡献。傅晓霞等（2000）在分析了市场化和体制改革对经济发展的影响程度后，得出体制改革能在很大程度上对中国经济发展具有巨大的促进作用，因此经济发展中制度因素的作用不容忽视。事实上，理论和实践都可以证明，困扰经济增长的种种难题，以及制约我国经济增长更主要的"瓶颈"，不是资本短缺，而是制度供给短缺。

其次制度因素是现代经济增长的主要驱动力。20 世纪初期，熊彼特提出了经济发展理论，该理论在当时的西方经济学中是标新立异的。其中创新是熊彼特经济发展理论的核心，他认为经济发展的根本原因就是创新。而他所指的创新是全方位的创新，包括制度创新。熊彼特经济发展理论主要内容有：①强调生产技术和生产方法的改革对经济发展的作用。②强调制度创新的观点，并认为创新是一个内在的要素，经济发展是源于自身创造性的一种变动，创新包括企业组织形式的创新，从而强调了经济制度作为内在因素的作用。③强调了企业家在经济发展中的特殊作用，认为"企业家"是"创新""经济发展"和生产要素"新组合"的重要推动者。20 世纪 80 年代后期，新制度经济学对经济增长的原因进行了全新的解释。新制度经济学的代表人物诺思的研究表明，技术变革只不过是经济增长的一个结果，是制度的创新为技术革命铺平了道路，而不是技术革命导致了经济革命。过去主流经济学的经济增长理论认为制度是无关紧要的或既定不变的因素，因而使其对现实问题的解释力降低。随着新制度经济学的诞生，制度因素被考虑在内，对现实问题的解释具有更强的指导意义，越来越多的人开始接受新制度经济学的经济增长理论。正如诺思所说："纯粹的新古典理论具有数学的精确和雅致，塑造了一片无冲突的、静态的天地。但把它应用于经济史和经济发展研究时，只注重技术发展。却忽视了制度的激励结构，而激励结构决定了社会在各个生产要素上的投资范围。"因此，诺思把制度因素加入到经济增长的分析后，他认为对现代经济增长起决定作用的是制度因素而非技术性因素。薛宏雨（2004）建立了经济发展的模型，其中包含了制度因素，观察了近24年中国经济发展与制度之间的关系，量化了制度在经济发展中的作用。最终得出结论：市场化制度对经济发展具有重要作用。张晖（2015）研究发现，过去经济发展模式一直维持原始的低劳动资源产业发展路径，而要摆脱这种状况，必须进行强制性制度变迁。在现代经济条件下，制度变迁对经济增长至关重要，它是造就现代人才、推动新技术产业的核心要素，是创新最主要动力机制，是解放生产力的重中之重。

最后制度因素是经济可持续增长的重要基础。新古典主义经济学忽视了制度与经济发展之间的内在联系，因此新古典主义理论无法解释经济体制改革中的经济发展问题。制度主义学派开始尝试把制度变量考虑进来，在对"生产的制度结构"的研究基础上，建立了经济发展与制度结构之间的内在联系。制度经济学重点研究人、制度以及经济活动之间的联系。它十分重视制度的作用，并且认为在经济发展中制度起着决定性的作用。因此，制度是影响经济绩效好坏以及确定经济绩效好坏评价标准的最终决定因素。制度经济学认为，有了制度才得以发挥土地、劳动、资本等生产要素的功能。新制度经济学运用熊彼特的创新理论考查了制度变迁的现象，提出了"制度创新"的概念，系统地分析和论证了制度变迁与经济可持续发展之间的密切关系。经济发展会受到很多因素的影响，比如自然资源的禀赋程度、从业人口素质水平、科技的发展速度和水平、国家的经济政策、制度环境，等等。班玲（2008）认为制度和技术的创新才是经济发展的源泉。许多国家一直接受技术创新可以促进经济的看法，但是仅仅拥有技术创新，却失去制度创新的支撑，纵然经济一开始会有所发展，也是难以维持下去的。因此，为了维持经济的不断发展，制度的创新就显得极为重要。随着经济发展方式的转变，制度对经济发展的影响越来越显著。从某种意义上说，制度可以使生产更有效率，以更少的投入得到更大的产出。制度还具有激励作用。地球上自然资源的数量是有限的，所以依靠不断投入自然资源来发展经济是不可持续的；然而通过制度创新来发现效率更高的生产方式、得到更好的资源或替代资源、获得新产品，会得到事半功倍的结果。要以制度变迁引领生态文明建设，以法律法规建设巩固生态文明成果，促进我国经济社会生态可持续发展。

二、江苏沿海地区通过制度创新释放了制度红利，推动了江苏沿海地区的经济快速增长

（一）南通市深化体制机制改革，率先进行制度创新，较早释放“制度红利”

南通在发展过程中也遇到了资源、环境的双重束缚，南通通过争创陆海统筹发展综合配套改革试验区，来破解“成长中的烦恼”，赢得新的发展空间。南通市结合实际进行探索和创新，不断丰富内涵、拓展深化，进行三轮的制度改革，取得了积极成效。第一阶段：推进以行政审批“三集中、三到位”为突破口的体制改革。2013 年以来，按照国务院推进“一站式审批”等要求，不断深化行政审批“三集中、三到位”工作，强化事项落地、职能归并、流程优化，在“最大限度清理事项、最大限度进驻部门、最大限度授权充分、最大限度再造流程、最大限度网上审批、最大限度降低收费”上下功夫。第二阶段：深化以简政放权为重点的体制改革。2014 年以来，根据国务院推进地方政府职能转变和机构改革的要求，立足南通实际，坚持问题导向，着力构建以“5 张清单、5 个平台、5 项重点改革、5 大监管体系”为主要内容的简政放权，转变职能的基本框架，注重解决“改革碎片化、政策分散化”等问题，探索形成系统完备、科学高效、衔接有序的行政管理体系。第三阶段：实施以相对集中行政许可权改革试点为抓手的体制改革。

南通市按照减权放权、管权限权同步推进的要求，在全省率先编制形成市级《行政权力清单》《行政审批事项目录清单》《行政事业性收费清单、经营服务性收费目录清单和政府性基金项目目录清单》《专项资金管理清单》《政府核准的投资项目目录》《中介服务事项和收费目录清单》等“5张清单”，基本建立权力清单制度体系。累计取消行政审批事项59项，向区级政府下放行政审批事项115项，保留市级部门行使的行政许可事项201项，比2013年精简43%，非行政许可审批全部予以取消，提前完成本届政府行政审批事项减少1/3以上的目标。坚持能减则减、能免则免的原则，市级仅保留行政事业性收费项目72项，精简率达35%；保留政府定价的经营服务性收费88项。加大行政审批中介服务收费清理，保留收费项目60项，精简率达52%。

市政务服务中心不断完善审批机制，年办件量超800万件，即办件比例高达90%以上，按时办结率为100%。以市政务服务中心为纽带，健全覆盖全市、上下联动、功能完善的四级便民服务网络，努力让老百姓少进一次城、少跑一家门、少找一个人。建设网上审批服务大厅。以智慧南通建设为契机，建立全市统一的公共数据库，促进各层级、部门之间政务信息互联互通、资源业务协同共享，让数据多跑路、群众少跑腿。目前行政审批服务网上受理量占比超过20%。完善公共资源交易平台。将政府采购、土地出让、建设工程、交通工程、水利工程、医用耗材等12个类别的公共资源全部纳入中心集中交易。已完成交易项目3 361个、交易额222.93亿元，节约（增值）资金18.38亿元。打造12345政府公共服务平台。将65个部门、单位的78条服务热线有机整合，建立一个号码对外的“12345”政府公共服务平台，做到“一个号码管服务”。2015年1—10月，共受理群众来电11.89万件，较去年同期上升13%，现场办结率达83.7%，综合满意率超95%。截至2015年底，南通市共发放“一照一码”执照13 781张，全年累计新增企业24 293户，新增注册资本2 367.52亿元，同比分别增长22.58%和54.43%，平均每5分钟诞生一家企业。2015年新增驰名商标14件，驰名商标总数达58件，地理标志证明商标5件，总数达18件，区域商标品牌发展指数位列全省第四。

（二）盐城市大力发展民营经济，突出制度创新着力点，为经济发展塑造新的驱动力

盐城市委对全面深化改革做出明确部署，围绕改革这条主线，积极创新思路，寻找着力点，大力发展民营经济，激发民营经济发展活力。盐城市把着力点放在全民创业上。市经信委结合盐城市实际，提出要继续用足用好盐城市出台的培育大企业意见和加快经济发展“18条”政策，进一步加大民营企业合作重组力度，在实现企业合作重组的基础上，再推动一批企业与行业前三、国内100强企业进行全方位、多层次的战略性合作，从技术创新、市场开拓、管理提升等多方面无缝对接，促进民营企业焕发新的生机，实现裂变式发展，迅速做大做强。盐城市在政策支持、硬件建设和软件服务等方面，为全民创业、民营经济发展铺平了道路。与此同时，积极探索激发全民创业热情的新路径，真正让更广范围的城乡居民乐于把储蓄资金投向创业领域，掀起全民创业的新高潮，进一步推动民营经济蓬勃发展。积极制定支持民营经济发展的各项政策措施，特别是围绕盐城市全民创业三年行动计划及全民创业政策，出台相关实施细则，通过全面落实政策，及时兑现奖补资金，激发创业者创业热情和信心。在加强载体平台建设，消除创业壁垒，降低创业成本，优化创业服务等方面，盐城市进行了行之有效的体制机制创新。市委、市政府专门出台园区建设意见，全面落实四区六园等园区建设目标、工作要求，加快多层标准厂房建设速度，加大入园企业招引力度，完善园区公共服务平台建设，推动园区集聚发展，确保通过改革创新，让有志于创业的各类主体实现“零门槛”创业。实施“创业盐城”行动计划，激发“八大主体”创新创业活力。推进登记注册制度便利化，设立“无障碍创业绿色通道”。扶持发展众创、众包、众扶、众筹等新业态、新模式。2016年的预期目标是：新发展私营企业2.2万家、个体工商户7.5万户。

2015年是实现“十二五”圆满收官的关键之年，盐城市积极应对经济下行压力加大、各种风险挑战增多的严峻形势，统筹推进稳增长、促改

革、调结构、惠民生等各项工作。全面深化改革开放。大力推动行政管理体制、国有企业、财税金融、投融资体制和社会事业领域改革。市级行政权力事项、审批事项分别精简 73.6%、55%，开展相对集中行政许可权试点工作，有力促进盐城经济增长。

（三）连云港地区深化财税体制等领域改革，激发市场活力，为经济持续增长注入动力

连云港地区全面推开“营改增”试点作为深化财税体制改革的重头戏和供给侧结构性改革的重要举措，进一步减轻企业税负，实现增值税对货物和服务的全覆盖，基本消除重复征税，打通增值税抵扣链条，促进社会分工协作，有力支持服务业发展和制造业转型升级，是财税领域打出“降成本”组合拳的重要一招。市国税局有关负责人表示：“减”才是“营改增”的主基调。连云港市“营改增”试点 3 年以来，全市已试点“营改增”纳税人和相关非试点纳税人因税制转换已减税 24.16 亿元，94%的已试点“营改增”纳税人和相关非试点纳税人因为“营改增”减轻税负，基本实现了“规范税制、减轻税负、促进发展、带动改革”四大预期目标。据了解，连云港市从 2012 年 8 月 1 日起，在交通运输等行业先行试点“营改增”，之后范围逐步扩大至铁路运输和邮政服务业、电信业等行业。而此次全面推开营改增试点，连云港市新增试点行业将涉及纳税人 3.3 万户，是前期“营改增”试点纳税人总户数的 2 倍。目前，“营改增”路线图已经明确，国税已与地税协作取得了地税征管数据，并草拟了推行方案。并在日前研究通过了全面推开“营改增”试点工作方案，成立了领导小组和工作小组，分解了 73 项具体任务。全市国税部门正在抓紧做好各项准备，充分考虑试点纳税人各种诉求和工作量，增设服务窗口，开设绿色通道，给纳税人提供更便利高效的办税服务。

连云港市在统筹各项工作过程中，坚持以全面深化改革为引领，着力突破重点领域和关键环节，大力实施创新驱动战略，内生发展动力不断增强。行政审批制度改革不断深化，市级审批项目由 545 项减至 97 项，行政审批项目集中办理率达 100%，基本建设审批项目用时由 500 天减至 100

天以内，审批事项集中率由57%提高到100%，启动“三证合一”登记制度。全面推进政务公开，行政审批事项目录清单、政府行政权力清单等“5张清单”上网公布。财税改革不断深化，初步建立政府全口径预算制度，政府性债务管理进一步规范。金融改革创新力度加大，东海农村信用合作联社改制为农村商业银行，4家金融机构开展中小微企业融资周转方式试点。农村综合改革扎实推进，镇村土地确权登记颁证工作有序展开，在全省率先建成县乡两级农村产权交易市场体系。加快国有企业改革，整合组建“六大集团”。启动“三互”“三个一”口岸大通关体制改革，实现船舶进出港数据“一单五报”。深化财税、价格改革，初步建立政府全口径预算制度，政府性债务管理进一步规范，市场决定价格机制进一步健全。深化金融改革试点，5家地方法人金融机构完成商业银行改制，新增上市公司3家，新引进银行业金融机构8家，4家企业获得外汇资金池和跨境人民币资金池集中运营资格。

三、江苏沿海地区制度创新推动经济增长的展望

党的十八届三中全会指出，经济体制改革是全面深化改革的重点，核心问题是处理好政府与市场的关系。中国国际经济研究中心王军（2014）认为，以简政放权为突破口的体制改革正在发挥稳增长的作用，而且是兼顾长远更高水平，更可持续发展目标。党的十八届五中全会强调指出：“坚持创新发展，必须把创新摆在国家发展全局的核心位置，不断推进理论创新、制度创新、科技创新、文化创新等多方向创新，让创新贯穿党和国家的一切工作，让创新在社会上蔚然成风。”

第一，制度供给是推动经济强劲增长的动力源。制度学派和新制度学派批判了古典经济增长方式，认为古典学派只注重劳动力、土地、资本投放的经济增长是不可持续的增长，只有加入制度投入因素，才能保持经济长久稳定增长，因为制度是管长期的、全局的和根本的东西。制度因素不但是微观经济不可或缺的，也是宏观经济发展的极为重要因素之一，技术发明、创造与专业化分工与制度结构密切相关。

第二，制度创新是提高经济运行绩效的关键。经济运行的高质量是经济增长的高级化，经济增长由粗放式转向质量效益式增长是经济发展的历史必然。在此期间，一方面，要更好地发挥法律法规作用，通过建立健全市场经济法律法规体系，为社会主义市场经济提供法治制度环境。另一方面，政府也要发挥好规范作用，通过战略规划、政策和制定行业标准、加强监管制度建设，为社会主义市场经济发展创造优良制度条件。

第三，制度创新将为沿海经济增长提供新的优势空间。改革放开38年来中国经济的迅速增长，归根结底，制度建设发挥了重要作用。农村联产承包责任制度的建立为中国农村经济发展提供了广阔的空间，城市经济体制改革有力推进了城市化进程。制度变迁解放了生产力，将进一步打开管理创新和技术创新的空间，为稳定沿海经济增长提供新的制度优势。

第四，制度创新将打破沿海经济发展瓶颈，打造升级版的沿海新经济。能否进入一个高效率、低成本、可持续的中高速增长阶段，即新常态，需要制度创新。当前沿海经济主要制约因素来源供给侧，主要表现是供给质量效益不高，产能过剩，经济社会发展还存在大量短板，其中就包括制度短板。有些过时制度需要修正，有些亟须制度尚未建立。要在制度供给侧方面，推进制度改革和创新，增加制度有效供给，形成制度完整、激励惩戒有效、制度特色鲜明的多维度制度体系，整体提升制度供给质量、制度红利和制度竞争力。制度建设是沿海现代化建设的关键环节，推进全面小康建设和现代化进程，沿海地区必须加强制度建设，注重制度创新。

第五章　江苏沿海地区经济增长动力转换的国际与国内经验
——以日本和中国广西北部湾为例

以邻为鉴，可以明发展。我们要以日本经济增长经验和教训为镜鉴，积极推进江苏沿海地区经济增长动力转换，加快形成以“绿色发展”为主要标志的经济增长新动力，实施弯道超车，促进江苏沿海地区新型经济增长可持续健康发展。

第一节　日本经济发展与经济增长动力转换

日本经济起飞于明治维新时期。从明治维新至今，日本政府一直学习西方发达国家经验，实施工业兴国战略。20 世纪 50—70 年代，是日本经济增长黄金期，在此期间，形成了举世闻名的沿海“三大都市圈”——东京、名古屋和大阪都市圈，“三大都市圈”用占全国 14.4% 的土地面积容纳了全国 50% 以上的人口。而农业人口则从占总人口 50% 的比重下降为 20% 左右，日本完成了由农业人口向城市人口迁移的历史性任务，由农业国变成了工业强国。20 世纪 70 年代后，日本经济由高速增长转为中速增长，由于“大城市病”集中暴发，日本在 20 世纪 70 年代出现了环境公害问题。日本政府通过法律和产业政策进行引导，进入 20 世纪 90 年代后，现代服务业兴起。与经济发展趋势相适应日本经济增长动力演化具有鲜明的阶段性特征，迄今为止先后经历了四个重要阶段，并正在向以“绿色发展”为主要动力阶段演进。

一、日本经济增长动力转换阶段

（一）日本经济增长起步阶段（明治维新—20世纪40年代）：以重工业化为动力

日本自明治维新以来，由农业国开始向工业国转变，“一战”后，日本工业产值首次超过农业产值。工业化开辟了许多制造业新领域，开拓了国内工业市场。工业领域需要大量劳动力，城市提供了众多的就业机会，这也为日本农民离开土地进城创造了有利的条件，工业化有力促进了经济增长。明治维新以后，产业向沿海布局，城市向沿海发展。东京与横滨港结合，大阪与神户港结合，形成了著名的京滨工业带和阪神工业带。在日本工业化第二阶段，日本突出重工业化战略，产业由轻工业向重工业升级，人口向重工业区集聚。形成京滨、中京、阪神和北九州四大著名工业带，推动了日本“环太平洋城市群”建设。

（二）日本经济增长加速发展阶段（20世纪50年代—20世纪70年代初）：以中小企业发展为动力

“二战”后，在高端装备制造业和出口的双重拉动下，1956—1973年的18年间，日本工业呈现黄金增长期，年均增长13.6%，工业产值增长8.6倍，工业对国内生产总值贡献率达到85%。日本在20世纪50—70年代期间，发生了重大的产业结构变化。在此，中小企业功不可没。从20世纪50年代起，日本政府逐渐意识到中小企业在创造就业的重要作用，重点扶持减少污染，改善环境的中小企业，通过基础设施建设、税收优惠政策和风险投资的设立，促进中小企业的大发展，有力助推了经济增长。20世纪50—70年代，日本中小企业发展迅速，1954年日本中小企业数量为328万个，就业人数为1 477万人，到1971年，中小企业数就达到508万个，而就业人数则达到3 040万。在二、三产业中创造91%的就业岗位。中小企业大发展为农民进城就业创造了有利的机遇（见表5－1）。受中小企业快速发展的深刻影响，人口、技术、资本和资源加速向中小城市流动，经济增长也呈现加速状态。

表 5-1 日本经济加速期与经济增长加速期指标对比

年份	经济增长率	GNP	人均 GNP
1950	50	100	120
1960	63	430	460
1970	71	1 960	1 890
1980	76	10 401	8 835

数据来源：根据日本国立社会保障与人口问题研究所数据整理而得。

（三）日本经济增长稳定发展阶段（20 世纪 70 年代中后期—20 世纪 90 年代初）：以农业现代化为动力

20 世纪 70 年代中后期，日本用工业化取得的雄厚资金反哺农业，大力加强农村基础设施建设，加强小城镇建设，有力促进了农村地区发展，农民逐渐形成了就业和居住的就近就地化。一方面，政府为本地的发展搞规划，找特色大搞特色旅游和旅游农业，开发自然旅游资源，吸引城里人来度假。另一方面，吸引城市工商业到农村发展。日本政府适时地制定了一系列开发计划与法律，如制定了《新全国综合开发计划》《农村地区引进工业促进法》与《工业重新配制促进法》等，促使工业由大都市向地方城市和农村转移，农村地区涌现出了许多大企业的卫星工厂或分厂。非农产业开拓了农村市场，刺激了农村多元化的消费。农民的富裕带动了农村强大的购买力，形成了日本农村经济增长发展的强大动力。

（四）后工业化发展阶段（20 世纪 90 年代中后期至今）：以现代服务业为动力

伴随着人们生活水平的提高，社会对物质的需求相对下降，对信息、教育、金融、娱乐、医疗、保健、公共服务等方面的需求增加，适应这些需求的服务业相应壮大，应对市场需求变化，日本制造业对内调整造船、钢铁、金属加工等产业，重点发展与信息社会相应的产业。第三产业超过第二产业保持稳定增长，并保持着较高的就业增长，成为日本产业结构进一步优化的主要推动力量。日本第三产业开始加速崛起，在第三产业就业的人数由1920年的23.7%上升至2010年的66.5%，现代服务业取代传统制造业成为日本经济增长新的驱动力。日本半导体、电脑、信息家电、手机、医疗器材等产业先后得到发展。出现了明显的经济服务化趋势。

综上，日本在每个发展阶段由于主导产业的演进导致经济增长推动力不断发生变化，工业化、中小企业发展、政府规制和农业现代化成为影响日本经济增长的主要动力因素。在当下，以高新技术、低碳环保、现代服务业为核心特征的绿色发展正成为日本经济增长动力的新源泉。

从日本经济增长动力演进特征分析看，经济增长动力不是固定不变的，伴随着产业结构调整，经济增长动力也处在持续更迭中。总的趋势是，经济增长动力由重化工业向现代服务产业转型，从20世纪90年代开始，日本现代服务业成为日本经济增长新的动力源泉。现代服务业包括信息技术、科技研发、金融保险和现代商业等主要内容，绿色、环保、低碳和高技术是它的重要特征。这种以“绿色发展”为首要特征的现代服务业，已经取代了传统工业成为城市发展的最重要动力，在“绿色发展”新动力驱动下，城市由工业品制造中心向研发中心、信息中心、金融中心和服务中心转变。以“绿色发展”为核心动力的经济增长发展，是日本经济增长动力演进的新方向，是日本经济社会发展的必由选择。

二、以“绿色发展”为核心动力的深刻历史原因

（一）重工业化造成的环境公害问题

在日本经济黄金增长期，人们普遍享受了经济增长带来的富裕，生活水平得到根本的提高。但日本产业化进程也没有脱离先污染后治理的老路，伴随轻工业化向重工业化推进，雾霾弥漫、空气污浊、垃圾围城和污水横流现象也是比比皆是、层出不穷。“二战”后，日本经济高速发展，但却忽视了工业发展所带来的环境问题，致使日本在20世纪50年代爆发了危及公共健康的严重环境问题，环境公害使人民的生活环境恶化，健康与生命受到严重威胁，同时也限制了设备投资的进一步扩大，阻碍了日本工业化的步伐。日本九州地区熊本县水俣市在工业化时期以生产“窒素”

而闻名，是日本享有盛名的化工城市，人们分享工业化的成果，生活呈现繁荣向上的光明前景。但生产“窒素”产生的化学后果让这里的人们备受煎熬，终身痛苦，诞生了世界首例公害病——“水俣病”。日本北九州市的前身小仓市是世界闻名的钢铁城市，小仓市在为日本提供工业化发展所需大量钢铁的同时，也将恶劣的空气、土壤和水质环境带给了这座城市。曾经令世界震惊的“疯人村”“痛痛病”“哮喘病”“核污染”等问题都已成为日本典型社会公害事件，这些都是过度工业化和缺乏生态保护意识导致的后果，这种惨痛的代价是无法用金钱去弥补的。

（二）过度房地产投机造成的经济增长泡沫问题

随着大量农民进城居住和周围居民向中心城市移居，日本大城市房价节节攀升，房价的快速升值，使得每个人都产生能当百万富翁的梦想。伴随预期收入的提高，人们增加了现期的消费，证券、房地产和奢侈品市场呈现一片繁荣的景气。据日本国土交通省统计，以 1980 年为基期，到 1985 年日本东京商业用地上涨为 120. 1，3 年后 1988 年上涨近 2 倍达到 334. 2。1990 年东京都地价与美国全国土地价格相当，日本房地产泡沫达到惊人的程度。泡沫总有破裂时，1991 年日本房地产泡沫破裂，2002 年东京商业用地和办公用地价格仅相当于 1983 年的 1/4，住宅用地也仅相当于 1990 年的 40%。2000 年共有近 6 000 家房地产建筑公司破产，因为许多企业都涉及房地产，大多数日本企业受房地产泡沫拖累一蹶不振，日本经济陷入衰退的十年，经济增长率由 5. 1% 下降为 1. 6%。

（三）经济增长非均衡发展问题

到 21 世纪初，日本 90% 以上人口都居住在城市，只有不到 10% 的人口居住在农村。与过度城市化相对应，日本农村地区出现了“过疏化”，由于大量农村青年劳动力迁移到大城市，农村地区只剩下少量妇女、老人和儿童。农村青壮年劳动力涌向大城市，农村地区面临“空心化”和“高龄化”。正如日本学者安达恒生指出的那样，农村劳动力的不断流失，必然导致乡村走向衰败。农村地区的衰落引起粮食危机，据有关统计，日本种粮的农民数还不如一个日本大企业工人数。2008 年日本的粮食自给率只有 40%，60% 的粮食靠进口。与此同时，为了保证农业有续发展，日本政府对农村地区进行了大量补贴，造成了沉重的财政负担。据日本著名学者大前研一分析，1993—2006 年的 14 年间日本注入 41 万亿日元加强农业基础设施建设，仅埼玉县年度补贴额就可购买全体日本人的水田。农村的“过疏化”也造成了基础设施的浪费，大量乡村公共设施如国民体育馆、文化宫等处于闲置状态。

日本经济增长成功之处在于政府的主导，从服务政策环境、产业结构调整、宏观调控和经济增长均衡策略，都能体现政府的影子。从日本经济增长动力演化历史看，“绿色发展”将代表经济增长动力演进未来方向。为此，日本政府不断出台相应的引导扶持政策，推进日本经济增长的可持续发展，提高日本在世界上“绿色王国”的美誉度。其做法值得江苏沿海地区借鉴。

三、政府导向型经济增长动力转换经验

（一）实施绿色新政，各级政府不断出台环境友好型扶持政策

政府的执政理念发生重大变化，由过度注重经济增长转到更加注重环境治理，由过度注重重化工业发展转到更加注重服务业发展，由只注重经济发展转到更加注重生态、经济和社会的协调发展上，日本各级地方政府相继出台了财政税收优惠、补助政策以及贷款利率优惠政策，加大了环境友好型政策支持力度。如日本北九州市过去是“钢铁之都”，城市也曾经出现大气污染等严重“城市病”，北九州政府下决心解决环境公害问题，促进北九州市由“钢铁之都”向“绿色之都”转变。通过采用 IT 信息技术和开发新能源、新材料等创新方式，开辟了节能环保新领域，目前节能环保新产业已经成为北九州市新的产业优势基础。长崎市历史上是一个典型的重工业城市，重工业化阶段也出现大气污染严重、交通拥堵、垃圾遍地和污水横流的环境公害问题，政府出台了多项经济调整政策，长崎市正由传统的重工业城市向信息、金融和研发现代服务业城市转型，走向了可

持续绿色发展经济增长道路。柏之叶市则把智慧城市作为解决产业发展与环境保护协调发展的突破口，努力打造环保宜居、低碳循环和高新产业集聚的智能型、生态型城市。2009 年 4 月，日本又公布了《绿色经济与社会变革》，目的是强化日本绿色低碳经济发展。在绿色发展动力推进下，日本经济增长由低端产业向中高端迈进。

（二）坚持产业化与经济增长协调发展原则，通过产业升级不断推进经济增长进程

产业是经济增长的前提和基础，是核心驱动力，经济增长是产业发展的结果。日本经济增长的历史是产业发展与经济增长协调前进的历史。从明治维新直至当今日本，产业化始终是日本经济增长的核心驱动力。伴随产业化的转型升级，日本的经济增长也不断转型升级。

表 5－2　日本经济增长阶段与产业重点对应关系表

经济增长阶段	产业重点
起步阶段	轻工业和重化工业
加速阶段	高端装备、对外贸易
稳定阶段	产业扩散、农村产业
可持续发展阶段	现代服务业

日本仅用 100 年左右的时间就走完了欧美等其他发达资本主义国家用几百年走过的道路。尽管如此，从纺织等轻工业起步，通过扩大机器设备生产以及增加产品出口，推动重化学工业快速发展，并促进了产业结构升级和就业结构转变，直到最终实现工业化，日本同样经历了工业化的整个过程。走可持续发展道路并非不要产业发展。产业发展始终是经济增长的驱动力，而且是核心的驱动力，甚至可以说是第一驱动力。日本在经济增长起步阶段，产业的发展是以轻工业和重工业为主的。在经济增长快速发展阶段，中小企业迅速发展吸收更多的农民进城变市民，产业按国际标准由低端向中高端升级，通过对外贸易拉动沿海城市群开始集聚。在经济增长稳定阶段，人们关注农村地区现代化问题，产业向城郊和农村地区扩散，提升郊区和农村地区经济增长质量。在经济增长可持续发展阶段，产

业的重点则是大力发展以信息技术、金融保险和节能环保为代表的第三产业，让现代服务业成为经济增长新的动力源泉。

（三）发挥好市场和政府在经济增长中作用，厘清各自权力边界

日本经济增长历史中，注意发挥好政府和市场的“双轮”驱动作用。一方面，经济增长注意发挥市场经济的配置性作用，发挥好民众、企业、自然的主体作用。日本政府在经济增长中的作用主要体现在三个方面。第一，制定正确的宏观经济战略。日本政府正确的宏观经济战略与对策在经济增长历史进程中是功不可没的。2000 年和 2010 年，日本先后实施第四次和第五次全国综合开发计划，形成规划体系，极大促进了农村经济增长和全国经济增长的建设。第二，为中小企业发展创造有利的政策环境。无论是在工业化加速发展阶段还是在后工业化时代，日本政策都出台优惠政策积极推进中小企业大发展。通过改革税制，鼓励企业节约能源，大力开发和使用能源新产品。第三，政府主导农村经济增长进程。针对大城市带发展过于集中而小城市和农村地区出现“过疏化”的现象，日本政府在工业化成功后投入大笔资金在全国进行基础设施建设，大大促进了中小城市和农村地区的发展。日本政府还制定了《新事业创新促进法》和《关于促进地方中心小城市地区建设及产业业务设施重新布局的法律》等大量法律法规，积极通过工业化和城市化发展引导农村人口向周围城镇集中。

（四）坚持城乡产业的统筹协调，实现以“绿色发展”为主要动力经济增长的均衡发展

经济增长应该是城市地区和农村地区均衡发展的经济增长，以“绿色发展”为主要动力的经济增长应该是均衡的、可持续的经济增长。为了实现国民经济均衡发展，日本政府通过实现农业现代化、中小企业现代化和开发经济落后地区，积极开发农村地区产业，实现国民经济和国民生活的均衡发展。1972 年田中角荣首相推行“列岛改造计划”，使人财物从大城市流向地方，增加农村地区就业机会。2005 年日本人口就出现下降的趋势，日本成为亚洲地区率先进入老龄化社会的国家。顺应老龄化趋势，在

农村地区，日本政府重点推进农村健康医疗、能源环境、新基础设施建设、提高农产品质量和文化产业领域发展，积极推进养老产业，打造适合人们养老居住的低碳、环保小城镇。

第二节 “一带一路”背景下中国广西北部湾地区陆海统筹动力协调路径

自2008年北部湾经济区开发上升为国家战略以来，该区域重要地级节点城市广西壮族自治区南宁市、北海市、钦州市和防城港市的经济社会发展取得长足进步，陆海统筹成效尤为显著。在“一带一路”新战略带动下，“北、钦、防”三个港口重新定位，提升了专业化、集约化水平，推进了“港、产、城”的深度融合，加快了北部湾地区同城化步伐，陆海统筹取得新的进展。

一、把握“一带一路”战略要求，提升港口建设在陆海统筹发展中的新定位

北部湾北海铁山港、钦州港和防城港，地处北部湾经济圈的中心位置，背靠大西南，面向东南亚，东临珠三角，既是西南地区最便捷的出海大通道，又是促进中国—东盟全面合作的重要桥梁和基地，是我国对外开放，走向东盟、走向世界的重要门户和前沿，区位优势明显，战略地位突出。

随着国家推进“一带一路”建设，广西壮族自治区委省政府提出，北部湾经济区要加快开放开发，要构建面向东盟的国际大通道，打造西南中南地区开放发展新的战略支点，使北部湾港成为西南中南内陆腹地进入中南半岛东盟国家最便捷的出海门户，进而形成21世纪海上丝绸之路和丝绸之路经济带有机衔接的重要门户。广西计划建设以南宁为节点的“一带一路”北上南下国际大通道，从南宁向北通过贵阳、重庆、成都到西安再到兰州，与丝绸之路相连接，从南宁往南到越南、老挝、柬埔寨、泰国、马来西亚到新加坡，打造中国到中南半岛的经济走廊，通过南宁节点，海陆

丝绸之路可以有机衔接、互相支撑。

二、落实“一带一路”战略任务，以港口规模效应、错位竞争促陆海统筹新发展

港口建设规模化、大型化、集团化是世界港口经济发展的大趋势。2007 年，广西壮族自治区整合北海、钦州和防城港三个港口，组建了广西北部湾国际港务集团有限公司，为三港统一规划、统一建设和统一管理创造了条件。从北部湾经济区“三港”分工经验看，北海铁山港为散杂货码头，钦州港为集装箱码头，防城港为能源进口码头，各港口间已经初步形成了各自特色、错位发展、分工协作的良好港口产业布局。“三港”错位发展、联动发展，形成了规模效应，提升了港口的整体竞争力。

2012 年，广西北部湾港吞吐量 17 437 万吨，比上一年增长 13.8%，实现了历史性突破。2013 年，北部湾港完成货物吞吐量 1.87 亿吨，集装箱首次突破 100 万标箱。2014 年，北部湾港货物吞吐量 20 189 万吨，同比增长 8.1%；集装箱吞吐量 112 万标箱，增长 11.6%，其中，北海 2 276 万吨、钦州 6 413 万吨、防城港 11 500 万吨（见图 5－1）。根据《广西北部湾经济区沿海港口总体规划》，广西沿海港口货物吞吐量到 2020 年要达到 3 亿吨。自港务集团组建以来，拥有各类泊位超 200 个，万吨级以上泊位超 60 个，集装箱班轮航线 30 多条。广西北部湾国际港务集团有限公司目前成为多功能、多层次、多领域的现代化港务上市集团公司。

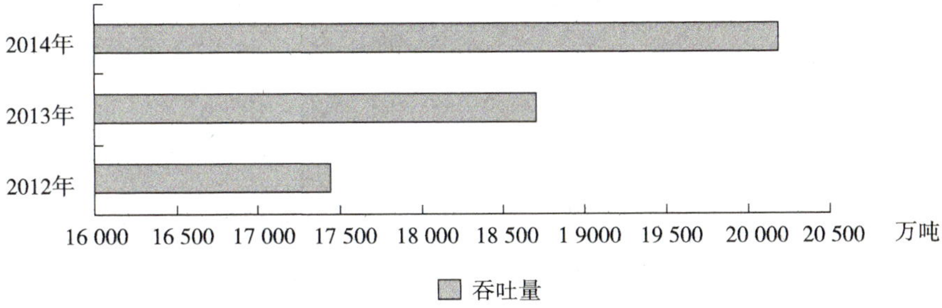

图 5－1　广西北部湾港口吞吐量增长情况

三、发挥好“一带一路”辐射效应，推进“港口、港产和港城”深度融合发展

陆海统筹发展从空间布局看，主要体现是港口、临港产业和滨海城镇的协调发展。广西北部湾实施国家开发战略和“一带一路”战略以来，“港、产、城”统筹发展、协调发展的格局初步形成，互动效应明显。从港口群来看，按照沟通东中西、服务大西南和东盟自由贸易区的发展定位，瞄准打造连通西南内陆、辐射东南亚的区域综合性枢纽港和集装箱干线港的战略目标建设北部湾港；从沿海产业群来看，北部湾以石化、电子信息、林浆纸一体化、新材料、装备制造业、能源工业、粮油加工业、保税物流等为特色的重大产业链项目正在集聚，着力建设14个重点产业园区，建成中国—东盟博览会、中马（钦州）产业园区等一批跨国合作平台，钦州保税港区、南宁保税物流中心、北海出口加工区等先后获国务院批准；从沿海城镇群来看，北部湾经济区以南宁、钦（州）防（城港）、北海、铁山港（龙潭）、东兴（凭祥）为核心进行组团式开发的同时，逐步推进南宁、北海、钦州、防城港四市城镇化进程。

在“北、钦、防”港口、产业和城市互动发展中，钦州态势最好。钦州是孙中山先生生前规划的中国南方大港，位于广西“两区一带”中的广西北部湾经济区中心位置，是中国—东盟自由贸易区的前沿城市和桥头堡，在“一带一路”战略实施中具有重要的战略地位和作用。近几年来，钦州大力发展临港工业，为港口提供持久和稳定的本地货源。主要临港工业有石化、能源、冶金、电子、汽车整车进口和通用专用设备制造业。在重点发展重化工的同时，钦州还积极发展轻工业，加速承接东部发达地区产业转移，促进产业结构合理化，重点发展浆纸产业、粮油加工产业、农海产品深加工产业和丝绸纺织服装业。随着钦州港口建设和临港产业发展，钦州市的城市知名度在全国也在不断提升。钦州市以提升滨海城市品质为目标，加快建设具有岭南风格、滨海风光、东南亚风情的宜商宜居城市，先后荣获“中国优秀旅游城市”“中国吸引华商投资之潜力城市”等

荣誉称号。其中马钦州产业园是中国与东盟经济合作示范典型园区，成为钦州在全国亮丽的名片。

四、构建实现“一带一路”战略所需要的大市场，打造“数字化”城市集群

建立完整统一开放的市场体系，是促进人力、资金、物质等生产要素流动的重要条件，也是实现“一带一路”战略的必然要求。当人流、资金流和物流畅通后，就会加强区域市场化程度，增强区域内市场经济活力。广西北部湾在大数据背景下，充分利用大数据，在不改变行政区划前提下，积极推进促进北部湾城市一体化进程，为“一带一路”战略提供统一、完整、现代市场条件。

一是户籍管理一体化。放开户籍管理制度，在不打破行政区划的前提下，实行户籍同城管理。二是社会保险一体化。四个城市社会保险一卡通，“五险一金”同城使用。三是医疗卫生计生服务一体化。实施“三合一”信息系统方案，信息进入平台，实现资源共享。四是住房公积金一体化。出台“异地贷款公积金同城化协议”，放宽异地购买住房公积金贷款限制。五是交通一体化。南北视为一个城市，四个城市共用交通一卡通。六是综合管理一体化。异地办理机动车年检，汽车驾照考试，出入境管理同城化。七是信用体系的同城化。实施数据对接，社会信用情况与本人在单位提拔、年终评优和绩效工资相挂钩。八是教育同城化，实现教育均衡发展。九是旅游同城化，成立旅游产业联盟。十是产业同城化。由广西壮族自治区协调产业布局，站在高层次上优化产业布局，防止产业“同质化”，靠龙头企业带动中小企业发展，延伸产业链条（见图5-2）。

2016年光明日报记者钟超和周仕兴以《春潮涌动北部湾》为题深入报道了北部湾沿海地区融入“一带一路”后经济增长最新成就。

正在广西南宁举行的第九届泛北部湾经济合作论坛以携手泛北合作，共建“一带一路”为主题，泛北合作从共识走向共赢，成为服务“一带一路”建设，实现“一带一路”陆海统筹的重要路径。缘起“湾”的合作，

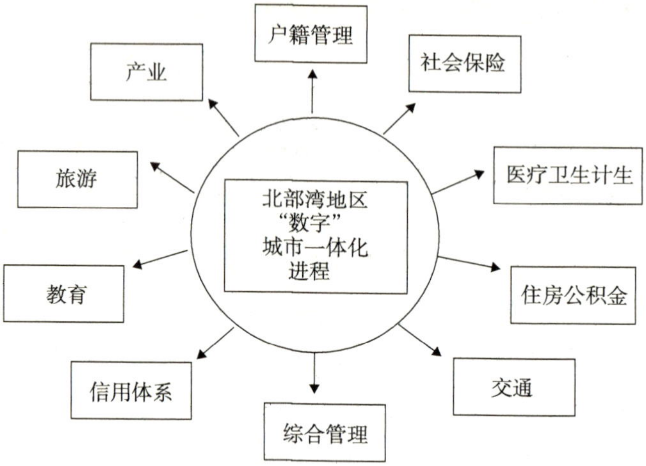

图 5-2　广西壮族自治区北部湾地区“数字化”城市一体化进程示意图

做足“海”的文章，10 年精耕，北部湾经济区带动广西国民经济生产总值、进口和出口贸易额年均分别增长 11.8%、11%和 25.4%，形成了十个超千亿元的产业，八桂大地在新起点踏上了新征程。10 年前，北海银滩还只是一个破旧的小渔村，渔民打上来的鱼也卖不出好价钱。而今天的北海，已经成为泛北部湾区域的核心城市。2015 年，北海市的电子信息、石油化工、临港新材料三大产业合计产值达到 1638.3 亿元，给蓝色港湾带来源源不断的发展动力。

生机来自于开放。纵览地图，北部湾具有沿海、沿边、沿江的地理优势。不开放，北部湾只能位居中国经济发展的“末梢”；开放，北部湾一跃成为广西经济发展的“新引擎”。“广西与东盟，特别是泛北部湾区域的合作，获得了开放发展的强大动力，有效提升了开放发展的层次和水平，从 2006 年到 2015 年，广西与东盟的贸易额从 18.3 亿美元增加到 290 多亿美元，年均增长 37.2%，十年实现了翻四番。”广西壮族自治区政府主席陈武在第九届泛北部湾经济合作论坛上说。

目前，泛北部湾区域已经形成了南（宁）北（海）钦（州）防（城港）的核心城市组团。北海重点发展高端海洋休闲旅游业，钦州重点打造港口集装箱物流，防城港则主要是大宗散货商品物流，三大城市与省会南宁通过铁路、高速公路连通，形成连接东盟各国、辐射西南内陆的区域枢纽。

连通让“新丝路”惠泽各方。5月27日凌晨4点，一趟满载钢材、汽配、日杂货品的国际联运货物列车78644次从凭祥站开出，奔赴200多公里外的越南河内安员站，返程时它将带回越南的热带水果，经凭祥入境后转运到我国的北方城市。广西是面向东盟各国的重要门户，在“一带一路”战略框架下，广西扎实推进与东盟各国的政策沟通、设施连通、贸易畅通，让“一带一路”战略惠泽各方。

在防城港东兴口岸，随时可以看到排长龙的出入境车辆。据统计，2006—2015年，东兴口岸出入境人数从291.61万人次增长至609.14万人次，成为我国出入境人数最多的陆路边境口岸。东兴市副市长李健介绍：“中越北仑河二桥项目于2014年4月开工建设，中方引桥已基本建成，今年7月将实现合龙，年底通车。”国家发改委西部司副司长翟东升说，中国与周边国家应在共商、共建、共享的大原则下，加强协调配合，抓住关键通道、关键节点和重点工程，注重运用网络、大数据等自动化、智能化技术手段，推进通关一体化和便利化。

互补产能合作以谋共赢。在中马钦州产业园内，一排排整齐有序的厂房正等待商家进驻，产业园周围还有大块平整的储备用地。该园与马中关丹产业园共同构成了“两国双园”项目。据介绍，开发3年以来，园区已入园和即将入园的项目有42个，总投资达226亿元，年产值达951亿元，税收43亿元。在全球经济增长乏力的大背景下，中国与东盟国家在要素禀赋上的差异形成了各自的比较优势，这也成为中国与东盟国家进行产能合作的基础。近年来，中国印尼经贸合作区、中越跨境经济合作区等产业园区平台先后成立，借助装备出口、产能输出、项目承接等方式，广西装备制造业和先进生产线等进入东盟国家市场，东盟国家也纷纷到广西投资兴业。

“我们在边境开设了经济特区，建设经济特区和中国—中南半岛经济走廊，符合我们的国家战略，有助于将老挝从一个内陆国家变为一个内外联通的国家。”老挝交通运输部计划与合作司司长欧拉·帕东迪说。“未来，我们将启动建设沿边金融综合改革试验区、跨境电商基地，北部湾区域性国际航运中心、区域性国际商贸物流金融合作中心等一批面向东盟的重大项目。在积极服务泛北合作的同时带动广西的经济发展。”广西壮族自治区党委书记彭清华说。

江苏沿海地区与北部湾各城市有许多共同之处，都属于经济欠发达地区，都拥有较长的海岸线和众多的滩涂资源，都面临国家区域经济发展政策叠加的战略机遇期。北部湾经济开发战略先行一步，领先一程，其港口错位发展、港口资源配置、港口规模经济以及港口的对外开放等经验，对于加快江苏沿海地区发展，提升江苏陆海统筹水平具有重要的借鉴意义。

第一，积极构建新型集团化港务集团，提升江苏沿海港口在“一带一路”战略实施中的“龙头”作用。

自北部湾成立港务集团以来，业绩飞速增长，基础设施建设突飞猛进，临港工业项目取得重大突破，成为多功能、多层次、多领域的现代化港务上市集团公司。从江苏港口现状看，普遍存在港口分散、规模小、投入不足的突出问题；港口建设存在产业腹地不足、产业布局权利不够，行政权力较弱的问题；盲目过剩投资，货运结构趋同化，港口之间过分压低市场价格问题。还有行政分割明显，区域之间缺乏合作“诸侯割据”等严重现象。为此，江苏省一是要适时组建江苏新型港务集团。通过股份制形式，打造集团命运共同体，做到资源共享、利益均沾、风险共担。通过集团资本上市运作，筹集社会资金，加强港口投入，实现“组团发展”、快速发展、跨越发展。二是要创新港口管理体制机制。增强港口经济发展内在活力。全面深化港口管理体制机制改革，赋予港口经济发展区更多管理权限，以市场为导向，以调动各港口生产经营积极性为目的，给予港区更多的用地权利、招商引资权利、城市建设权利和行政管理权利，通过体制机制的创新，释放出江苏港口经济发展的新活力。三是要实施港口所有权与经营权分离。即新型港务集团受国家委托拥有港区及腹地的土地、岸线和基础设施产权，经开发后以租赁形式把码头租给相应企业经营。国家收取出租费用，具体经营情况由企业自主承担，较好体现了港口建设中政府作用与市场机制的有机结合。要着眼“一带一路”战略目标，出台江苏沿海港口建设新的扶持政策，在2020年把江苏港口打造成横贯东中西、对接东北亚、融入“一带一路”我国中部重要出海通道。

第二，进一步明确江苏沿海各港口发展定位，在积极融入“一带一路”战略中提高港口集约化、专业化水平。

工业革命以后，世界上沿海地区得到较快发展，港口、产业、城镇纷纷兴起，成为世界区域经济相对发达地区，港口地区也是经济高度集聚的地带。“一带一路”战略提出，为我国港口地区经济发展提供了新机遇。广西北部湾各港口紧紧抓住“一带一路”战略机遇，超前谋划，积极布局，各港口间已经初步形成了各自特色、错位发展、分工协作的良好港口产业布局。因此，借鉴北部湾经验，在“一带一路”背景下，一方面，江苏沿海各港口要提高专业化、集约化水平。就江苏沿海港口实际看，目前普遍存在特色不明显，货物“同质化”，各自为政的问题，容易导致价格“恶性”竞争，货物供给量不足直至亏损的不利后果。江苏省政府要加强“十三五”规划引领，以特色明显、错位发展、分工协作为原则，统筹协调江苏各港口的发展定位，促进江苏港口专业化、集约化发展。连云港港口应该定位为我国陆上丝绸之路中部重要的出海通道，加大通过集装箱承担货物海上运输的力度。盐城港应该定位为连云港的组合港，与连云港一道组成我国陆上丝绸之路中部重要的出海通道。南通港应该定位为我国长江经济带和沿海经济带重要交通枢纽，为上海在“一带一路”中更好发挥作用，提供运输、腹地、产业等支持。另一方面，要加强连云港港口、盐城港和南通港之间的航空、铁路、公路、高铁、动车和“海上巴士”等集疏运体系建设，实现“三港”基础设施建设互联互通，构建港口间紧密联系的网络交通体系，为江苏沿海地区港口专业化分工、特色化发展提供有力的运输保证。

第三，探索形成江苏沿海“数字化”城市集群，打造“一带一路”重要地级节点城市。

必须加强“三极”即连云港、盐城和南通三个中心城市的建设，扩大城市规模，加强中心城市之间以及周边地区的联系，增强江苏沿海城市群在“一带一路”战略中的极化与辐射带动作用。一要突出地级节点城市作用。虽然江苏省没有被《推动共建丝绸之路经济带和21世纪海上丝绸之路的愿景与行动》规划所提及，但由于江苏省具有“一带一路”陆上和海上交会点的独特优势，新亚欧大陆桥东端起点的区位优势，沿海开发和长江经济带建设的国家战略政策机遇叠加优势，地级节点城市纳入国家“一带一路”规划是必然的趋势，连云港将成为新亚欧大陆经济带的主要节点城市，南通市将成为重要区域性综合交通枢纽，盐城市将与连云港合作，打通水上“陇海线”，成为淮河生态经济带的“龙头”城市。二要优化城市发展空间布局。推动港口群、产业群和城镇群联动发展。以整合区域资源为手段，使产业群、港口群、城镇群形成三位一体的发展态势。将产业群作为城镇群的产业空间分布的主要支撑骨架，驱动产业在城镇群地域空间内沿着基础设施束呈带状的高度集中分布，建立合理有效的产业空间组织系统，推进产业群与港口群的结合，产业群与城镇群的耦合。三要打造“数字化”城市群。城市群建设有利于降低生产生活成本，产生巨大经济效益，提升城市的竞争力，对地级城市更好发挥在“一带一路”战略中的支点作用，具有重要意义。借鉴广西北部湾最新经验，在不改变行政区划前提下，充分发挥大数据功能，尽快实现江苏沿海城市区域内户籍、社保、医疗、交通、信用、旅游、产业一体化进程，打造沿海“数字化”城镇群。与苏南以及上海的“数字化”对接，推动长三角北翼加快深度融入上海经济圈。并探索与新亚新欧各国经济贸易数字对接，融入“数字化”丝绸之路经济带建设进程中。

第四，放大江苏沿海产业园区“拉动”效应，加强“一带一路”战略实施载体建设。

从北部湾各港口发展经验看，充分利用港口资源，加强产业园区建设，大力提升产业园区国内国外知名度，是降低生产成本、推进经济增长、培育对外开放新优势、抢占区域竞争制高点的有效途径。北海港利用腹地优势，吸引了中石化大型企业的绿色进驻，能为当地带来近亿元的财税收入；防城港利用港口优势，进口印度尼西亚等东盟国家的煤炭资源，由于原料成本低，吸引了中电投和武汉钢铁公司等大型企业在周边的布局，有力拉动了地方经济增长；钦州市利用港口优势，积极发展与东盟的开放合作，与马来西亚共建钦州产业园区，中马钦州产业园区已成为中国与东盟合作的典范园区，受到中央领导的高度重视，有力提升了钦州在全国的知名度。因此要进一步加强江苏沿海地区港口产业园区建设、推动园区建设上层次上水平。要促进港口产业园区集聚、集约发展。按照“务实、高效、便捷、现代”的原则，推动国家级经济开发区、国家级高新技术区、国家级经济可持续发展区和国家保税区向港口区集中，赋予产业园区在“人、财、物、土地”等生产要素上更大的使用权利，为产业园区发展拓展新的空间。要扩大产业园区发展的知名度。盐城中韩产业园区是我国与韩国仅有的两个政府间合作产业园区。盐城中韩产业园区内汽车合资经营成效巨大，已经形成制造业千亿级产业规模，并正向汽车零部件和汽车服务业两个千亿级产业规模迈进。在我国外贸形势严峻，出口下行的不利背景下，中韩盐城产业园区影响力日益显著，在开拓外贸新空间，形成对外开放新优势中具有典型意义。可以比照钦州港，积极争取中央高层领导来园区指导工作，扩大中韩产业园区在“一带一路”战略中的国内和国际影响力，使江苏港口产业园区建设成为江苏经济增长的新的动力源、新的增长点、新的亮丽名片。

第六章　江苏沿海地区经济增长新动力发展趋势与应对策略

当前，我国经济社会发展“步入”新常态，经济增长进入“换挡”期。经济增长速度表面是“换挡”，实质是经济增长动力的转换。适应经济新常态，经济增长将由过去的要素投入单一驱动转变为制度、创新等多元动力驱动。江苏沿海地区要认识新常态、把握新常态，以绿色发展方向为引领，积极作为，加快构建多元动力系统，探索全新动力，为促进江苏经济转型升级做出更大贡献，为全国经济转型中稳定经济增长提供示范模式。

第一节　江苏沿海地区经济增长新动力发展趋势

在世界科技革命和国内经济新常态理论推动下，江苏沿海地区经济增长动力转换正处于关键时期。江苏沿海地区各级政府、企业和社会各界团体，始终以经济发展为中心，以强烈的追赶精神，一招不让的干劲和马上就办的作风，面向市场积极寻找经济增长新动能，加快经济结构转型升级，实现了经济稳定增长。借鉴国内和国际经验，结合江苏沿海地区经济增长动能转换历史、现状实际，江苏沿海地区经济增长新动力会呈现如下发展大趋势。

一、多元新动力体系：江苏沿海地区经济增长新动能重要特征

世界科技革命和工业革命的爆发，为全球经济发展带来深刻革命。所

谓革命，不是表现在一个产品、一个企业或者一个产业上，革命是具有颠覆性、全局性和“毁灭性”的。新的科技革命和新的工业革命给江苏沿海地区经济带来的影响是全局性的。互联网+、绿色化+、智能化+等技术革命将覆盖江苏沿海地区众多产业，经济增长因而会呈现出多元新动力驱动新趋势，从根本上改变过去靠投资和劳动力投入单一驱动的粗放经济增长方式，经济增长后劲更足，更可持续。

二、“十一大方面”：江苏沿海地区经济增长新动力体系框架和主要内容

根据区域经济学和产业经济学原理，一个地区经济增长动力的形成受到区域经济资源优势、区位情况以及发展阶段等因素制约。根据江苏沿海地区区位、资源禀赋和发展阶段情况，江苏沿海地区未来经济增长新动力体系组成见表6－1。

表6－1　江苏沿海地区新动能体系组成情况

江苏沿海地区经济增长新动力体系	每个经济增长新动力主要构成情况
新能源产业	风能、太阳能、核能及产业化
人才集聚	高层次领军人才和高级技术工人
现代农业	高效农业和休闲农业
制造业智能化	产品智能化、绿色化、高端化
环保产业	生态产品、生态企业、生态产业链
高新技术产业	通信设备、新材料、海洋生物
现代服务业	大数据、旅游、健康产业
新型城镇化	中心城市建设、农民集中居住
对外贸易新优势	高技术产品出口、企业海外投资
对外开放新空间	中韩产业园区、“一带一路”
制度供给创新	政府审批权限下放、商事制度改革

三、生态风险：江苏沿海地区多元经济增长动力面临的风险挑战

经济增长由单一驱动转向多元驱动，会为江苏沿海地区经济增长注入

更多活力，也会推动江苏沿海地区开发深入开展。根据国土开发理论，越是深入开发，区域经济面临的风险越大，尤其是作为全国重要的生态功能区，江苏沿海地区开发正面临较多风险，生态系统风险问题要引起高度重视。生态系统主要包括水系统、国土系统、空气系统和生物系统四大类。相应地，生态系统安全风险包括水系统安全风险、国土系统安全风险、空气环境系统安全风险和生物系统安全风险。在政府主导的沿海开发中，生态系统安全风险还需要加上执政理念的安全风险。

生态风险之一，执政开发理念的风险。为政者，重政绩。政绩分显绩和潜绩，GDP、人均收入和财政收入等指标是彰显的政绩，是立竿见影的政绩。而诸如经济转型、经济环境的改变和生态安全的构建则是潜绩，是需要假以时日方能见效果的。沿海开发中，部分地方政府传统区域开发观念根深蒂固，往往重显绩，忽略潜绩，更有甚者牺牲潜绩换取显绩，继续走“先发展，后保护”，“先污染，后治理”的粗放经济增长老路。调查中，有的县区领导就提出，生物多样性保护区妨碍了滩涂围垦，“保护那几只鸟有什么用?”这种观点也有了一定的市场。

生态风险之二，近岸海域水质污染给海洋带来的风险。海洋资源是地球上最重要的水资源。海洋占地球表面的71%，它不仅养育大量生物，而且创造适宜人类和其他生命生存的自然条件和自然环境。随着沿海开发的深入进行，海洋生态系统面临垃圾、污水侵蚀加重，海产数量减少，珊瑚礁和红树林加速消失的风险，海洋生态风险正在加大。据2010年江苏省近岸海域环境质量公报，2010年江苏沿海近岸污染海域面积上升。清洁和较清洁海域比上年减少了4 434平方公里；中度和轻度污染海域超过1万平方公里；严重污染海域达到4 655平方公里，海域污染面积比上年增加许多。严重污染面积集中在灌河口、中山河、射阳河和启东地区。从卫星上看，灌河口污染最严重。

生态风险之三，重化工业转移园区给周围居民带来的风险。不可否认，江苏沿海地区地域辽阔，土地后备资源丰富，发展经济空间巨大。正因为如此，苏南向苏北转移的产业往往是重化工业，这一点体现在园区工业摆放中。南通8个开发区中，7个园区涉及纺织、医药和化工污染企业；连云港7个开发区涉及污染企业6个；盐城市7个开发区涉及6个。这些重化工业在给当地政府带来经济效益同时，也带来了环境污染等经济的负外部性。由于沿海地区欠发达，在污染治理基础设施建设方面能力不足，工业园区对周围农田和空气污染日趋严重。

生态风险之四，滩涂围垦给生物多样性带来的风险。中国古代环境思想中最具有历史意义和理论价值的应是天人合一。强调服从自然法则，强调人与自然和谐统一，把自然万物视为知己和朋友，充分体现对自然万物的尊重和敬爱。土地是经济增长的重要生产要素，是稀缺资源。沿海开发更多是依靠土地搞开发，用广袤的土地换产业、换资金、换技术。而沿海的土地优势在滩涂。以盐城市为例，盐城市境内拥有582公里的海岸线，有4 550平方公里的沿海滩涂湿地。这些滩涂湿地是各种动物和植物栖息生活的乐园。滩涂围垦发展经济不可避免地要跟动植物争夺土地，压缩了动植物生存空间，减少了生物的多样性。据中国环境报记者郭薇和王一博报道，盐城市丹顶鹤保护区的面积不断被蚕食，到2007年，保护区的面积已由680万亩锐减为420万亩，缩水38%，随着保护区的缩减，到盐城越冬的丹顶鹤数量也在逐年减少：2007年654只，2008年601只，2009年502只，2010年仅有477只。

四、低碳经济增长：江苏沿海地区新动力的实践模式

江苏沿海地区开发是综合性开发，它不仅包括经济增长，还包括社会发展、人民幸福和生态文明等重要内容。江苏沿海地理位置重要，生态保护功能突出。要坚持沿海地区综合性开发根本原则，坚定走低碳经济增长道路。

进入20世纪80年代以来，全球气温明显上升。全球气候变暖是人类迄今为止面临的最重大的环境问题，也是21世纪人类面临的共同生存挑战。全球气候变暖导致海平面上升，极端天气频发，农业生产减产，生态系统遭到破坏等一系列灾难性后果。为克服全球气候变暖不利后果，2003

年英国政府率先提出了低碳发展概念。英国政府发表了政策白皮书《我们能源的未来——构建一个低碳社会》。英国决定在2050年将其温室气体排放量以1990年为基数减排60%，从根本上把英国变为低碳经济国家；德国政府紧随其后，提出实施气候保护高技术战略，以应对低碳时代的到来；截至2008年12月，欧盟最终就欧盟能源气候一揽子计划达成一致，形成了欧盟的低碳经济政策框架；日本也提出将充分利用能源和环境方面的高新技术，把日本打造成为全球第一个低碳社会。生存权和发展权历来是发展中国家的首要问题。发展中国家目前正处于温饱阶段，经济结构以制造业为主，碳排放较多。这一点与发达国家迥然不同。发达国家处于富裕阶段，服务业发达，碳排放较少。发展中国家正处于环境库兹涅茨线上升关键阶段，此时要求发展中国家碳排放的绝对减少就意味着遏制发展中国家经济发展，进而会威胁到发展中国家生存和发展。虽然发达国家和发展中国家在低碳经济问题上争议较大，但基于只有一个地球，需要人类共同保护环境的考虑，发达国家和发展中国家在低碳经济重大问题上能够达成妥协，签订控制碳排放的重要协议，并在一些重要理论上达成共识。

首先，低碳经济增长模式是一种经济可持续增长模式。这种经济增长模式是相对高碳经济增长模式而言的。高碳经济是一种高投入、高排放和高污染的经济增长模式，是人类在20世纪发展的主要模式，是一种不可持续增长模式。据统计，整个20世纪，人类消耗了1 420亿吨石油，2 650吨煤，380亿吨铁，7.6亿吨铝，4.8亿吨铜。经济发展所需要自然资源日益枯竭。而低碳经济增长则是一种低投入、低排放和低污染的可持续增长模式，是人类未来经济增长的根本模式。其次，低碳经济增长模式是一种清洁能源使用模式。能源是经济社会发展的重要动力源泉。经济发展中，工业和农业对化石能源的依存度是相当高的，化石能源消费量增长是惊人的。有关资料表明，1990—2001年，石油消费增长100%，天然气增长92%。目前，全球石油剩余可采量仅为1 400多亿吨，按目前产量，静态保障年限仅为40年，天然气为150亿立方米，保障年限为60年。一场全面化石能源危机摆在人类面前。其三，低碳经济增长模式是一种技术全面创新模式。发展低碳经济，技术创新是关键。实现高碳经济向低碳经济转型，需要大量低碳发展技术。如光伏电技术，利用半导体界面的光生伏特效应而将光能直接转变为电能的一种技术。碳捕获技术，主要是从火力发电厂等较为集中的碳源捕捉二氧化碳，可将二氧化碳注入地下，或者变成碳酸矿物。低碳技术广泛涉及石油、化工、电力、交通、建筑、冶金等多个领域。其四，低碳经济增长模式是促进人们生活方式发生根本性变化的模式。发展低碳经济会改变人们的能源消费观念，形成新的消费体系。我们的生活离不开能源，能源产品覆盖生活的方方面面，“碳锁定效应”无处不在。实现低碳经济增长将是一场涉及全社会领域的革命。这种完全新型的生活方式，将把人们对提高生活质量的需求引向正确的方向，引导人们在饮食、服饰、交通、日用品等方面改变以往的高消费、高浪费的生活方式。它鼓励人们更多消费低碳产品。最后，低碳经济增长模式是一种更新政府执政理念的模式。绿色新政是由联合国秘书长潘基文提出的一个新概念，是对环境友好型政策的统称，主要涉及环境保护、污染防治、节能减排、气候变化等与人和自然的可持续发展相关的重大问题。发展低碳经济当务之急就是政府要从执政理念上认识到发展低碳经济的重要性，将低碳经济增长由理论转化为政府执政方略，进而与转变经济发展方式、推进技术改造进行深入对接。江苏沿海地区政府要更新观念、解放思想，抢占低碳经济发展先机，实现低碳发展、绿色发展、循环发展。

五、合资产业园区建设：江苏沿海地区经济增长新动力的突破点

古典经济学的理论核心是可以通过资本积累和劳动分工这两者结合，以此来促进经济增长、优化产业结构。也就是说加大产业的资本投入，进一步推动专业化生产和劳动分工的发展，通过优化产业劳动分工来提高社会总产出。英国经济学家亚当·斯密是古典经济学的开创者，他认为，不但要搞好国内分工，而且要开拓国际市场，要利用好国内国际两个市场。在他看来，如果世界各国都能参与到国际分工中，只生产自己具有绝对优

势的产品，然后相互交换，能提高双方的社会总产出。因此，在国际贸易领域，他主张各国互相开放，互利共赢，他的绝对利益论认为，不同国家生产相同的商品，其成本不同，则一国应放弃成本绝对高的而选择成本绝对低的进行专业化生产，然后进行贸易，这样不但能提高两国的劳动生产率，而且能降低成本，劳动和资本能得到正确的分配和运用。以盐城中韩产业园为例，由于中韩两国经济发展及自然资源禀赋存在差异性，其形成了不同的产业结构优势，从而使得贸易结构存在互补性。两国通过发展贸易关系对资源进行组合，能进一步优化产业结构，促进经济转型升级。

中韩盐城产业园的建设经历了三个阶段。一是起步阶段。早在 2012 年，江苏省委及省政府就提出了建设中韩（盐城）产业园的构想；2013 年 10 月，中国商务部和韩国产业通商资源部在中韩“第三次经贸合作实务磋商”中推介盐城建设中韩产业园；2014 年 6 月 1 日，中韩自贸协定签订时，盐城正式被中韩两国政府层面明确为地方产业合作城市，为盐城市转方式、调结构提供了宝贵的机遇。二是实施阶段。盐城科学编制《中韩盐城产业园发展规划纲要》，总规划面积为 210 平方公里，启动区 45 平方公里，着力形成“一园三区”发展格局，包括盐城经济技术开发区、城南新区和大丰港经济区，充分发挥盐韩双方的基础和优势，重点发展汽车产业、新能源汽车、光伏光电、智能装备、软件及服务外包、电商物流、大数据、健康美容、临港物流和重型装备制造等十大合作产业。三是完善阶段。按照盐城市的规划目标，中韩盐城产业园将按照“第四代”国际合作开发园区的建设要求，力争到 2020 年时 GDP 突破 1 000 亿元，力争到 2030 年时 GDP 突破 3 000 亿元，实现对韩出口 50 亿美元，引进韩资超 80 亿美元，园区入驻韩资企业达到 1 500 家以上，建成一个“国内领先、国际一流”的中外合作示范园区。“南有中新苏州工业园，北有中韩盐城产业园。”

盐城市汽车等行业在全市工业中的比重不断提高，尤其是汽车产业竞争力的不断提升，2013 年盐城汽车产业持续稳定增长，占全市规模以上工业比重为37.6%。汽车行业举足轻重。现有3家整车企业，100多家雾部配套企业和国际汽车试验场。堪称中韩企业合作的典范——东风悦达起亚汽车2015年产能达到75万辆，2017年产能将达到100万辆，2020年将达到150万辆，中国第一辆碳纤维新能源汽车在奥新公司成功下线，年内将形成2万辆整车生产能力，2017年将形成15万辆纯电动汽车产能。中韩盐城产业园中心区——国家级盐城经济技术开发区，最近五年工业产值、财政总收入等各项主要经济指标翻了两番，2014年全区实现GDP 48亿美元，工业开票销售99亿美元，财政收入23亿美元，综合实力排名位居江苏131家省级以上开发区第16位，是盐城开放水平最高、经济发展最快、产业辐射最强的重要增长极。

第二节　江苏沿海地区放大经济新动能，进一步促进经济转型升级对策

党的十八届五中全会提出了“创新、绿色、开放、协调、共享”五大发展新理念，是适应、把握和引领经济新常态的重要指导思想，是推动全面建成小康社会和社会主义现代化的根本指针，也是促进江苏沿海地区经济增长和区域发展总的遵循。当前，中国经济分化趋势比较明显，中西部经济增长要快于东部沿海地区经济增长，高新技术产业快于传统制造业增长，现代服务业快于一、二、三产业增长。总结起来，根本原因在于发展较快地区和产业找到了经济增长新动能，促进了产业转型升级。因此，江苏沿海地区要深入贯彻新发展理念精神，围绕“六大”领域，“五大体系”，注入“十大动力”因子，从税收、财政补助、财政资金扶持和金融支持等方面实行政策的精准刺激，放大新动能效应，形成新经济的适度规模，进一步加快江苏沿海地区产业升级步伐，实现经济增长与转型互动，经济发展与社会、生态良性协调的可持续发展新局面，促进江苏沿海地区中部崛起。

一、牢固树立绿色发展理念，为沿海地区经济新增长提供精神动力

沿海地区主动适应经济发展新常态，必须进行思想观念的解放，解决好绿色发展理念问题。绿色发展理念，是当今经济社会发展的核心，是经济增长新动力的基石，为经济增长提供智力支持和思想保障，能够切实引领经济增长方式的根本转变。

绿色发展是指能够产生环境效益和经济效益的人类可持续发展生产方式和生活方式。一般有两层含义。狭义是指经济要环保，是以环境友好型的生产方式为特征的发展方式，即要求经济活动不损害环境或有利于保护环境。在这里，绿色发展要求经济活动不以牺牲环境为代价或不付出过大的环境代价，重点是解决发展中产生的环境污染和生态损害等问题，此时绿色发展又可称为环保型经济或环境友好型经济。广义上是指从环保中要经济，即从环境保护活动中获取经济效益，发展对环境影响小或有利于改善环境的产业，它包括生态农业、生态旅游、有机食品、可再生能源、服务业、高新科技、植树造林等，向绿色产业要经济效益，积极推动经济循环发展和低碳发展，形成经济新的增长点。正如美国耶鲁大学丹尼尔·埃斯蒂教授和安德鲁·温斯顿教授在《从绿到金—聪明企业如何利用环保战略构建竞争优势》一书中所指出的那样："以全新视角观察事物，会带来实际收益。过去40年间，越来越多的企业发现了灵活管理绿色浪潮带来的压力所能获得的潜在效益。未来的企业将既创造业务利润，又创造一个健康和可持续发展的世界。"我们可以把这个意义上的绿色发展称为"从绿掘金"，也就是说，环境保护可以成为经济利润的一个来源，成为一个经济增长点。

当前把绿色发展作为应对金融危机、经济衰退、环境恶化和气候变化等多重危机的重要对策，这一点已经获得了世界各国的认同。2008年国际金融危机后，全球各主要国家都将绿色发展作为经济增长的核心动力，一些发达国家甚至实施"绿色新政"，通过国家的意志，将绿色发展作为振

兴本国经济的主要动力和新的增长极。我国政府也提出要大力推动绿色发展。习总书记强调指出："中国的绿色机遇在扩大，我们要走绿色发展道路，让资源节约、环境友好成为主流的生产生活方式。"从十八大提出"着力推进绿色发展，循环发展、低碳发展"到目前各地严格执行新的《环保法》、铁腕治理污染以及实施区域绿色经济增长战略，都标志着绿色发展在我国正由理念变成有力实践。

牢固树立绿色发展理念，是江苏沿海地区适应经济新常态的战略选择。自从2009年江苏沿海地区开发上升为国家战略以来，沿海地区紧紧抓住重要战略机遇期，加大政策倾斜，广为招商引资，积极对外开放，各级干部以奋发有为的精神状态开创了沿海地区经济社会发展全新局面。经过近6年的开发，沿海地区成为江苏省经济增长最快的地区，江苏东部地区新的重要经济增长级，江苏可持续发展的重要引擎，成为江苏省乃至全国东部沿海一道亮丽的经济社会发展风景线。在沿海开发中，我们既要看到取得的巨大成绩，也要正视存在的问题，主要有经济增长方式粗放，经济结构低端化，科技含量不高以及生态风险加大等问题。因此，在沿海地区面向转方式、调结构、创新驱动和加强生态建设为特征的新常态发展阶段时，转变发展观念，牢固树立绿色发展理念，就显得尤为必要和紧迫。

树立绿色发展理念，就是要树立转变发展方式的理念。引领江苏沿海地区由高能耗、高排放和高污染粗放经济增长方式，转向高能效、零排放和低污染的集约经济增长方式，实现现代经济增长；树立绿色发展理念，就是要树立调整优化经济结构的理念。引领江苏沿海地区由劳动密集型为主的低端经济结构，转向以战略性新兴产业为主的高端经济结构，推动产业直奔中高端；树立绿色发展理念，就是要树立保护生态环境理念。马克思强调，生产要可持续进行，自然是其永远的基石，自然法则永远制约生产的进行。江苏沿海地区作为我国最重要湿地保护区，生态环境极为重要，我们必须要像珍爱眼睛一样珍爱生态环境；树立绿色发展理念，还要树立国际合作的理念。美国的新能源技术，欧盟的绿色技术和日本的环境技术以及韩国的绿色发展战略在国际上处于领先地位。沿海地区政府和企业要积极走出去，引进发达国家绿色发展技术、资金和管理经验，率先在江苏实现绿色崛起（见图 6－1）。

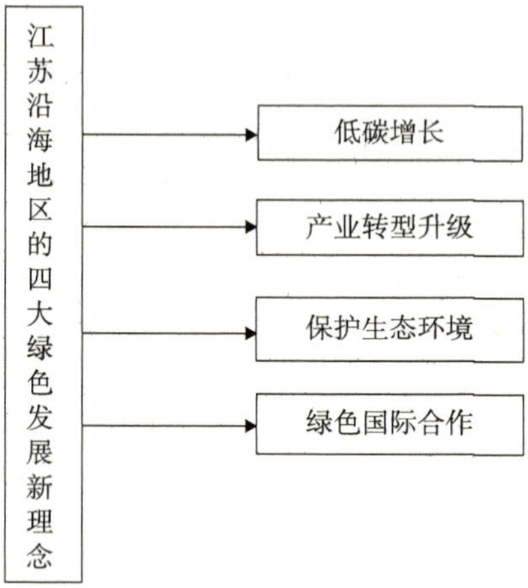

图 6－1　四大绿色发展新理念

必须把绿色发展理念落实到产业发展、企业成长、项目建设的各个方面，落实到社会生产和生活的各个领域。而要达到这些，要求在以下三个方面下功夫：一是要制定绿色发展规划。制定一个长远的，符合沿海地区实际情况的操作性强的“绿色发展规划”，促进各方形成统一预期，以迎接“绿色竞争”。建议由省政府沿海办牵头制定《“十三五”江苏沿海地区经济绿色发展规划》《“十三五”沿海地区新能源和可再生能源发展规划》《“十三五”沿海地区低碳经济发展规划》等与绿色发展密切相关的规划，明确“十三五”沿海地区绿色发展战略目标、重点任务、主要工程、保障措施。通过规划引领，将绿色经济、循环经济和低碳经济发展具体化、指标化，进而增强绿色发展的可操作性和实践性。二是要加强绿色政绩考核。成立绿色发展组织机构，建立绿色 GDP 考核指标体系，加强生态资产离任责任审计，对严重损害环境生态的行为，实行领导干部终身追究责任制度。考核制度是转变观念的重要指挥棒，指挥棒立准了，绿色发展的执行，经济结构的优化，发展方式的转变，生态文明的整体推进都有了动力。三是要加强对绿色经济投资政策扶持。政策支持是绿色发展的重要推动力。要利用好国家刺激经济增长的新政策，新增财政投资和银行信贷要加大对绿色发展领域的支持力度，支持绿色发展技术的研发和引进。通过利益补偿等机制激励地方政府对绿色产业的投入。政府以补贴、补助以及奖励等多种形式，鼓励社会投资注入绿色领域。

二、应用太阳能和风能新能源体系，为沿海地区经济新增长进一步提供支撑动力

新能源，是指煤、石油和天然气等传统化石能源之外的各种能源形式。包括太阳能、风能、生物质能、地热能、核能、水能、海洋能以及由可再生能源衍生出来的生物燃料和氢能，又称非常规能源。能源消费是经济发展的重要动力，一个国家和地区经济要持续稳定发展，能源消费不可或缺。新常态下，既要稳定经济增长，又要提高经济发展质量，就需要优化能源结构，逐步降低化石能源比重，提高新能源在一次能源消费中的比重。

后金融危机时代，人类的第四次工业革命正在酝酿，新能源有可能是这次革命的突破口，引领第四次工业革命，新能源产业将成为新一轮国际竞争的战略制高点。根据有关专家预测，2030 年全球各行业中，仅可再生能源行业新增的就业机会就将达到 2 000 万个。2008 年国际金融危机后，多数发达国家进一步明确了新能源产业的战略地位，将其纳入国家发展战略，一些发达国家已经通过开发新能源作为重新振兴本国经济的主要动力和新的增长极。美国总统奥巴马甚至认为，谁掌握了清洁和可再生能源，谁将主导 21 世纪；谁在新能源领域拔得头筹，谁将成为后石油时代的佼佼者。中国政府非常重视新能源发展，在《可再生能源中长期发展规划》中明确提出，到 2020 年，中国的非化石能源将占一次能源消费的 15%，到 2030 年达到 20%。2012—2030 年非化石能源年均增速达到 6% 以上。2014 年中国共投资 800 多亿美元用于开发新能源的生产能力，比欧、美、日都多。预计到 2030 年，新增节能投资和新增能源投资将突破 41 万亿元，能源产业规模达到 23 万亿元，对 GDP 的贡献率将超过 16%。国际和国内能

源发展新趋势，为江苏沿海地区新能源增长提供了广阔的空间。

（一）培育新能源产业，使之成为江苏沿海地区战略性支柱产业

江苏沿海地区拥有标准海岸线954千米，沿海滩涂面积有65万公顷，占全国滩涂总面积的1/4，沿海近海海域风能资源较为丰富，沿海尤其是大片浅滩沙洲是最适合风力发电的区域。陆地风电技术可开发量达300万千瓦，近海风电技术可开发量约为1 800万千瓦，合计2 100万千瓦，全年日照时数平均为2 000～2 600小时，≥0^0C的日照时数平均为1 800～2 240小时，日照百分率介于48%～59%，太阳能资源相对丰富。如沿海城市盐城市风能资源占全省70%，太阳能资源占全省50%。连云港田湾核电站技术成熟，运转良好。因此，依托江苏沿海地区资源禀赋和技术优势，适应国际和国内能源发展的新趋势、新要求，大力开发新能源，突出发展风能、太阳能、生物质能以及新能源汽车，形成新能源产业，促进实体经济新发展，是江苏沿海地区调结构、稳增长、转方式的有效途径和重要支撑动力。

（二）提供政府补助金，支持以新一代蓄电池为重点的能源技术开发

国际经验表明，政府力量是发展新能源经济的基础力量，发展新能源产业，不能完全交给市场慢慢发展，必须进行整体力量的动员。政府要制定相应的财政激励政策和节能减排的优惠政策，加大江苏沿海地区新能源产业培育力度。一是制定沿海地区“十三五”新能源战略性新兴产业规划。在新常态下，尤其是在中央提出“绿色化”战略新背景下，重新对沿海新能源发展进行定位。在“十三五”发展期间，把新能源战略放在沿海地区发展更加突出的地位，优先发展、快速发展、跨越发展。加强新能源产业平台建设，围绕新能源产业建设“新能源园区”和“新能源城市”，构建“低碳工业园区”和“低碳城市群”，让新能源和低碳发展成为江苏沿海地区未来发展的新的亮丽名片。二是加强新能源技术研发和引进工作。重点围绕创新型制造技术、新型低能耗建筑材料、环保汽车及智能化

交通系统等能耗高的领域进行科技研发，力争在燃烧系统技术、能源利用技术、节能型信息空间创新技术、低碳型交通社会构建技术和新一代节能半导体元器件等重要领域取得突破，支持推进海洋能、太阳能和风能利用的基础研究，扩大太阳能、风力和生物质能发电进入普及期的市场，加快太阳能、风能、燃料电池及蓄电池关联产业群的形成。2030 年，争取沿海地区新能源发电成本与火力发电成本相当。三是促进新能源的应用，形成全社会利用新能源的深厚氛围。通过新能源规划引领，督促基本建设设备供应商和能源供应商制订新能源使用方案，为用户提供新能源使用计划指导。对使用新能源的企业，由政府出台财政政策，使之用电成本与火力发电成本相当。对用户使用节能家用电器和新能源汽车的，由政府予以较大的财政补助。支持企业和家庭利用空闲场地和屋顶进行分布式光伏发电，剩余电量并入电网。

（三）发挥企业主体作用，引导非政府资金进入新能源领域

加强新能源资金投入，是实施新能源战略的重要前提。一方面，政府要加强新能源领域建设的投入，江苏沿海地区要将国家刺激经济发展计划中较多的资金投入到新能源领域，加强技术研发和引进，做大做强新能源产业，将新能源产业在“十三五”期间培育成沿海地区支柱性战略性新兴产业。另一方面，要充分发挥市场机制的决定性作用，发挥好企业发展、使用新能源的主体作用，激发沿海地区新能源经济发展的内在活力，实现新能源经济的可持续发展。为此，首先，严格环保政策执行。让企业制作碳排放披露方案，实行环保教育和资格认证等措施，培养企业可持续发展理念。其次，促进新能源市场发展。制订新能源激励计划，建立能源多样化和可持续供应的新能源机制，鼓励企业研发新能源技术并使用新能源。如征收化石能源燃料发电税，补贴新能源发电，供电公司要订立合同，订购可再生能源等。其三，进行能源合同管理制度创新。由社会公司承担能源节约管理筹划、组织、执行，节约的资金由社会公司和受益单位共享。它既符合国家绿色发展要求，又有广阔的市场需求，企业应该努力做强做大这个市场。最后，利用 PPP 新的投资方式，在政府资金引导下，吸引民

间资金投入新能源领域，既能加快新能源产业发展，又能拉动固定资产投资，这对于当前稳定经济增长，促进沿海地区经济新的增长，具有十分重要的现实意义，是一个新的重要增长点。

（四）加强新能源基础设施建设，为新能源推广利用提供便利条件

太阳能、风能和核能等新能源的使用，与传统常规性能源使用相比，有许多不同之处，需要更多的基础配套设施。因此，大力推广新能源使用，提高新能源在一次能源消耗中的比重，加快新能源使用基础设施配套建设是重要前提和基础条件。一是大规模建设公共充电网络。目前汽车产业进入微利增长时代，而使用新能源的汽车销量却异军突起，发展新能源汽车，促进汽车行业转型升级势在必行。推广新能源汽车，需要建成覆盖广泛、布局合理、快速方便的公共充（换）电网络，这是大规模推广应用新能源汽车的前提和基础条件，包括建立充（换）电站、直流充电桩等。二是建立安全的核能基础设施。核电作为一种清洁能源，在未来有广泛的应用前景。现在世界上能源需求的7%和全部发电量的17%来自核电，日本30%～40%的电力是由核电提供，法国则达到70%以上。美国总统奥巴马认为，核能是全美最主要的低碳能源。要想在满足日益增长的能源需求同时，避免气候变化带来的严重后果，美国必须提高核能供应量。发展核能，安全是头等大事。必须加强配套基础设施建设，为核能安全运行提供支撑保证。三是将太阳能、风能、生物质能以及化石能源有机结合在一起的基础设施建设。就能源发展趋势看，太阳能、风能、生物质能以及核能等非常规能源在能源消耗中的比重会逐步提高，有可能取代化石能源成为常规能源。但就目前情况看，化石能源的地位仍然十分重要，为经济增长提供了主要动力能源。将常规能源与非常规能源相结合，逐步优化能源结构，是能源发展战略的大方向。因此江苏沿海地区要加强太阳能与风能互补的基础设施建设，加强太阳能、风能、生物质能和核能以及化石能源相融合的基础设施建设一体化进程，如路灯、超远距离输变电线路、沼气池建设等，为多层次、多领域、多功能使用新能源提供基础设施保障。

三、构建沿海绿色农业体系，为沿海地区经济新增长进一步提供基础动力

农业是国民经济至关重要的基础产业，是工业化的基础动力。农业发展为工业化提供了原料、资金和市场，特别是从农业中转移出来的农村劳动力是推动工业化和城镇化的重要动力。农业发展关乎经济社会现代化的未来，农业现代化进程关系到沿海开发战略的成败得失，雄厚的农业经济基础是沿海经济增长的助推器，是沿海地区经济社会可持续发展牢固的支撑。江苏沿海地区拥有农业发展优越的自然条件，是我国重要的农业主产区和功能区。沿海地区农业在江苏省乃至全国占有重要地位，沿海 18 个县市中有 16 个是国家级商品粮基地县。沿海地区土地资源丰富，是我国东部地区后备土地资源最丰富的地区，发展现代农业潜力巨大。沿海地区土地总面积为 30 428 平方千米，占江苏省陆地总面积的 29. 7%，其中，滩涂面积 1 031 万亩，占全国滩涂总量的 25%，位居全国第一位，到 2020 年，沿海地区计划围填 270 万亩，60% 的所围地域用于农业生产，这为沿海地区优质高效农业发展提供了广阔空间。此外，沿海地区还有 954 千米的海岸线，近海近 7 万平方公里的海域面积，拥有滨海特色的旅游环境、沿海风能和潮汐能等资源优势，这为发展沿海休闲观光农业、水产品养殖基地以及能源农业，提供了重要前提和基础。目前沿海地区已建立了比较发达的农业生产体系，是江苏省重要的大宗农产品和水产品的生产基地。

在看到沿海现代农业发展取得重要成绩的同时，我们也必须正视存在的问题，沿海现代农业发展主要问题有：农产品质量急需提升，农业基础设施仍然薄弱，农业机械化水平有待提高，农产品加工业增殖较低，农业外向型不够，农业经营主体素质不高，农业生态环境亟待加强等问题。为此，要从以下六个方面加大沿海地区现代农业发展力度，推动沿海地区现代农业在“十三五”上新台阶，在江苏省率先实现农业现代化，为全省乃至全国现代农业发展“带好头，领好向”。

（一）以绿色发展为显著标志，构建特色鲜明的沿海现代农业产业体系

绿色化+是继互联网+后中国经济社会发展新趋势，必将为绿色现代农业发展带来新机遇，创造新空间。沿海地区要以市场为导向，加快构建数量、质量和效益并重的现代农业产业体系。一是稳定粮食生产。沿海地区作为全国粮食重要产区之一，事关国家粮食安全，必须坚持把抓好粮食生产作为推进沿海现代农业建设的首要任务。要大力开展高产创建，不断扩大粮食产能。要探索创新农场式、园区式、托管式、联耕联种式等新型粮食生产经营方式。要整合农业良种补贴、农机具购置补贴、农业生产资料综合补贴，向种粮大户、家庭农场、专业大户、粮食合作社和种粮农业企业倾斜，保证打粮务农的农民收益不低于“非粮化”种地农民水平，调动农民种粮积极性，释放粮食生产的内生动力。二是推进农业结构调整。在抓好、稳定粮食生产的基础上，要优化沿海地区农业结构，提高农民收入水平。大力发展蔬菜林果、规模畜禽、特色水产、现代园艺等高效种养基地，形成区域特色的农业主导产品和支柱产业。实施优势农产品产业工程、沿海现代农业示范工程和长三角高效特色农业产业工程，着力打造沿海地区优势特色农业。三是积极发展休闲观光农业。依托良好的生态和区域优势，利用沿海滩涂、湿地、湖荡、森林等资源，形成环城休闲度假园、国道休闲农业带、沿海休闲农业带。要将休闲农业作为新兴产业来培育，尽快拓展沿海地区农业功能，使农业不仅提供更多更优惠更安全的农产品，而且提供生态产品、文化产品、休闲产品（见图6－2）。

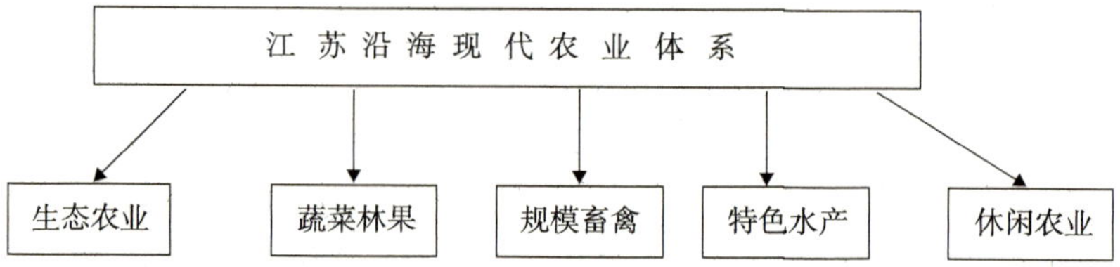

图6－2　江苏沿海现代农业体系

（二）以农业工业化为主要动力，推进农业产业升级、农产品奔向中高端

发达国家现代农业发展经验表明，传统农业一旦与工业化成果相结合，就会焕发出新的生命力，农业产业将呈现出勃勃生机。有些发达国家如丹麦甚至通过农业现代化实现了国民经济现代化，国民过上了富足的生活。现代农业产业化发展将同新型工业化道路一样，成为推进江苏沿海地区经济增长的“两翼”和“两个轮子”。一要大力实施农业“接二连三”工程，加快推进农业一、二、三产业融合发展，着力提升农业产业化水平，这既是现代农业发展的方向，更是推动农业调结构、转方式、上台阶的重大任务。二要着力推进现有龙头企业“提挡”升级，带动现代农业转型升级。重点培植一批年销售超100亿元的企业集团，积极发展农业产业集群，不断提高农业规模化、组织化和集约化水平。三要形成工商资本和农户双赢机制。鼓励工商资本发展适合企业化经营的现代种养业、农产品加工业、农产品流通业以及农业社会化服务，延长农业产业链，发展现代化农业企业。四要加快发展现代农业示范园、农产品加工集中区的农产品物流园区“三大载体建设”。坚持把园区建设作为推进农业工业化的抓手，促进园区规模上水平，打造国家沿海现代农业园区示范基地。

（三）以基础设施建设为有力支撑，提高沿海地区现代农业物质装备水平

在经济下行压力加大，财政收入趋紧不利形势下，政府不能减缓对农业的投入，要整合支农资金，用更大的决心加大对农业基础设施的投入。一是要深入实施土地综合整理工程，切实保护好耕地特别是基本农田，实行最严格的土地管理制度，确保基本农田总量不减、用途不变、质量不降，努力提高耕地质量，加快中低产田改造。二是推进土地适度规模经营，全面推进农村集体土地确权登记发证，积极稳妥推进土地流转。要积极推进农田示范区建设工程。按照高标准农田建设的标准，集中连片，规模推进。三是以设施化生产为重点，发展设施栽培，大力发展钢架大棚、

日光温室、智能温室、喷滴灌等设施，全面应用节能化、智能化、自动化设施装备。四是适应联耕联种联管联营新要求，全面加强农村田间道路，水利设施，桥涵闸洞基础设施配套建设，改善联耕联种农业生产方式条件。五是要加快推进绿色沿海建设工程。要大力实施绿色滩涂建设、绿色园区建设、绿色村庄建设、绿色集镇建设，充分发挥沿海开发的综合效益，全力突破沿海地区绿化和村镇农田绿化。

（四）以科学技术应用为重要保证，大力提升沿海地区农业生产综合竞争力

发展沿海现代农业，科学技术是关键。江苏沿海地区农业对外界的依赖过于突出，导致自然灾害对于农业生产的影响过大。为此，一要组织实施农业优良品种培育工程。尽快培植和选育耐低温，抗逆性强的品种，重视蔬菜的防虫抗冻技术，大棚的采光以及合理的轮转模式。二要探索绿色增产集成技术。沿海地区要充分发挥生态和资源优势，整合科研机构，共同努力攻克绿色农业科技难题。重点支持绿色大米、设施蔬菜、特色畜禽水产等江苏沿海特色产业中的重大核心技术研究，为沿海地区绿色现代农业发展提供科技支撑。三要推进农业科技成果转化。切实加强农业科学技术推广体系建设，强化公益性农技推广服务体系建设，加大基层农技推广机构建设，提高农技推广人员待遇，加强基层农技人员培训，提高服务能力。四要加快农业机械化，全面落实补贴，推进农机具向大型化、多功能、复合式延伸，基本实现耕种、植保、收获、加工、储运全流程机械化。

（五）以发展创汇型农业为有效途径，努力提升沿海地区现代农业开放水平

发展外向型农业是提高农业现代化水平，实现农业可持续发展的重要途径。在当前激烈的国际竞争形势下，沿海地区农业企业要利用好“两个市场”，提高农业经济效益。积极开展对外经济合作，进行正确的区位选择。要积极抢抓苏台农业合作机遇，顺势而为。依托新建港口，重点发展与台湾地区的农业合作，引进现代农业经营理念，先进的农业品种，新技术和现代经营管理方式，全面提高沿海地区农业现代化水平；要鼓励沿海地区农业企业走出去，开拓海外市场。发挥沿海地区在传统农业种植方面经验的优势以及劳动力成本优势，引导和鼓励有实力的农产品加工企业，到中南美、东欧、俄罗斯、南亚等地区建立“中国江苏现代农业园区”，利用当地的市场资源优势，进行跨国资源配置；要实施“多元化”发展战略，防范农产品出口风险。发达国家的自然资源丰富，基础设施发达，金融市场较完善。因此，沿海地区要重视与美国、欧盟等发达国家的农业经济合作，围绕欧美日韩等出口目标市场，重点建省级农产品出口示范区。

（六）以加强生态农业建设为高端引领，推动沿海现代农业可持续发展

农业生态治理是保护农村环境、保障食品安全的重要基础，要采取多种措施，切实加强沿海地区农业生态建设。首先，加强沿海农业面源污染治理，深入开展测土配方施肥，大力推广生物有机肥、低毒残留农药，开展秸秆资源化利用和农田残膜回收区域性示范工作，落实畜禽规模养殖环境影响评价制度，大力推动农业循环经济发展。其次，加大水生生物资源增殖保护力度，加大水污染防治和水生态保护力度，实施湿地生态效益补偿、湿地保护奖励试点。其三，打造沿海“绿色品牌”。大力推进无公害、绿色食品和有机农产品基地建设，全面推行农产品标准化生产和科学管理。积极推行沼气配套、有机肥加工、发酵床养殖等生态养殖模式，促进农牧结合，种养平衡，畜牧业升级，打造沿海农业品牌新高地。最后，建立健全农业生态环境保护责任制，加强问责监管，依法依规严肃查处各种破坏沿海农业生态行为。江苏沿海地区要加快构建沿海生态网络体系，将形成以自然保护区、风景名胜区、滩涂湿地、水源保护区、生态防护林、海洋特别保护区等为主的生态廊道。

四、推进现代互联网产业体系建设，为江苏沿海地区经济新增长进一步提供主要动力

习近平总书记强调指出："工业是立国之本，制造业是国家核心竞争力的重要标志。"工业显著地提高了国家综合实力和人民生活水平，赚取了大量外汇，从根本上决定着国家的创新能力，是国家和民族兴起的重要经济基础。从国际上看，三次产业革命给我们带来最重要的启示是，制造业技术突破，制造业领域革命，是通向世界强国的必由之路。2008 年金融危机后，发达国家由过去过于偏重服务业开始向制造业回归，注重发展实体经济，以重塑本国工业和谋求全球新型工业化领导地位为目标，"再工业化"成为这些发达国家新的经济发展战略，智能化、创新化和融合化成为工业发展主攻方向，智能制造引领世界工业迈入新时代。从国内看，我国工业化进程处于工业化中期阶段，上海、北京、天津、广东、浙江、江苏、山东等 7 个省市经济达到工业化后期阶段，其中仅上海、北京完成了工业化。"十三五"期间，推进工业化仍然是我国重要战略任务。

就江苏沿海地区而言，虽然处于江苏发达省份，但由于历史上属于江苏欠发达地区，影响了工业化进程，沿海地区工业化还没有达到中后期阶段，主要表现在：一是工业制造规模不够大，实力不够强，缺乏一批具有核心竞争力的大企业大集团，中小企业数量不多，缺少专、精、特、新特点；二是产业结构亟待优化提升，多数产品处于产业链中低端，全员劳动生产率低，工业附加值低，工业集群和集约化水平明显偏低；三是自主创新能力不足，科技创新资源未真正转化为新兴产业发展的竞争优势，企业对业态创新、商业模式创新和管理创新普遍重视不够，知名品牌缺乏；四是优质人才与人力资源相对缺乏。沿海地区作为欠发达地区，由于人才观念、经济待遇、基础设施建设和文化环境等不利因素影响，对人力资源吸引力不足，既缺人才，也缺人。人力资源集聚效应差，制约了江苏沿海工业化进程。

当今制造业是国内稳增长的主力军和调结构的主阵地，转型升级是中

国制造业的当务之急。江苏沿海地区要适应国际和国内工业化新趋势，把制造业转型升级作为主要抓手，重抓工业大项目的引进、智能化成套设备研发应用、绿色工艺技术设备推广、工业制造模式的改革、工业生态样板区建设，为沿海地区经济增长注入新动力。

第一，重抓工业大项目的引进。根据经济学原理，规模产生效益。区域经济学原理也告诉我们，区域内重大项目是带动区域经济增长的重要增长极，区域经济要强，首先重大项目要强，区域发展要上台阶，重大项目突破是关键。江苏沿海地区要在连云港已经形成钢铁产业、盐城形成汽车产业和南通形成船舶制造业基础上，加大由配套产业向核心制造重大产业转型发展，引进一批总部型、基地型和研发型重大项目，增强沿海地区经济社会发展的“造血”功能，推动江苏沿海地区“十三五”经济社会发展再上新台阶（见表6－2）。

表6－2　江苏沿海地区已经形成的重大产业项目布局情况

城市名称	主要重大产业
连云港市	沿海钢铁集团、硅材料、盐化工、中石化
盐城市	东风悦达起亚汽车、新能源、环保装备
南通市	中船重工、中石油LNG、广汇能源物流、新材料

第二，推进传统产业智能化改造。对传统产业进行智能化改造，是江苏沿海地区制造业获得竞争优势，创新驱动发展的新源泉，数字化、智能化是沿海地区制造业未来的方向。一个机械手价值20万元，一个智能生产线价值180万元，智能装备制造业产值大、工业附加值高、产业链长，是高端装备的核心，是传统制造业转型的方向。要以智能装备制造为导向，围绕制造业核心基础零部件、关键基础材料制备、高档数控机床、轨道交通装备等重点行业，提升沿海地区产业质量。

第三，全面推行绿色制造。从源头上贯彻绿色制造思维，实施绿色制造工程，进行生态产品设计、传统产品绿色化、减少资源投入，推行精密化、轻量化、绿色化等先进制造技术；生产过程生态化，推行利用绿色工艺技术和装备，提高低能使用方式、方法，节水、节电、节约资源，做到工业投入品利用最大化。沿海地区钢铁、化工、建筑、电力、冶金等重点领域生产过程全面推行生态化、绿色化流程制造工艺；坚持循环利用原则，集成生产、转换和利用多种功能，加强工业废弃物回收利用，大力发展循环经济，探索使用二氧化碳封存、收集和利用技术，实现工业区碳的“零排放”。加强绿色制造责任审计。构建绿色制造评价指标体系，建立健全绿色发展法规和标准体系，对给环境造成重大损害的企业、政府和个人实施终身责任追究制度。

第四，积极构建江苏沿海地区现代互联网产业体系。信息产业对于江苏沿海地区绿色制造业发展的促进较大。江苏沿海地区要深入实施制造强国战略，加快发展现代互联网产业体系，进一步促进沿海地区绿色制造业更好更快发展。

五、发展生产性服务体系，为江苏沿海地区经济增长进一步提供升级动力

服务业是在当今世界衡量一个国家或地区的经济发展水平、产业结构的合理化、国际竞争力高低的重要标志之一。特别是在工业化过程中，服务业是制造业快速增长的基本支撑，也是发展农村经济和对外贸易的重要保障。现代服务业已成为带动经济增长的重要力量，但是江苏沿海地区现代服务业种类不多质量不高，相对于制造业发展仍然滞后。因此为了促进江苏沿海地区经济增长和产业结构升级，加强对制造业、农村经济以及对外贸易的配套服务能力，大力发展现代服务业势在必行。

（一）优化结构，推进现代服务业与制造业深度融合

制造业是服务业发展的前提、基础和市场，服务业为制造业提供核心能力、高附加值的支持，没有发达的服务业就没有强大的制造业。为此，应发挥市场主导作用，加快体制改革和创新，力争形成制造业与服务业融合的良好机制和发展环境。江苏沿海三市可以从以下几个方面着手：一是从需求与供给方面，提高沿海三市企业的自主创新能力，扩大对高端服务的市场需求，把发展高端服务业作为提升制造业竞争力的关键。二是模式

创新。大力发展服务外包。推动“主辅分离”，引导大型制造商通过管理创新和业务流程再造，逐步转向技术研发、市场拓展、品牌运作的服务企业。实施集群化战略。提高集群内制造业与服务业的相互协同、配套服务水平，使集群成为集成制造与服务功能的产业链集合，不断提升全产业价值链竞争力。三是制定为高端服务业提供智力资源的人才战略。发挥淮海工学院、盐城师范学院、盐城工学院、南通大学以及相关职业学院的联动作用，设立新兴服务业相关学科，探索与市场需求相适应的教育模式，鼓励通过建立企业实习基地、校外导师制度等方式推动产学研相结合，同时吸引各类紧缺人才、高端人才、领军人才的加入。四是深化服务业体制改革、扩大服务业开放。要消除垄断体制性障碍，营造公平竞争环境。加快金融、电信、教育、文化、公用事业、交通运输等领域改革，通过引进民营、外资打破国有企业垄断地位；同时，要继续放宽外资进入生产性服务业的门槛。

（二）分类指导，重点发展生产性服务业

江苏沿海地三个中心城市应在长三角一体化发展框架内，根据沿海优势不同，紧密结合自身生产性服务业发展的现实基础和制造业发展的实际需求，明确各自服务业的发展重点，完善区域产业分工协作体系。南通滨江滨海城市，应充分发挥靠江靠海靠上海的独特优势，按照建设长江三角北翼经济中心的发展定位以及建设以海洋装备、精细化工为主的先进制造业基地和综合性物流加工基地的实际需要、加快推进长三角北翼区域金融中心、商务会展中心、信息生产和交换中心建设。盐城应按照建成沿海地区现代工商城市的定位要求，结合新能源产业、新能源汽车产业等战略性新兴产业发展的现实需要，加快发展科技服务业。连云港是欧亚大陆桥头堡，拥有深水港口，应紧抓国家东中西区域合作示范区建设机遇，围绕建设综合性交通枢纽、以重化工为主的临港产业基地和国际性海港城市的现实需要，在改造提升传统服务业的基础上，加快推进长三角北翼区域国际航运物流中心，大力提升新亚欧大陆东桥头堡功能。降低税率，加大金融市场对中小企业支持力度，培育为中小企业服务的金融主体，尤其要创新

为中小企业服务的金融产品，完善个人信贷法律。

（三）重视产城融合，城市建设为服务业发展留出足够空间

完善城镇的基本功能，促进资源集聚。江苏沿海城市在进行城市规划、建设过程中，尽可能为现代服务业发展创造良好的基础条件，为服务业的发展打下坚实的基础，不断完善城市功能，促进城市资源集聚效应不断提升。构建以现代服务业为主导的产业结构，发展金融、保险、物流、商务、信息等生产性服务业，促进先进制造业非核心业务外包，促进教育、医疗、卫生、社区等公共服务业发展。

（四）深化改革，加大现代服务业的对外开放程度

目前在很多服务业领域在江苏沿海地区还处于空白阶段，例如可以加快设立国家产权交易中心，吸引外资银行、保险公司等境外金融机构进驻，打造经济金融中心；鼓励现代服务业吸引外资，用先进的高新技术和管理经验改造传统服务业，同时大力发展和规范律师事务所、会计师事务所、战略咨询公司和其他类服务业的中介组织和结构，建立完善的国际中介服务体系。加大对生产性服务业的财税金融政策扶持力度。

六、城市注重集群效应，村庄注重绿色效应，为江苏沿海地区经济增长进一步提供持续动力

“人”随“业”走是经济普遍规律，要加强江苏沿海地区产业建设，形成与中心城市联动，成为新型城镇化的引擎。要加强沿海地区产业资源向县、乡镇流动，以乡镇产业壮大吸引本地劳动力，缩小城乡差距，推动沿海新型城镇化进程。着眼城镇带集聚集约、组团发展、形成沿海增长极新要求，着力在加强沿海人口集聚上下功夫。沿海地区城镇有追求空间扩张，占用土地多现象，形成“摊大饼”的怪圈，城镇规模与人口数量存在差距，在城镇交通、治安管理、劳动就业、社会保障、教育医疗、科技创新、生态文明和城镇文化方面还有较大差距。

一方面，着眼“多节点”建设一批重点镇、一般镇和新型农村社区目

标，着力在促进农村就近城镇化上下功夫。农村城镇化，是指农村人口就业方式、教育方式、医疗水平、养老水平以及社区管理方式等由乡村到城市的根本转变，是“人”的城镇化而不仅仅是土地城镇化。因此根据江苏沿海地区实际情况，出台政策积极扶持农村就近城镇化是沿海地区“多节点”城镇化建设的有效途径。一是适当引导农民居住社区化。农民集中居住，对于开展公共服务和基础设施建设，以及改变农民生活方式，具有重要意义。在有条件发达的农村经济地区，可以适时开展农民集中进社区的实践。对农民居住统一规划、统一管理、统一服务，像建设城市小区那样建设农村新社区，让农村居民居住环境与城市居民居住环境相一致。二是促进农民就业就地就近化。农村就近城镇化的关键是农民收入问题，核心的问题是农民就业问题。农民能够在多岗位上工作，一年四季有活干，就为农村就近城镇化提供了可靠的保证。同时要创造条件，增加农村妇女就业量，为加速农民变市民提供新动力。三是促进基础设施、公共服务和社区管理城乡一体化。城乡社会管理一体化是农村城镇化的有力保障，重点在于逐步消除城乡之间不平等的区域政策差别。要深入实施公共基础设施服务均等化，科学开展社会事务管理，完善民主理财制度，健全社区民主议事、决策制度，强化财务监督、群众评议和政务公开的工作力度，有效发挥居民的监督权、参与权、知情权和决策权等权利。

另一方面，在城镇化进程中，要注意发挥市场机制的决定性作用，更好发挥市场、农民、企业、自然的主体作用。

首先，体现在城镇化规划上，要多听取专家和农民的意见。在农村城镇化进程中，必要的撤村并镇是需要的，发达国家城镇化历史上也实行过，符合城镇化规律。城镇规划的编制及决策过程充分发挥专业人才的技术才干，反映农民的意愿。小城镇建设以构建居民适宜居住城镇为首要目标，体现人文精神，以区域经济范围为整体，以严格的规划为前提，将城乡发展的各个要素全都纳入统一的规划管理之中。根据区域经济社会发展趋势，统一编制城乡规划、城乡产业发展规划、城乡用地规划，促进城乡可持续发展。其次，体现在农村基础设施建设上，不能由政府包揽建设的一切。小城镇建设资金可以由省政府、沿海地方政府和开发商共同承担，省政府负责投资建设连接城镇间的高速公路，而小城镇的供水厂、污水处理厂、垃圾处理厂等是由沿海政府负责建设，开发商则负责小城镇区内的交通、水电、通信等生活配套设施的建设。不论省政府、沿海政府，还是开发商，在进行基础设施建设规划时，都要着眼于长远，使基础设施建设和公用设施建设在未来相当长的时期内不落后，避免重建给小城镇建设带来的损害和资源的浪费。其三，体现在沿海特色小城镇建设上，要以"市"为依托形成特色鲜明的沿海小城镇。要重视沿海城镇特色，追求个性，无论走到哪里，都能看到不同面貌和特色的小城镇。有的是工贸小城镇，有的是旅游小城镇，有的是文化小城镇，等等。利用沿海小城镇自身的区位和资源优势，促进小城镇发展为现代工商业重镇。在城市交通拥挤，空气污染严重的情况下，许多富裕阶层和熟练工人，更愿意选择在自然和人文生态适宜的沿海小城镇定居，要及时将沿海小城镇升格为新城。最后，体现绿色村庄建设上，要按生态规律构建与自然合一的新农村聚落。无论城市和农村，人们追求的是一种与自然生态共生、恬静、务实的生活环境。居民最关心环境问题。要求有安静的居住环境，希望有悠闲的散步空地，渴望得到清新的空气。着眼于居民的要求和愿望，展开相应的小城镇环境建设。沿海小城镇建设自然特色要明显，要十分重视绿化、美化，城镇规模要小，城市空间尺度要宜人，小城镇民族特色要浓郁。有一定历史价值的名胜古迹，古代建筑，名人故居，古树名木。小城镇从建筑到市政建设都要体现一种绿色色彩，追求与自然环境的共处与共生，体现农村独有的风貌。

七、重点支持科技中小企业，扶持民营经济发展，为江苏沿海地区经济增长增添内生动力

据统计，中小型企业为全国提供了90%的就业机会，它也是江苏沿海地区中小型城市发展壮大的产业基础。中小型企业是一个富有活力的经济群体，由于其具有一些独有的特征，在调整产业结构的同时，中小企业在

安置就业、推进城镇化等方面发挥着重要的作用。江苏南通、盐城和连云港沿海地区中小型企业的发展，进一步扩大了产业的发展规模，使得大量本地农业人口向中小型城市集中，提高了当地城镇基础设施建设水平，提升了中小型城市化水平。由于中小型企业是中小型城市重要产业基础，事关中小型城市生产和生活质量，因此要调整中小型企业经济结构，促进中小型企业向“绿、新、高、轻”转型升级。

第一，把中小型企业打造成绿色发展的企业。中小企业机制灵活，富于创新，是一个城市产业升级和经济结构调整中最有活力的市场主体，然而由于过去中小企业经营方式大多数属于粗放型的，不可避免地造成了资源的过度消耗和严重的环境污染，而在如今倡导绿色城镇化背景下，实现绿色技术创新，对从根本上改变由“粗放”向“集约”、走内涵式、可持续发展之路提出了新要求。绿色技术创新是将环境保护新知识与绿色技术用于生产经营中，以创造和实现新的经济效益与环境价值的活动。它突出强调绿色观念、绿色产品以及绿色工艺与技术的研究开发与应用。强调以绿色市场为导向，促进绿色技术成果的转换，强调机制创新以及生产组织方式、经营管理模式、营销服务方式等多方面创新的结合。绿色技术创新可以使中小型企业的经济效益与生态效益协调一致，通过获得绿色竞争优势，实现企业自身可持续发展。

第二，把中小型企业打造成科技含量高的企业。水、交通、医疗、信息与通信、能源与电力、金融等城市基础设施的智能化不仅可以带来更高的生活质量、更具竞争力的商务环境和更大的投资吸引力，而且可以增强工作的效率，提高城市对紧急事件做出快速响应的速度。因此中小型城市要求的中小型企业应该以互联网为依托，“互联网 + 小微企业”行动将极大推动中小型企业的发展。一是利用互联网推动创业，鼓励网络创新，支持青年创业者等通过多元渠道开展创业活动。二是利用互联网支持创新，为小微企业创新降低成本和门槛。推动数字化设计（CAD）、数字化制造（MES）、产品全生命周期管理（PLM），以及工业软件的 SaaS 应用和云端应用，鼓励信息化服务企业为中小企业提供 CAE 分析、3D 打印等工程服务。三是利用互联网业和创客空间提供线上、线下的相结合的创新服务，这对中小企业来说既是机遇也是挑战。

第三，把中小型企业打造成以现代服务业为主的企业。服务业在三次产业结构中的比重不断增大，产业结构呈现服务化趋势。产业结构服务化主要体现在第一、第二产业发展过程中信息服务、技术服务和金融服务等服务功能变得日益重要，而且在生产活动中与服务业相关的业务比重不断增加，快递行业就是一个明显的例子，如今伴随着互联网＋的诞生，快递行业也得到了突飞猛进的发展。

第四，把中小型企业打造成低碳、循环经济的企业。通过产业结构调整，大力推进循环经济、生态经济，促进传统工业和传统服务业向清洁工业、生态物流业、新兴与特色产业等生态产业的转型。以生态产业为龙头，以社会服务和生态服务为目标，实现中小型经济的跨越式发展。强化服务，引导和支持各地中小企业公共服务平台与互联网融合发展，为中小企业走绿色化发展道路奠定基础。

八、加强港口能级提升，大力推进高铁建设，放大基础设施建设对江苏沿海地区经济增长的牵引动力

在建设“一带一路”过程中，我国将广泛参与沿线国家基础设施建设，这势必将导致基建装备、机电等各类产品的大规模海运出口。为应对这种局面，必须进一步加快江苏沿海港口群布局建设。同时要进一步深化与内陆地区合作，推动江海联运与海陆联运。江苏沿海地区必须加快构建国际化大通道，建成沟通“一带一路”的综合交通节点。首先提升港口枢纽功能。按照航道深水化、泊位大型化、码头专业化、功能多元化的要求，加强港口基础设施建设。优化江苏沿海港口群布局，加强集装箱吞吐能力建设，建设集装箱深水港。建成诸如连云港港30万吨级航道二期工程、30万吨级原油码头等重点工程，提升江苏沿海港口群能力，建成现代化国际深水大港。同时应用物联网和现代通信技术，加速建设港口管理信息系统和电子口岸，优化智能化信息系统和综合服务平台，建成集港口贸

易、口岸、航运等多种服务于一体的公共物流信息平台。畅通内河运输体系。加快推进连徐运河、通榆运河延伸段建设，实现整个江苏沿海地区与京杭大运河三级航道衔接。加快海河联运，开通江苏沿海地区至淮安、扬州、长江沿线港口的内河航线，构建中西部货物从新亚欧大陆桥经江苏沿海地区进入长江干线的物流通道。其次构建铁路运输体系。加快建设沿海铁路江苏段、连镇宣铁路，开工建设陇海客专徐连段、盐通高铁，加快连临铁路、盐泰锡宜铁路前期工作，建设徐圩港区、赣榆港区、大丰港疏港铁路支线。做强海铁联运。突出海铁联运、海河联运、过境运输、出口国际班列的综合优势，加大货源市场开发力度，吸引陆桥沿线地区货源向江苏沿海地区集聚。深化与哈萨克斯坦国有铁路公司、中国铁路总公司、新加坡港务集团等合作，合作开展集装箱运输业务，吸引过境货源向江苏沿海地区集聚。加密连云港至中亚出口班列，力争开通连云港至重庆双向海铁班列、连云港至莫斯科的中欧出口班列。在沿海通道贯通后，争取开通盐城、南通始发终到的出口班列。同时开展内外贸同船业务，让江苏全省共享班列成果。其三是完善公路运输体系。加快临海高等级公路疏港作用发挥，优化长深高速公路连淮段，推动连宿高速公路建设，进一步推动西起彼得格勒东至江苏沿海的大陆通道和连接SCO成员国的公路网建设。最后是加快民航机场建设，争取建设面向“一带一路”的国际空港。

九、仿真外商投资环境，深化体制改革，释放外商直接投资拉动经济增长的关键动力

外商在中国投资面临办理居住证、出入境手续麻烦等方面的问题，外资存在撤离中国的趋势，同时水土不服这一原因也破坏了他们在华投资的积极性。加入WTO后，中国的内资和外资享受同等的税收待遇，对外资企业的税收实行“两税合一”的国民待遇，外商失去了以前“两免三减半”政策多种方面的优惠，同时外资企业由于自身的行业特性、市场竞争的激烈性、高运营成本以及低投资回报率导致部分外商撤离了在中国的投资。另外，投资软环境的不健全加大了外企的投资成本，由于中国的市场

和法律制度不完善，许多外资企业在中国投资以失败告终。随着中国“人口红利”的结束，中国的投资软环境再次发生了变化，外商在华投资时的所有权优势，也就是他们在华所拥有的产品竞争力优势、出口竞争力优势、劳动力成本优势和政策优势等在降低或者消失。因此，通过仿真外国环境来吸引外资、留住外资在沿海地区发展不失为一种有效的途径。

在当前土地、劳动力成本不断上升导致外商撤资的时候，盐城政府为吸引韩商投资，加快韩资投资额新一轮的增长，在投资、政务、教育、生活领域为韩商提供仿真韩国环境的良好服务。从沿海地区吸引外资来看，也可以通过仿真外国环境，由传统上政府主要依靠土地等政策性服务吸引外资向政府通过环境性服务来吸引新的外商的加入，促进外资经济的发展。

（一）仿真投资环境，为外商投资提供良好区域发展环境

进一步做大做强外商主导产业的基础上，引进与之相关的电子信息、海洋生物、新材料等战略性新兴产业和现代服务业。在主导专业的引领下，不断带动区域经济的快速发展，推动合作向全方位、多层次、宽领域的方向拓展，加快多元化外资业态的形成。根据外资投资项目在进出口功能、产业配套需求和交通条件方面的不同需求，规划建设外资特色产业园，形成外资集聚区域，并不断引进支柱产业的上游或下游产业，形成独具优势的产业链和产业集群。

（二）仿真政务环境，为外商投资提供良好法规政策服务

到国外学习和考查政府部门服务企业的理念和做法，建立健全重大项目的服务体系，加快对外招商服务中心的建设，为外商的投资项目建设与经营提供有力的保障。同时改革招商机制，在国外和国内外资密集区域设立常驻招商处，提高招商的效率，形成改革招商的新机制。另外，不断深化行政体制改革，简化外商出入境手续，提高审批的效率，授予外商及其家属永久居留资格。进一步强化政策保障，通过制定优惠政策、加大奖励力度等为仿真外国环境提供良好的法规政策服务。

（三）仿真教育环境，为外商投资提供良好人才培养服务

在普通高校和一些职业学校增设外语专业以及和外资经济有关的专业，培养专业的人才精英。不断吸引境外的优质教育资源来我国办学，扩大招生的人数，加大培训的力度，推动人才培养的国际化。有针对性地组织人员参加培训，有计划地组织优秀大学生和老师到境外学习，定期地邀请外国企业、外商协会等来沿海地区进行参观考察，不断加大与高层人员之间的经贸交流与合作，为外商投资提供一个人才培养的良好教育环境。

（四）仿真生活环境，为外商投资提供良好生活社区环境

加快外国社区、外商会所等一系列外商服务机构的建设，加快国际医院、国际学校等国际化公共场所的建立，在社区街道、道路岔口的路标上增设外文标识，不断引进外国的休闲娱乐、服装饰品、餐饮品牌，不断增多直飞航班，为外商提供符合其衣食住行习惯的服务环境，并给予其在居住、饮食、就医、就学方面的最大便利，不断营造适宜外国客商工作和生活的良好社区环境。积极为外商打造仿真外国的营商环境，促进外商新的投资，从而不断吸引外商，共创互利共赢的和谐家园。

十、提高供给质量和水平，对接“一带一路”，为江苏沿海地区经济增长提供外部动力

由于近年来人民币大幅度升值，对江苏沿海地区外向型企业造成严重冲击。例如，江苏省沿海地区 80% 企业是外向型企业。主要工业有机械、电子、电力、石化、纺织、食品、建材、造纸等。人民币升值后，大大削弱了江苏省外向型企业在国际市场的价格竞争力。以纺织业为例，江苏纺织服装业出口依存度高达 51%，是受人民币升值影响最大的行业。人民币升值以来，2009 年江苏省纺织行业出口额呈逐月萎缩状态，进入 2010 年以来，由于受人民币汇率不断升值的影响，江苏省纺织出口额进一步减少 18 亿美元，该行业工业总产值增速下降近 3. 5%。人民币升值，从短期看，使江苏沿海地区出口企业出现市场低迷、利润下降、企业倒闭和外商投资

企业减少等问题。江苏沿海地区外向型企业要正确判断形势，正确应对国际金融风险，正确实施全新的企业发展战略。

一方面，实施降低成本和结构调整战略，促进产业结构升级。在面临人民币升值压力以及江苏沿海出口企业产品附加值和技术含量仍然较低的背景下，出口企业不但要使用传统手段通过降低成本来应对，还需要有战略眼光通过调整产业结构，建立自己的品牌等来拓展国际市场空间。首先，把外销产品全面导向大规模、专业化、深加工、高附加值的中高档种类。人民币升值了，产品的价格优势降低了，企业可以尝试转型。不做低档做高档，有实力的企业，应不断调整产品结构，努力摆脱低层次的价格竞争模式。其次，不再依靠贴牌生产，要创立自主品牌。江苏大多是初级加工产品以及低附加值产品，没有品牌支撑。要坚决与安于在产业链低端过日子的意识决裂。最后，企业要根据自身情况形成有本企业特色的技术创新体系。组建企业研发团队，加强技术人才培养，大力提高他们的研究、设计和创新能力，加快新产品研发速度，缩短新产品的研发周期。增加科研投入，要不断积累创新资金，增加对科研的投入，通过自主创新和技术创新，拓展赢利空间。

另一方面，实施市场“多元化”战略，企业走向全球化经营。在当前激烈的国际竞争形势下，沿海地区外向型企业必须认清形势，结合自身优势及特点，抓住“一带一路”机遇，积极而谨慎地开展对外经济合作，进行正确的区位选择。一是走高端、环保路线，加强与发达国家经济合作；二是要加强与周边国家的合作，江苏沿海地区需要将周边国家作为“走出去”的主要地区，充分利用地理区域接近和消费需求相似来减少投资成本，并最大限度地降低投资风险；三是开拓更多的国外市场。作为劳动密集型和低成本导向型的产品在非洲和拉美等欠发达地区还有很大的发展空间，这些市场对沿海地区外向型企业还大都是未开发的或开发初期的市场。沿海地区中小型企业要利用现有的政策，进行跨国资源配置，利用当地的市场资源优势，开辟多元化市场。

参考文献

［1］贾创雄．关于进一步加快推进江苏沿海开发战略相关问题的研究［J］．中国市场，2014（37）：43－45.

［2］成长春．沿海开发：江苏发展的后发优势［J］．盐城师范学院学报（人文社会科学版），2008（4）：11－14.

［3］古龙高．论东方桥头堡的国家战略地位与江苏沿海的开发战略［J］．淮海工学院学报（社会科学版），2010（1）：55－5.

［4］古璇．"六大战略"叠加江苏态势下苏北发展战略研究［J］．大陆桥视野，2014（23）：42－49.

［5］刘江船．找准定位，做强功能，着力打造丝绸之路经济带东方桥头堡［J］．大陆桥视野，2014（5）：27－29.

［6］梁学忠．沿海开发战略在江苏［J］．江苏建材，2011（3）：44－47.

［7］师玉龙．连云港港口发展战略思考［J］．海洋开发与管理，2010（7）：87－91.

［8］皋炳华．大丰港港口竞争力的构建与提升［J］．中国港口，2011（1）：76－77.

［9］孙珍洪．南通港绘就"十二五"发展路线图［J］．中国港口，2011（5）：13－15.

［10］上海市人民政府发展研究中心课题组．上海积极主动融入"一带一路"国家战略研究［J］．科学发展，2015（5）：14－17.

［11］马强．推进盐城创建国家级韩国产业转移集聚示范区的战略思考

[J]．盐中国经贸导刊，2015（1）：29－31.

[12] 张建峰，周金德．打造长三角韩资密集区新优势的思考［J］．江南论坛，2014（7）：17－19.

[13] 魏寅，葛大永，陆维婷，葛早阳，陈稳定．特色工业园的规划浅析——以《盐城经济技术开发区韩资工业园概念规划》为例［J］．科技信息，2013（13）：432－433.

[14] 胡凤娥．关于盐城打造韩资密集区的思考［J］．江苏对外经贸论坛，2008（3）：96－100.

[15] 李岩凯．"广场协议后"的美元/日元汇率与美日双边贸易失衡［J］．现代日本经济，2007（4）：28－29.

[16] 胡平．日元升值对日本中小企业的不利影响［J］．现代日本经济.1986（4）：8－9.

[17] 石田护．日本企业应对日元升值的策略［J］．国际评论，2001（7）：2－4.

[18] 李蕊．日本企业应对日元升值的策略研究［J］．东北亚论坛2008,（1）：102－106.

[19] 杨瑞龙．制度创新：经济发展的源泉［J］．经济体制改革，1993（5）：20－30.

[20] 王小鲁．中国经济发展的可持续性与制度变革［J］．经济研究，2000（7）：3－15.

[21] 傅晓霞，吴利学．制度变迁对中国经济发展贡献的实证分析［J］．南开经济研究，2002（4）：70－74.

[22] 班玲．制度创新与经济发展关系初探［J］．河北广播电视大学学报，2008，13（2）：11－13.

[23] 薛宏雨．制度创新在经济发展中作用的测算［J］．财经问题研究，2004（9）：4－8.

[24] 张新杰．中国区域经济发展与制度创新的实证研究［J］．经济理论与经济管理，2009（1）：35－38.

［25］齐晶晶，阎维洁．制度创新与经济发展—新视角、新观点的分析［J］．经济体制改革，2009（4）：32－36.

［26］朱云平．经济转型、具体制度变迁与具体经济制度创新［J］．泉州师范学院学报，2011，29（1）：91－96.

［27］张晖．产业升级面临的困境与路径依赖锁定效应——基于新制度经济学视角的分析［J］．天津财经大学学报，2011（10）：116－122.

［28］冯武勇，郭朝飞．日本城镇化的得失［J］．决策信息，2013（5）：37－38.

［29］周东春．日本：高度集聚型城镇化［N］．中国经济时报，2014－08－25.

［30］任吉．日本二元经济转换时期的产业结构变化与相关政策分析［J］．现代日本经济，2008（6）：11－15.

［31］孙正来．新农村建设与工业化、城镇化关系研究［J］．求是学刊，2008（1）：67－70.

［32］侯力，秦熠群．日本工业化的特点及启示［J］．现代日本经济，2005（4）：35－40.

［33］林德勇．国外城镇化发展经验对湖南省的启示［J］．学习导报2002（6）：14－15.

［34］林温环．日本工业化后期的制造业结构调整［J］．消费导刊，2009（12）：95.

［35］肖昆，胡亚君．日本工业化发展经验对中国的启示［J］．现代商贸工业，2010（12）：54.

［36］周蓉．日本新型工业化对中国的启示［J］．法制与社会，2006（10）：121－122.

［37］杨海水．日本如何推进农村城市化［J］．乡镇论坛，2008（2）：31－32.

［38］陈媛．江海河联运发展研究．港口经济［J］.2015（3）：25－28.

［39］童政，周骁骏．北部湾港：有机衔接“一带一路”［N］．中国

经济网，2015－03－27.

[40] 李嘉．广西整合防城港、北海、钦州3个沿海港口 [N]．新华网，2007－02－14.

[41] 张经旭，徐书业．基于港城互动的钦州临港产业发展研究 [J]．沿海开发研究，2011 (2)：32－36.

[42] 林涌泉，伍建青，岑 敏．广西北部湾国际港务集团“五大亮点”开创发展新局 [N]．广西日报，2011－03－24.

[43] 董艳梅．江苏沿海港口管理体制改革探析 [J]．沿海开发研究，2012 (1)：74－77.

[44] 凌申．我国沿海经济低谷区经济增长极的培育 [J]．江苏沿海开发战略研讨会论文选编，2011：55－63.

[45] 吴柯言．盐城加快建设韩资产业集聚区显成效 [N]．新闻网江苏频道，2014－11－26 (3)．

[46] 洋洋．中韩（盐城）产业园打造开放发展新高地 [N]．盐城晚报，2015－03－16 (4)．

[47] 驻日本使馆经商处．调研报告：日本企业应对汇率风险的主要措施 [R]．中华人民共和国商务部网站．http：//www. sina. net 2006年06月13日．

[48] 联合国贸易和发展会议．世界投资报告 [R]，1999.

[49] 联合国贸易和发展组织．全球投资趋势监测报告 [R]，2011.

[50] 刘志铭，郭惠武．创造性破坏、经济发展与经济结构：新古典熊彼特主义发展理论的发展 [J]．经济评论，2007，(2)：57－62.

[51] 顾朝林．省域城镇化战略规划研究：https：//www. amazon. cn/.

[52] 周朝东．关苏南地区实施城市化战略的思考：http：//www. chinacity. org. cn/.

[53] 葛小抱．对苏北城镇化建设问题的思考：http：//mall. cnki. net/.

[54] 张国华．区镇合一 产城融合：南通新型城镇化建设的探索：http：//d. wanfangdata. com. cn/.

［55］衣保中，邱桂杰．可持续区域开发的理论与实践［M］．长春：吉林大学出版社，2013.

［56］郝宏桂．沿海发展研究［M］．北京：社会科学文献出版社，2015.

［57］许进．形势与政策［M］．南京：南京大学出版社，2015.

［58］张国平．外商直接投资的理论与实践［M］．北京：法律出版社，2009.

［59］高鸿业．西方经济学（第五版）［M］．北京：中国人民大学出版社，2011.

［60］刘树林．产业经济学［M］．北京：清华大学出版社，2012.

［61］凡勃伦．有闲阶级论［M］．北京：商务印书馆，1964.

［62］刘易斯·芒福德．城市发展史——起源、演变和前景［M］．宋俊岭，等，译．北京：中国建筑工业出版社，2005.

［63］赵小琼．基于协同创新视角的外贸转型升级路径与对策研究—以浙江省为例［D］．杭州：浙江工商大学，2010.

［64］邱丹．盐城市韩资企业发展现状及对策研究［D］．徐州：江苏师范大学，2013.

［65］朱颖．论地方政府打造外资密集区对其经济产生的影响—以盐城市韩资密集区为例［D］．苏州：苏州大学，2011.

［66］朱蕾．现阶段我国加工贸易转型升级效果分析与对策［J］．天津职业院校联合学报，2014（8）.

［67］张悟移，朱乐．我国加工贸易转型升级的制约因素及对策研究［J］．价值工程，2014（5）.

［68］耿伟．外贸企业转型升级的影响因素研究—以天津为例［J］．天津师范大学学报（社会科学版），2015（1）.

［69］陈燕．江苏沿海地区产业结构研究［J］．对外经贸，2013（2）.

［70］马丽．《江苏沿海地区发展规划》实施效应分析［J］．唯实，

2015（1）.

［71］吕佳．新常态时期我国外贸企业转型升级的研究［J］．江苏商论，2015（9）.

［72］陈宏付．江苏加工贸易的区域差异及转型发展的比较分析［J］．对外经贸，2015（6）.

［73］杨慧力，何青松，姜振寰．基于全球价值链的山东加工贸易升级影响因素的实证研究［J］．华东经济管理，2010（8）.

［74］陈恩，刘青．广东加工贸易转型升级影响因素的实证分析［J］．广东社会科学，2007（5）.

［75］明洁，张乒．基于多元回归模型的镇江外贸转型升级影响因素的实证分析［J］．科技和产业，2012（7）.

［76］钱明茜，朱巍巍．加快江苏外贸转型升级，探索企业发展生存之道［J］．科学大众，2013（1）.

［77］顾正富．江苏对外贸易的转型升级问题研究［J］．江苏科技信息，2010（10）.

［78］2013年中国城镇化高层国际论坛专题．http：//roll. finance. sina. com. cn/s_ 2013zgczhgcgj1t_ all/index. shtml.

［79］浦善新．走向城镇化：新农村建设的时代背景［D］．北京：中国出版社，2006.

［80］楚爱丽．加快新型城镇化发展进程的若干思考［J］．农业经济，2011（08）：43－53.

［81］张占仓，刘爱荣．三化协调发展的河南实践［D］．北京：人民出版社，2012.

［82］韩瑾．城镇化水平、城乡收入差距与消费增长—来自浙江省分县数据的经验验证［J］．经济地理，2013（10）：61－67.

［83］Bertil Ohlin. Stockholm and Cambridge：Four Papers on the Monetary and Employment Theory of the 1930s［J］. History of Political Economy，1981（2）：189－255.

[84] Paul Krugman. Revenge of the Optimum Currency Area [J] . NBER Macroeconomics Annual, 2013 (1): 439 -448.

[85] Michael Porter. Beware too much fine print for study – abroad experiences [J] . Campus Legal Advisor, 2014 (4): 1 -3.

[86] Min – Hua Chiang. The Potential of China – Japan – South Korea Free Trade Agreement [J] . East Asia, 2013 (30): 199 -216.

[87] Min Han. Korea's Direct Investments in China: Technology, Experience, and Ownership Factors in Performance [J] . Asia Pacific Journal of Management, 2002 (19): 109 -126.

[88] Sang – Koo Nam. Development, Present Status and Some Prospects of the Financial Markets in Korea [J] . Asia – Pacific Financial Markets, 1998 (5): 65 -91.

[89] Solow R. Technical change and the aggregate production function [J] . Review of economics and statistics, 1957: 312 -320.

[90] North D. Sources of productivity change in ocean shipping: 1600 – 1850 [J] . Journal of Political Economy, 1968: 953 -970.

[91] Heckelman J C. Economic freedom and economic growth: a short – run causal investigation [J] . Journal of Applied Economics, 2003 (1): 71 -91.

[92] Dickinson. The City Region in Western in Europe (M) . London, 1967.

[93] Marton. China's Spatial Economic Development: Restless Landscape in the Lower Yangzi Delta (M) . London: Routledge, 2000.

后 记

2016年，拙作《经济新常态下江苏沿海地区经济增长新动力源泉研究》终于封笔。在这里感谢江苏省哲学社会科学规划部门大力支持，围绕江苏沿海重大经济热点问题，提出了课题研究方向；感谢江苏沿海开发研究院，是研究院为我们搭建了沿海研究平台，积累了沿海研究成果；感谢盐城师范学院商学院，作为应用经济学科建设各研究方向带头人，得到应用经济学科资金的鼎力相助；感谢刘丹、陈秋桦、金嘉艳、李智、沈宇涛、黄琪、穆春丽、杨雪霏、袁鹏、王凯、王蕾、耿萍、殷云玉、王芳、叶婷、施永莉、沐一波和施晔等同事和同学，他们为本书的研究提供了大量宝贵的材料；同时也向所引用的文献作者表示感谢，我们的研究结论是在阅读大量文献的基础上，结合江苏沿海地区新经济发展实际总结概括出来的，对你们前期辛苦研究劳动和付出的学术汗水表示深深敬意。

刘吉双　蔡柏良　雷权勇

二〇一六年六月三日